U0782449

新经济时代市场营销改革与创新研究

赵利　张广增　黄建 ◎ 著

吉林出版集团股份有限公司
全国百佳图书出版单位

图书在版编目（CIP）数据

新经济时代市场营销改革与创新研究/赵利，张广增,黄建著.--长春:吉林出版集团股份有限公司,2025.2.--ISBN 978-7-5731-6269-4

Ⅰ. F713.50

中国国家版本馆CIP数据核字第2025U0K433号

XIN JINGJI SHIDAI SHICHANG YINGXIAO GAIGE YU CHUANGXIN YANJIU

新经济时代市场营销改革与创新研究

著　　者	赵利　张广增　黄建
责任编辑	孙　璘
出　　版	吉林出版集团股份有限公司
发　　行	吉林出版集团青少年书刊发行有限公司
地　　址	长春市福祉大路 5788号 （130118）
电　　话	0431-81629808
印　　刷	北京四海锦诚印刷技术有限公司
版　　次	2025年2月第1版
印　　次	2025年2月第1次印刷
开　　本	787 mm×1092 mm　1/16
印　　张	18.25
字　　数	443千字
书　　号	ISBN 978-7-5731-6269-4
定　　价	78.00元

前　言

　　营销可简单解释为经营销售。营销对我们有着深刻的影响，市场营销在商业环境中扮演着举足轻重的角色，特别是在现阶段这个成长迅速和竞争越来越激烈的市场，如何最大化利益成为越来越重要的目标。

　　随着社会的不断发展，互联网已经深入社会生活中的各个方面，互联网时代也使整个经济社会呈现出一种变化加速度的态势。以现在的变化速度发展，未来几年几乎所有的商业逻辑将被重塑。同时，互联网时代将全面刷新营销理念、营销战略等。

　　本书充分吸收了国内外营销理论的新成果，对市场营销的理论基础、市场营销保障体系、消费者市场及其行为分析等相关内容进行了细致的研究，同时系统阐述了市场营销的新方法、新策略等，并列举了部分典型的市场营销案例。全书知识线条清晰、体系完整，紧贴研究前沿，条理性与实用性强，适合市场营销的实践者与研究者阅读与参考。

　　本书由长江大学文理学院赵利、安阳职业技术学院张广增、湖南工业职业技术学院黄建著。

　　在本书的撰写过程中，笔者参阅和借鉴了诸多该领域学者的研究成果，在此表示感谢。希望本书的出版，能对营销专业体系的完善及更新起到一定作用。但由于笔者知识水平不足，以及文字表达能力有限，书中难免会有不足之处。对此，希望各位专家学者和广大读者能够予以谅解，并提出宝贵意见，笔者当尽力完善。

目 录

第一章 市场营销及其环境分析

第一节 市场营销概述

一、市场和市场营销

（一）市场及其相关概念

市场是一个商品经济范畴；是商品内在矛盾的表现；是供求关系；是商品交换关系的总和；是通过交换反映出来的人与人之间的关系；是为完成商品形态变化，在商品所有者之间进行商品交换的总体表现。

从不同角度界定市场，我们可以得到对市场较为完整的认识：

（1）市场是建立在社会分工和商品生产基础上的交换关系。

（2）现实市场的形成要具备若干基本条件。

（3）市场是指某种产品的现实购买者与潜在购买者需求的总和。

构成市场的这三个要素是相互制约、缺一不可的，只有三者结合起来才能构成现实的市场，才能决定市场的规模和容量。所以，市场是上述三个因素的统一。

（4）市场的发展是一个由消费者（买方）决定，生产者（卖方）推动的动态过程。在组成市场的双方中，买方需求起决定性作用。

在现实经济中，基于劳动分工的各特定商品生产者之间的各类交换活动，市场已形成复杂的、相互联结的体系。

（二）市场营销的含义

市场营销是由英语中"Marketing"一词翻译而来的。其原义一是指市场上的买卖活动；二是指一门学科。

市场营销协会对市场营销是这样定义的：市场营销是计划和执行关于创意、商品和服务的观念、定价、促销和分销，以创造出符合个人和组织目标交换的一种过程。

市场营销定义分为三类：一是将市场营销看作一种为消费者服务的理论；二是强调市场营销是对社会现象的一种认识；三是认为市场营销是通过销售渠道把生产企业同市场联系起来的过程。

根据这些定义，可以将市场营销的概念具体归纳为下列要点。

一是市场营销的最终目标是满足需求和欲望。

二是"交换"是市场营销的核心，交换过程是满足双方需求和欲望的社会过程和管理过程。

三是交换过程能否顺利进行。

营销与一般的销售不同，销售重视的是卖方的需要，营销重视的则是买方的需要。

（三）市场营销的核心概念

1. 需要、欲望和需求

需要和欲望是市场营销活动的起点。需要是指没有得到某些基本满足的感受状态，如人们为了生存对衣、食、住、行等的需要。这些需要存在于人类自身的生理和社会之中，市场营销者可以用不同方式去满足它们，但不能凭空创造。欲望是指想得到上述基本需要的具体满足品的愿望，是个人受不同文化和社会环境影响所表现出来的对基本需要的特定追求。市场营销者无法创造需要，但可以影响欲望，可以开发与销售特定的产品和服务来满足欲望。需求实际上也就是对某种特定产品和服务的市场需求，市场营销者总是通过各种营销手段来影响需求，并根据对需求的预测结果决定是否进入某一产品（服务）市场。

2. 产品

产品是能够满足人的需要和欲望的任何东西。产品的价值不在于拥有它，而在于它给我们带来的对欲望的满足。比如，人们购买小汽车不是为了观赏，而是为了得到它提供的交通服务。产品实际上只是获得服务的载体，这种载体可以是物，也可以是服务。市场营销者必须清醒地认识到，其创造的产品不管形态如何，如果不能满足人们的需要和欲望，就必然会失败。

3. 效用、费用和满足

效用是消费者对产品满足其需要的整体能力的评价。消费者通常根据对产品价值的主观评价和要支付的费用来做出购买决定。

二、市场营销管理的任务与过程

市场营销管理是为了达到个人和机构目标的交换，而规划和实施的理念、产品、服务构思、定价、促销和配销的过程。市场营销管理的实质是需求管理。

（一）市场营销管理的任务

市场营销管理的任务会随着目标市场的不同需求状况而有所不同。企业通常会为目标市场设定一个预期的交易水平，即预期的需求水平。然而，期望往往与现实不一致，即实际需求水平可能低于或高于期望。因此，营销者必须善于应对各种不同的需求状况，调整相应的营销管理任务。

根据实际需求可归纳出六种不同的需求状况。在不同的需求状况下，市场营销管理的任务也会有所不同。

1. 负需求

负需求是指全部或大部分顾客对某种产品或劳务不仅不喜欢，而且没有需求，甚至有厌恶情绪。在此情况下，市场营销管理的任务是分析市场为何不喜欢这种产品，研究如何经过产品再设计、改变产品的性能或功能、降低价格和正面促销的市场营销方案来改变市场的看法和态度，即扭转人们的抵制态度，实行扭转性营销措施，使负需求变为正需求。

2. 无需求

无需求是指目标市场对产品毫无兴趣或漠不关心的需求状况。如对某些陌生的新产品，与消费者传统观念、习惯相抵触的产品，被认为无价值的废旧物资等。

3. 潜伏需求

潜伏需求是指现有产品或劳务尚不能满足的、隐而不现的需求状况。如人们对无害香烟、节能汽车和癌症特效药品的需求。

4. 下降需求

下降需求是指市场对一个或几个产品的需求呈下降趋势的情况。营销管理者的任务是重振市场营销，采用更有效的促销手段来重新刺激需求，扭转其下降趋势。

5. 不规则需求

不规则需求是指市场对某些产品（服务）的需求在不同季节、不同日期甚至一天的不同时间点呈现出很大波动的状况。

6. 充分需求

充分需求是指某种产品或服务的需求水平和时间与预期相一致的需求状况。这时，营销管理的任务是设法保持现有的需求水平。

（二）市场营销管理的过程

市场营销过程是企业为实现企业任务和目标而发现、分析、选择和利用市场机会的过程。学习和应用市场营销知识的实质是把握市场营销思想的精髓，按照市场营销过程去开展营销运作。因此，市场营销过程是市场营销学内容体系和结构安排的重要依据。

1. 分析营销机会

正确的营销指导思想是在满足顾客需求的基础上取得利润。营销机会分析包括建立市场营销信息系统、环境分析、市场分析、竞争者分析等内容。

（1）建立市场营销信息系统

市场营销信息系统是由人、设备和程序所构成的持续的、相互作用的机构，任务是收集、区分、分析、评估和分配那些适用、及时且准确的信息，以供市场营销决策者制订和改善市场营销计划。

（2）环境分析

企业总是运行在不断变化的社会环境之中，营销人员应采取适当的措施，趋利避害地制定正确的市场营销决策。参与者由企业、供应商、中间商、顾客、竞争者和公众构成。影响力指影响市场环境参与者的各种社会力量和社会文化环境等。

（3）市场分析

企业的市场可分为消费者市场和组织市场两大类。

①消费者市场指由购买产品或服务供自己消费的个人和家庭所构成的市场。

②组织市场指由企业或某种团体机构所构成的市场。包括工业市场、中间商市场、政府市场和非营利组织市场。工业市场由购买产品和服务用于进一步加工或制造产品和服务，以供出售或租赁的个人和组织所构成。非营利组织市场也可称为非营利市场，指由非营利组织所构成的市场，非营利组织指不以营利为目的的各种组织，如公立学校、医院、疗养院、博物馆、图书馆等。

2. 设计营销战略

营销机会分析为企业制定营销战略提供了依据。营销战略的内容包括以下几个方面：

（1）明确企业的任务或目的

何为企业的任务或目的？比如，本公司的业务是什么？本公司的顾客是谁？本公司能为顾客提供什么价值？本公司未来的业务是什么？

（2）制定企业市场营销战略目标

目标是企业任务或目的的具体化。市场营销战略目标通常包括社会贡献目标、企业发展目标、经济效益目标等。

（3）确定战略业务单位

一个企业并不仅仅经营一项业务，当它为不同的顾客生产经营各类不同的产品时，就形成了多项不同的业务。公司在制定经营战略时要分清自己的各项业务，把每项业务作为一个战略单位来管理。

（4）评估目前的业务投资组合

采用科学的方法对公司目前的各项业务进行分析和评价，以便决定哪些业务单位应当发展、哪些应维持、哪些应缩减或淘汰，把有限的资源和资金用到效益最好的业务上。

（5）确定企业的新业务计划

在公司的业务投资组合计划中，有些效益低下的业务应淘汰，这就要求公司发展新业务以代替旧业务。当现有业务投资组合的销售额和利润达不到公司的预期水平时，必须发展一些新业务来弥补这一差距。公司的新业务发展计划有密集式发展、整体式发展和多元化发展三种。

3. 选择目标市场

企业划分了战略业务单位并明确了发展方向后，就要研究和选择目标市场。目标市场是企业决定要进入的市场。市场需求是复杂多变的，企业不可能全部都满足。选择目标市场应依据市场细分方法、市场细分依据、目标市场策略类型、市场定位策略和影响目标市场策略选择的因素等。

4. 制定营销整合策略

（1）营销因素

企业确定了目标市场后，必须运用一切能够运用的因素去占领它。市场营销因素是企业在市场营销活动中可以控制的因素，分为产品因素、价格因素、分销渠道因素、促进销售因素。

（2）营销整合

营销整合指企业为了满足目标市场顾客的需要，对产品、价格、渠道、促销等可控营销因素进行综合运用，使它们协调配合，产生作用，实现企业战略目标。企业通过有效的市场营销整合来吸引顾客，赢得竞争。

应该说明的是，营销整合绝不是对上述营销因素的简单叠加和重复，而是通过科学的调配，使它们相互影响、相互作用，起到"1＋1＞2"的作用，达到最大的经济效果。

营销整合有以下特点。

①可控性：企业可以根据灵活搭配组合的原则，对市场营销整合加以控制，以取得最佳效益。

②复合性：营销因素由许多次组合复合而成。

③统一性：营销整合中的各因素必须协调统一、紧密配合，为实现企业利润服务。在现代营销观念下，企业的市场营销部门应引导和协调各部门的活动，通过完善营销体系和利用营销整合来保证营销活动的有效性。

（三）营销整合的实施

营销整合的实施是将营销计划转化为行动和任务的部署过程，在这一过程中，整合的思想须贯穿始终。营销整合能否成功，管理人员所具备的营销贯彻能力、营销诊断能力、问题评估能力、结果评价能力至关重要。在营销整合实施过程中，涉及资源、人员、组织与管理等方面。

1. 资源的最佳配置

实现资源的最佳配置，既要利用内部资源，运用主体的竞争，力求实现资源使用的最佳效益；又要利用最高管理层和各职能部门组织实现资源共享，避免资源浪费。

2. 人员的选择、激励

人是实现营销整合目标最能动、最活跃的因素，要组成有较高能力和综合素质的非长期团队小组，保证圆满完成分目标。

3. 学习型组织

营销整合团队必须强化团队学习，创造出比个人能力总和更高的团队，从而形成开放思维，实现自我超越。

4. 监督管理机制

高层管理力求使各种监管目标内在化，团队自身也承担了原有监管应承担的大量工作，因此，须在高层的终端控制下，自觉为实现企业营销目标努力协调工作。

第二节 市场营销环境

一、市场营销环境的构成

企业的微观营销环境是指与企业紧密相连、直接影响企业营销能力的各种力量。营销活动能否成功，除营销部门本身的因素外，还要受以下因素的直接影响。

（一）企业内部

企业为开展营销活动，必须设立某种形式的营销部门，而营销部门不是孤立存在的，它面对着其他职能部门以及高层管理部门。企业营销部门与其他部门之间既有多方面的合作，也存在争夺资源的矛盾。高层管理部门由董事会、总经理及其办事机构组成，负责确定企业的任务、目标、方针政策和发展战略。营销部门在高层管理部门规定的职责范围内做出营销决策，市场营销目标从属于企业总目标，是为总目标服务的次级目标，营销部门制订的计划也必须经高层管理部门批准后才能实施。

（二）市场营销渠道企业

1. 供应商

供应商是向企业及其竞争者提供生产经营所需资源的企业或个人，包括提供原材料、零配件、设备等。供应商对企业营销业务有实质性的影响。

2. 营销中间商

营销中间商主要是指协助企业促销、销售和经销其产品给最终购买者的机构，它包括商人中间商和代理中间商。

3. 辅助商

①物流公司；②营销服务机构；③财务中介机构。

（三）市场

市场就是企业的目标顾客，是企业服务的对象，也是营销活动的出发点和归宿。

国内市场按购买动机可分为以下五种类型。

消费者市场：购买商品或服务供自己消费的个人和家庭。

生产者市场：购买商品及劳务后投入生产经营活动以赚取利润的组织。

中间商市场：为转售牟利而购买商品和劳务的组织。

非营利组织市场：为提供公共服务或转赠给需要者而购买商品和服务的政府机构和非营利组织。

国际市场：国外购买者，包括消费者、生产者、中间商和非营利组织。

（四）竞争者

企业的营销系统总是被一群竞争者包围和影响着，必须识别和战胜竞争对手，才能在消费者心目中强有力地确立其所提供产品的地位，以获取战略优势。企业在市场上所面对的竞争者大体上可分为以下四种类型。

1. 愿望竞争者

愿望竞争者是指提供不同产品以满足不同需求的竞争者。

2. 属类竞争者

属类竞争者是指提供不同产品以满足同一种需求的竞争者。

3. 产品形式竞争者

产品形式竞争者是指满足同一需要的各种形式的产品间的竞争者。

4. 品牌竞争者

品牌竞争者是指满足同一需要的同种形式产品不同品牌之间的竞争者。

产品形式竞争者和品牌竞争者是同行业的竞争者。在同行业竞争中，卖方密度、产品差异、进入难度都需要特别重视。

在竞争性的市场上，除来自本行业的竞争外，还有来自代用品生产者、潜在加入者、原材料供应者和购买者等多种力量的竞争。

（五）公众

公众是指对企业实现营销目标的能力有实际或潜在利益关系和影响力的团体或个人。企业所面临的公众主要有以下几种。

1. 融资公众

是指影响企业融资能力的金融机构。企业可以通过发布年度财务报告，处理相关问题，从而在融资公众中树立信誉。

2. 媒介公众

主要是指报刊、电视台和互联网等大众传播媒体。企业要与媒体组织建立友好关系。

3. 政府公众

是指负责管理企业营销业务的有关政府机构。企业的发展战略与营销计划，必须和政府的发展计划、产业政策、法律法规保持一致。

4. 社团公众

包括保护消费者权益的组织、环保组织及其他群众团体等。

5. 社区公众

是指企业所在地邻近的居民和社区组织。

6. 一般公众

是指上述各种公众之外的社会公众。

7. 内部公众

企业的员工，包括高层管理人员和一般职工，都属于内部公众。

二、市场营销环境的综合分析

通过对企业营销的微观环境和宏观环境的分析与研究，在企业营销环境认知的基础上对企业市场营销环境的综合分析。

（一）环境扫描

所谓环境扫描，就是从市场营销环境中辨别出对企业营销有影响的、能反映环境因素变化趋势的某些事件。市场营销环境总是处于动态变化之中，并不是所有的环境变化都会对企业产生影响；即使是对企业可能产生影响的环境变化，其影响的性质和程度也不尽相同，这就需要通过环境扫描对其进行识别。因此，环境扫描是企业进行环境分析的第一步。

环境扫描工作通常由企业高层领导召集或聘请企业内外熟悉市场环境的专家进行，由若干专家组成环境分析小组，通过科学系统的调查研究，将所有可能影响企业营销的环境因素及其变化一一罗列出来，逐一评审；然后通过分析、预测，从中筛选出分析小组一致认定的将对企业营销有较大影响的环境变化趋势及其相关事件，作为企业重点关注和跟踪监测的对象。

（二）企业市场营销对策

企业通过对环境的分析，可以改进企业的营销，谋求企业的发展。那么，面对市场机会与市场威胁，最高管理层应做出什么反应或采取什么对策？

首先，对企业所面临的市场机会，最高管理层必须慎重地评价。

有需要未必有市场，有市场未必有顾客，或者虽然有市场也有顾客，但这一切未必是某一企业的机会。环境机会对不同企业有不同的影响力，企业在每一特定的市场机会中成功的概率，取决于其业务实力是否与该行业所需要的成功条件相符合。面对市场机会，一方面，要考察本企业是否具备利用该机会实现营销目标的资源和条件；另一方面，还要比较本企业是否能利用同一市场机会获得比竞争者更大的"差别利益"。只有同时具备以上两个方面，企业才可能把"市场机会"变成"企业机会"。

营销者在面临市场机会时要特别防止出现"误舍"和"误取"两种错误。"误舍"会使企业失去一次绝好的发展机遇，给企业带来机会损失；而"误取"则会使企业掉入"机会陷阱"，因为企业要在研究开发上做必要的投资，从而给企业带来现实损失。

其次，当企业面临重大威胁时，最高管理层尤其要慎重决策，小心应对。

第二章 新经济时代的市场营销保障体系

第一节 客户关系管理

一、客户关系管理概述

（一）客户关系管理的产生

1. 需求的拉动

（1）客户的重要性

客户是指愿意以适当的价格购买产品或服务的个人或组织。客户的重要性是指客户能为企业创造价值总和。客户的重要性体现在三个方面：一是客户是企业利润的源泉；二是客户的信息价值；三是客户的口碑价值。

（2）客户关系管理的重要性

许多企业要求提高销售、营销和服务部门日常业务的信息化水平，比较有效的办法是将各部门获取的客户信息进行集成、共享，实现面向客户的统一的、动态的全面管理。

2. 管理理念的更新

从最初的以重视生产效率为根本的产品理念，到以推销为基础的销售理念，最终发展到以充分关注顾客需求、为社会营销的理念，营销哲学的发展与进步体现了客户在当今商品经济中的地位在不断上升。与此同时，企业管理理念随着市场环境的变化而进行着自身的调整，逐步形成了以客户为中心的管理理念。

3. 技术的推动

计算机技术、网络通信技术、数据库技术的飞速发展使得企业利用客户信息的能力大大提高，企业能够适应市场客户需求的动态变化，能够对市场活动、销售活动进行追踪分析。先进技术的发展使得客户关系管理不只停留在理论探讨的层面，还能有效地转变成现实的应用。

（二）客户关系管理的内涵

关于客户关系管理（CPM），不同的学者提出了不同的理解，目前尚无一个公认的统一定义。在这里讨论几个定义，以便读者了解和分析。

①CRM是一种商业策略，它按照客户的分类情况有效地组织企业资源，培养以客户为中心的经营行为以及实施以客户为中心的业务流程，并以此为手段来提高企业盈利能力、利润及客户满意度。

②CRM是通过提高产品性能，增强顾客服务，提高顾客让渡价值和顾客满意度，与客户建立长期、稳定、相互信任的关系，从而为企业吸引新客户、维系老客户，提高效益和竞争优势。

③CRM是一种以客户为中心的经营策略，核心是对客户数据的管理，记录并应用统计模型分析企业在整个市场营销与销售的过程中和客户的互动以及有关活动的状态，为企业经营决策分析提供支持，增强企业的客户保持能力和客户认知能力，最终达到客户收益最大化的目的。

④有国内学者认为，CRM是一套先进的技术手段，它的作用是有效地整合人力资源、业务流程与专业技术。这些观点都是从CRM应用的角度出发的。

（三）客户关系管理的意义

1.降低企业的成本

（1）降低企业维系老客户和开发新客户的成本

据调查，企业在新老用户之间的成本支出上具有重大的差距，招揽新客户的成本是维系老客户的五到八倍。CRM的意义在于它能够通过维系客户的忠诚度来固定老客户，同时，使用老客户来为企业做宣传并吸纳新客户的到来，这就为企业招揽新客户节约了大量的支出。

（2）降低企业与客户的交易成本

保持好的企业与客户之间的关系能够促进两者形成稳定的信用及合作关系。这一关系有利于推动消费，而且消费的方式会从以往的单次谈判消费转变为有规律的程序化消费。这对于节约交易成本意义重大。

2. 促进增量购买和交叉购买

CRM能够使得客户对企业的产品以及服务更加信任，这样就能够在一定程度上增加消费金额。例如，银行的客户因为银行其他提供了良好的服务，客户申请期存款账户、汽车消费贷款以及住房消费贷款，给银行带来了不断的利润。

CRM能够使得客户在该企业消费的产品以及服务的范围扩宽。例如，购买海尔冰箱的客户，可能因为感知到海尔与其良好的客户关系，当需要购买电视、手机等产品时，就比较容易接受海尔的相关产品。

3. 提高客户的满意度与忠诚度

企业通过数据挖掘、数据库分析等技术进行CRM时，能够对客户的个人信息进行把控，同时能够迅速发觉客户潜在需求的变化，及时推出新品以满足或引领客户需求。CRM能够使得对客户的服务效率得到提升，这有利于客户享受到最舒适、便捷的服务，并以此来留住客户。同时，该管理能够促进企业进行自我改进、调整，通过经营方式的更替来保留客户。

4. 提高企业的盈利能力

CRM为企业和客户之间提供了一条稳定的关系链，因此，可以减少企业在经营中的风险，提高生产经营的效率，增加企业的经济效益。同时，当获得较好的客户关系时，客户会出于对企业的信任以及好感度的增加而在一定程度上忽略产品或者服务价格的上升，这就能为企业的盈利带来好处。

（四）客户关系管理的研究内容

1. 建立客户关系

企业与客户建立关系是一个系统的过程，应与客户建立信任、建立联系，逐步了解客户需求。

2. 维护客户关系

维护客户关系指的是企业进行一系列的行动，使得企业和现有客户之间的关系得到巩固以及进一步的发展，目的是提升客户的忠诚度。这个维护的过程不能仅停留在维持关系的角度上，还需要对该关系进行进一步的发展和升级。

3. 恢复客户关系

当客户关系破裂时，企业应当及时修补以恢复关系，努力挽回流失的客户。如果企业不能尽快恢复客户关系，就可能造成客户的离开。当客户对企业的信任度开始降低时，企业要积极寻找顾客流失的原因，并针对该原因采取挽救措施，促使客户重新购买企业的产品或服务，与企业保持合作关系，继续为企业创造价值。

二、客户关系的建立

（一）关系客户的选择

关系客户的选择是指企业在客户细分的基础上，对各细分客户群的赢利水平、需求潜力等情况进行分析、研究和预测，最后选择并确定自己的服务对象。那么，企业为什么要选择关系客户？选择关系客户的原则和方法有哪些？

1. 选择关系客户的原因

由于需求的差异性，每一家企业都只能为有限的客户提供有效的服务。这就要求企业能够准确地挑选出实际客户，排除非客户的干扰，用最少的资源来进行客户的选择。

客户之间也是有区别的，有些客户能带给企业价值，有些则不然。有的客户有时会给企业带来不必要的麻烦，甚至是危机。所以说，要判断一个企业的获利能力，客户的数量不是唯一的数据标准，客户的质量与素质是关键。

如果一家企业在客户的定位上对所有的客户一视同仁，那么，该企业的定位就会不清晰，客户也会对其产生模糊且混乱的印象。同样，企业加入正确定位的、经过选择的客户，那么，企业的形象和特色就会十分鲜明。仔细挑选特定的客户，是企业在处理客户关系上争取主动的一种策略，有利于建立良好的客户和企业之间的关系，并对客户进行有效的管理与服务。

2. 选择关系客户的原则

一般来说，"好客户"通常要满足以下几个方面。

①购买力强，特别是对企业高利润产品的采购数量较多。

②相对服务成本较低。服务成本是相对而言的，不是绝对数值的比较。

③可以使企业获得足够的利润，对企业产品与服务的价格变化心理承受度力强，且会按时支付，诚信度高。

④愿意与企业建立长期的伙伴关系。

总的来说，"好客户"的特征就是客户价值较高、使企业获得的盈利高且风险较小。企业也应该及时动态地对客户进行评价，并且有效地掌握与追踪客户的财务状况信息，提防"好客户"变为"坏客户"。

3. 选择关系客户的方法

企业应该意识到，企业与客户之间是双向选择、对等选择的过程，要想找到实力相当的客户，就要结合客户的综合价值与企业对其服务的综合能力进行分析，然后找到两者的交叉点。一般可分成三个步骤：

第一步，客户综合价值分析。要判断关系客户是否具有较高的综合价值，可以从客户购买企业产品或者服务的总金额、客户产生的增量购买和交叉购买等、客户的无形价值包括口碑价值和信息价值等方面来判断。

第二步，企业综合能力分析。企业综合能力是指企业是否具备足够的能力来满足关系客户的需求，一般以客户让渡价值的理念来衡量企业的综合能力。也就是说，如果企业能够为关系客户提供的产品价值、服务价值、人员价值及形象价值之和减去关系客户需要消耗的货币成本、时间成本、精力成本、体力成本是正值，则说明企业具有较强的综合能力来满足关系客户的需求。

第三步，寻找客户综合价值与企业综合能力两者的结合点。要将价值足够大、值得企业去开发和维护的，并且企业有能力去开发和维护的客户作为企业的关系客户。

（二）关系客户的开发

关系客户的开发就是企业让关系客户产生购买欲望并付诸行动，促使他们由潜在客户转变为企业现实客户的过程。开发关系客户的思路是产品或服务要有吸引力，购买或消费的渠道要便利，定价或收费要恰当，促销活动要有成效，从而使关系客户主动、自愿地与企业建立关系。

1. 产品或服务要有吸引力

有吸引力的产品或服务是指企业提供给客户的产品或服务非常有吸引力，能够很好地满足客户的需要，这不仅包括产品或服务的功能、效用、质量、规格，而且包括特色、品牌、商标、包装以及相关的保证等。

功能越强、效用越大的产品或服务对客户的吸引力越大；质量优异的产品或者服务总是受到客户的青睐；具有足够特色的产品或者服务能吸引客户注意或光顾，产品的附加值越大，客户从中获得的实际利益就越大，也就越能吸引客户；承诺和保证可以降低客户购买的心理压力，会让客户产生好感和兴趣，从而使客户放心地购买和消费。

2. 购买或消费的渠道要便利

企业还应当通过提供便利的渠道使客户方便地购买到企业的产品或服务。古语云"一步差三市"，开店选址差一步，买卖就有可能差三成，一旦消费的地点或便利性不够理想，客户就会放弃购买，或者转向竞争对手购买。随着信息技术和自动化技术的普及，企业可以通过技术手段提高购买或消费的可获得性、便利性。

3. 定价或收费要恰当

企业可根据产品本身、服务、市场情况等确定价格。企业可以灵活运用多种定价策略吸引客户，比如低价策略、招徕定价策略、差别定价策略、组合定价策略等。

4. 促销活动要有成效

促销活动指的是企业通过网络、电视、推销员等多种途径，将产品或服务的最新咨询传达给客户群体，并且通过和客户之间的沟通交流来引起客户的注意，刺激客户进行消费的行为活动。具体的促销形式主要有使用公共关系、网络电视广告和人员推销等形式。

三、客户关系的维护

（一）客户分级及管理

1.客户分级

经验表明，每个客户给企业创造的价值是不同的，有时甚至会产生巨大的差距，一些客户给企业带来的利润很有可能就是别的客户的一二十倍，而另外一些客户非但没有产生利润，有时还可能给企业带来损失。虽然客户的重要性不容忽视，但是由于企业所掌握的资源是有限的，因此，就必须将有限的资源用到最需要投入的客户之中，以实现最大的价值。不同的客户会对企业产生不同的需求以及预期的待遇，所以，企业要把更多的资源用在最有价值的客户当中，为这些客户提供最好的服务以及产品，借此来使客户内心的忠诚度和对企业的满意程度得到提升。要想对客户实行科学有效的管理模式，分级管理必不可少，分级管理十分有利于提升管理的效率以及激励客户。

企业根据客户价值，将客户分为三级：关键客户、普通客户和小客户。图 2-1 是"客户金字塔"模型，体现了客户类型、数量分布和利润创造能力之间的关系。"客户金字塔"模型包含的重要思想是：一个企业在对待客户的态度与模式上应该挑选出关键客户，并为之提供最优产品和服务以及最丰富的资源，这样企业才能获得最大的利润。

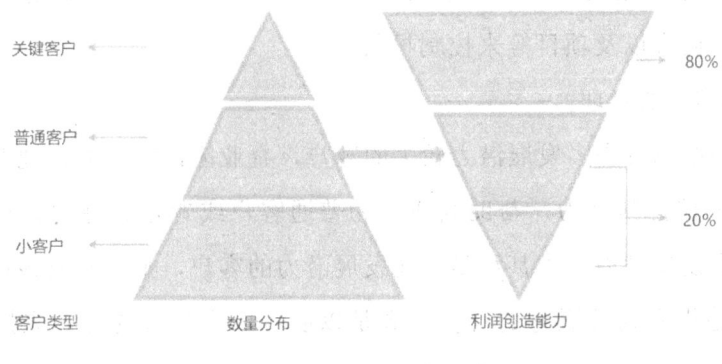

图 2-1 "客户金字塔"模型

2. 管理各级客户

客户分级管理是指企业区别管理不同级别的客户，重点放在关键客户上，放弃劣质客户，合理分配企业资源。

（1）关键客户的管理

提升客户的忠诚程度是关键客户的管理目的，在与客户保持良好关系后，进一步提升关键客户给企业带来的价值。首先，企业要成立一个专门服务于关键客户的管理机构。该机构能够为企业高层提供准确的关键客户信息，密切关注关键客户的动态，强化对关键客户的跟踪管理，及时发现新的关键客户和退化的关键客户，相应地调整服务策略，以实现利润最大化。其次，集中优势资源服务于关键客户。企业要增加给予关键客户的财务利益，比如提供优惠的价格和折扣等。最后，企业应利用多种手段与渠道加强与关键客户的沟通和交流，如有计划地拜访、经常性地征求意见、及时有效地处理投诉或抱怨。总之，要让关键客户感觉到双方之间不仅是一种买卖关系，更是合作与共赢的关系。

（2）普通客户的管理

在普通客户的管理当中，有两个方面值得注意，即控制成本和提升客户级别。

对于普通客户中有望升级成为关键客户的，需要加以正确的引导、管理以及激励；对于普通客户当中升级希望并不大的客户，企业在客户管理的模式上可以使用维持模式，在管理中的各个方面包括人力以及财力等都维持现有的水平，有时甚至可以适当地减少，以此来减少交易成本。在此基础上，还能够通过减少服务时间、内容以及项目等来控制投入。

（3）小客户的管理

小客户当中也有许多发展潜力较大的客户，企业应该有针对性地对其提升服务水平，充分挖掘其潜力，帮助其成长为普通客户或者是关键的客户。小客户当中必然也有发展潜力不大甚至是毫无发展潜力的客户，企业不应该过早放弃，而是要适当地提升为其服务的价格或者是以服务成本降低的方式来挖掘小客户的价值，针对劣质客户，企业要及早终止与他们的关系。

（二）客户沟通

客户沟通指的是客户和企业之间通过已经建立好的各种交流途径，使得双方对于合作的前途进行一个全方位的了解，并借此来拉近两者之间的关系，是企业获得客户忠诚度和满意度的行动。

1. 客户沟通的作用与内容

（1）客户沟通的作用

①客户沟通是实现客户满意的基础。据调查，客户对企业不满意的原因中，除了1/3的产品或者服务的原因外，其余皆是两者之间沟通不良导致的。所以说，要想提升客户对企业的满意度，良好的客户沟通必不可少，只有这样，才能知道客户的想法，了解需求，尤其是当企业的产品或者服务有误时，良好的沟通十分有助于企业知晓客户的意见或者建议，帮助企业进行改正，并赢回客户的心。

②客户沟通是维护客户关系的基础。要维护企业和客户之间的良好关系，增强两者之间的情感是关键。而要增强这两者之间的情感就需要与客户沟通，通过沟通告知客户两者合作的前景以及意义。如果企业和客户之间缺少必要的沟通，那么，客户关系就会很容易因各种问题的冲击而消散。

因此，企业要通过顺畅的沟通渠道，及时、主动地与客户保持沟通，维护好客户关系，最终获得稳定的老客户。

（2）客户沟通的内容

沟通的内容主要是信息沟通、情感沟通、理念沟通、意见沟通，有时还要有政策沟通。

2. 客户沟通的途径

与客户保持及时、有效的沟通，设法降低客户投诉的门槛，为客户提供便利的途径，保持畅通的沟通途径。企业采取的沟通渠道有：开通免费投诉电话、24 小时投诉热线或者网上投诉等；设置意见箱、意见簿及电子邮件等；建立客户与企业的沟通制度。

3. 处理客户投诉

客户抱怨或投诉是客户对企业产品或者服务不满的正常反应，它揭示了企业经营管理中存在的缺陷。客户投诉可以使企业及时了解和改进产品或服务中存在的不足。

为提高处理客户投诉的质量，企业应该建立完善的投诉系统，详细记录客户的投诉及处理过程，统计和分析客户的意见，及时总结经验和教训，为将来更好地处理客户投诉提供参考。

提高一线员工处理投诉的水平。有些员工在处理客户投诉时往往流露出不耐烦甚至反感的情绪，这样容易引起客户的不满，甚至会造成客户资源的流失。企业应该为一线员工提供各种形式的培训，传授处理客户投诉的技巧，同时加大对一线员工的授权，以便对客户的投诉及建议作出及时响应。

提高产品质量、改进服务态度与水平，从源头上控制客户投诉的产生。

（三）客户满意

1. 客户满意的概念

客户满意指的是客户对企业的要求被满足了之后内心的心理活动状态。客户满意度指的是客户满意这一状态的程度，这一程度的决定因素是客户的内心期望以及实际产品和服务的体验，具体包括三种状态，即失望、满意和很满意。失望指的是客户消费所得到的实际产品和服务体验未达到消费前内心的期待；满意指的是客户消费所得到的实际产品和服务体验达到了消费前内心的期待；而很满意自然就是指客户消费所得到的实际产品和服务体验远超期待的状态。

2. 客户满意的意义

（1）客户满意是企业取得长期成功的必要条件

据国外一汽车行业的资料显示，一位对企业服务感到满意的客户能够为企业带来八笔潜在的消费，这八笔潜在消费当中至少会有一笔能够成功消费；而一位对企业服务不满意的客户则会最终影响到二十五位消费者对该企业产品或服务的选择。此外，对企业满意的客户还能起到宣传推广的作用，这极大地降低了企业寻找、招揽新客户的支出成本，还有利于树立企业良好的形象。随着客户权益保护主义的兴起，企业的经营压力越来越大，迫使企业不得不站在客户的角度考虑问题，重视客户满意度，并且努力让客户满意。所以说，企业要想获得长久的发展并取得事业上的成功，使客户满意是必不可少的条件。

（2）客户满意是企业获取竞争优势的重要手段

客户及其需要是企业生存和发展的基础，能否比竞争对手更好地满足客户的需要，是企业成功的关键。

（3）客户满意是客户忠诚的基础

从客户的角度来讲，曾经带给客户满意经历的企业意味着如果上次能够让客户满意，就很可能再次得到客户的认可。客户不满意，就不会再光顾该企业，给企业造成非常大的直接损失。

3. 提高客户满意的途径

从菲利普·科特勒对客户满意的定义不难看出，影响客户满意的因素就是客户期望与客户感知价值。那么，要使客户满意，必须从以下两个方面着手。

（1）把握客户期望

企业要善于把握客户期望，采取相应的措施引导、修正客户的期望，让客户的期望值维持在一个恰当的水平，然后根据具体情况来超越客户期望，从而使客户产生惊喜，这对于提高客户满意将起到事半功倍的作用。

（2）提高客户感知价值

提高客户感知价值可以从两个方面来考虑：一方面，增加客户的总价值；另一方面，降低客户的总成本。

（四）客户忠诚

1.客户忠诚的概念

客户忠诚是指客户对某企业的特定产品或服务产生好感，形成偏爱，进而重复购买的一种行为倾向。从客户忠诚的定义中可以看出，客户忠诚主要表现在态度和行为两个方面：①态度上，客户的满意程度；②行为上，客户的回购。客户忠诚是客户满意的直接体现，很多实施以客户为中心战略的企业都把客户忠诚度作为市场营销工作的重要目标之一。

2.客户忠诚的意义

（1）降低营销成本、交易成本和服务成本

比起开发新客户，留住老客户相对简单，成本较低。交易的惯例化可使企业大大降低搜寻成本、谈判成本和履约成本，从而使企业的交易成本降低。

（2）增加企业收入

忠诚客户还会对企业的其他产品连带地产生信任，从而对该类产品产生需求时，会自然地想到购买该品牌的产品，因此增加企业的销售量，为企业带来更大的利润。

3.提高客户忠诚的途径

（1）建立客户数据库

为提高客户忠诚，企业应该建立和运用客户数据库，便于为客户提供更具针对性的个性化服务。

（2）识别企业的重要客户

企业必须寻找与自身定位相符的重要客户，尽量避免接待与自身定位不相符的客源，从而更好地为目标市场客源提供规范的服务，从而提高顾客的满意度。

（3）提高内部服务质量，重视员工忠诚的培养

研究发现，只有满意的、忠诚的员工才能愉快地、熟练地提供令客户满意的产品和服务。因此，企业在培养客户满意度和忠诚度的过程中，还要重视内部员工的管理，努力提高员工的满意度和忠诚度。

（4）加强退出管理，减少客户流失

退出是指客户终止与企业的业务关系。正确的做法是总结经验教训，利用这些信息改进产品和服务。

四、客户关系的恢复

（一）客户流失

客户流失是指客户不再忠诚，客户流失会使企业失去这位客户可能带来的利润，极大地影响企业对新客户的开发。

（二）客户挽救

对流失客户的挽回，企业要深入了解客户流失的原因，及时采取有效措施加以防范；同时，针对客户流失的原因制定相应的对策，争取挽回流失客户。例如，针对喜新厌旧型客户的流失，企业应该在产品、服务、广告和促销等方面多一些创新，重新将他们吸引过来。

第二节　市场营销组织

市场营销组织是指企业内部涉及营销活动的各项职位安排、组合及其组织结构模式。企业市场营销组织以及与企业其他职能部门的关系，受到宏观市场环境和国家经济体制、运行机制、企业营销管理的指导思想、企业自身所处的发展阶段和业务特点等诸多因素的影响。现代企业的营销组织结构，就是受这些因素的影响而逐渐发展和演变而来的。企业内部市场营销组织结构的演变，大致经历了以下五个阶段。

第一，简单的销售部门。一般来说，企业在建立之初，都是从财务、生产、销售、人事、会计五个基本职能部门开始发展起来的。在这个阶段，企业以生产观念作为经营指导思想，企业经营管理的重点是生产，生产什么、生产多少以及产品价格主要由生产部门和财务部门制定，销售部门只负责产品的推销工作，并通过管理好推销人员，促使他们销售出更多的产品。

第二，兼有营销职能的销售部门。随着企业经济的发展、规模的扩大，销售工作日益复杂，销售部门需要增加一些新的营销职能，如开展市场调研、广告宣传、销售服务等工作。

第三，独立的市场营销部门。随着市场营销职能的不断增强，企业可能会设立独立的市场营销部门，与销售部门并列。这个部门将专注于市场研究、品牌建设、产品策略制定等更广泛的营销活动，以支持销售部门的工作。

第四，现代营销部门。尽营销售部门与营销部门需要互相配合、互相协调，但由于职能、目标不同，往往容易出现矛盾。销售经理通常着眼于短期目标并致力于完成当前的工作任务，而营销经理则注重长期目标和开发满足消费者长远需要的产品。两个部门之间的矛盾发展，使得企业营销组织进一步完善，产生了现代营销部门，即在总经理之下设立营销副总经理，主管销售部门和营销部门。

第五，现代营销公司。只有当所有主管人员都认识到企业一切部门的工作都是为顾客服务，营销不仅仅是一个部门的名称，而且是企业的经营宗旨时，这个公司才能成为一个真正意义上的现代营销公司。

一、营销组织体系设计

市场营销组织是为了实现企业的目标，制订和实施市场营销计划的职能部门，是企业组织体系中的重要组成部分。

（一）市场营销组织形式

市场营销组织经过了从简单的销售部门到销售部门兼有营销功能，到独立的营销部门，再到现代营销部门，最后到现代营销企业以至流程再造企业等阶段的演变，逐渐趋于成熟，形成了以下五种基本的营销组织形式。

1. 职能型营销组织

任何职能部门的一切业务活动围绕企业主要职能展开。其优点是有利于减少管理层次、避免机构和人员重叠，有利于增强公司在世界范围内的竞争力。

2. 产品（品牌）管理型组织

这种营销组织结构的优点是具有较大的灵活性，当企业涉足新的产品领域时，只要在组织结构上增加一个新的产品系列部即可；有助于企业对各个产品系列给予足够的重视。

3.地区型营销组织

地区型营销组织结构的优点是把地区分部作为利润中心，有利于地区内部各国子公司间的协调发展；有利于提高管理效率；公司可以针对地区性经营环境的变化，改进产品的生产和销售方式。但缺点也是明显的，各区域之间横向联系，不利于生产要素在区域间的流动，还有可能因仅从本部门利益出发，影响企业整体目标的实现。

4.市场管理型营销组织

在市场管理型营销组织结构中，企业可以围绕消费者开展一体化的营销活动，这种营销组织结构适合于针对特定市场的产品的销售。

5.矩阵型营销组织

这种营销组织结构适合面向不同市场、生产多种产品的企业的营销。

（二）营销组织体系设计考虑因素

企业在从事营销活动时，要充分考虑营销系统中企业内部状况、合作伙伴等信息，成功的营销组织体系设计应考虑一下因素。

①营销组织体系能保证信息流动的畅通。

②营销组织体系内各部门协调统一。

③营销组织体系能满足大部分客户需求。

④营销组织体系能满足企业战略需要。

二、营销流程

市场营销是企业的一种组织和管理职能，它能识别目前尚未满足的需要和欲望，估计和确定需求量的大小，选择企业能够更好地为之服务的目标市场，制订服务于这些目标市场的产品开发、服务和计划方案。此种说法的市场营销的作业流程如图2-2所示。

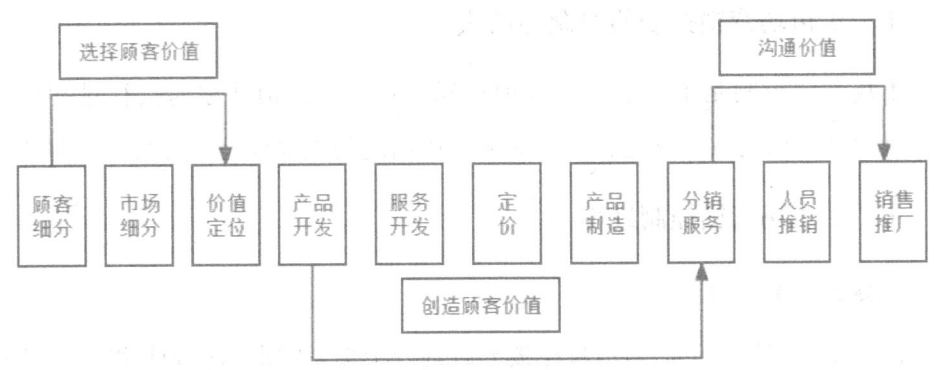

图 2-2 市场营销作业流程

从图 2-2 中可见，企业经营分为三个阶段：选择顾客价值，对于企业的营销实务来讲，即分析市场机会，研究和选择市场目标；价值创造阶段，也是企业制定营销策略的阶段；企业的营销战略和策略实施阶段。

另外，路易斯安那大学管理与营销系主任劳登提出了另一种营销流程，也就是所谓的有效营销流程。他将营销分为社会营销导向、了解、计划、执行和与顾客联系五个步骤，如图 2-3 所示。

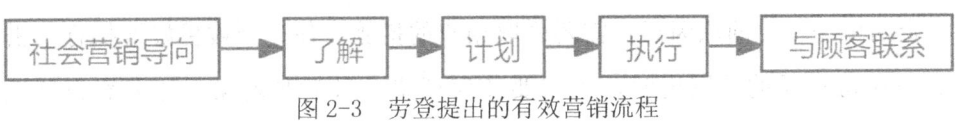

图 2-3 劳登提出的有效营销流程

图 2-3 所示的五个步骤层层递进，一环紧扣一环，构成了一个完整的营销流程，为企业的营销活动提供了一个很好的框架。

三、市场营销控制

营销控制模式是影响企业营销绩效的关键要素。随着全球经济一体化进程的不断推进以及市场竞争程度的日益激烈，选择并实施恰当的营销控制模式成为企业营销管理工作的当务之急。

（一）市场营销控制的概念与模式

市场营销控制是指为了实现营销目标，对市场营销计划的执行过程进行监控，确保各项活动按计划进行，并对执行中出现的重要偏差进行修正的过程。

（二）市场营销控制过程

1.建立控制标准

在营销控制过程中，营销目标被分解为若干更短时期的控制标准。只要每月或每季度的控制标准都能如期实现，那么全年营销目标自然就会实现。营销标准不仅具有检测功能，还有激励功能，适当的标准能够激发员工的工作热情。

2.衡量绩效

监测市场营销活动的实绩，评价各控制目标的执行情况。只有控制标准实现了数量化、可测化，才能进行有效的监测活动。

3.诊断绩效

分析各控制标准的执行结果。对执行情况差的项目，要深入分析其形成原因。

4.改正行动

查明偏差产生的原因后，需要采取相应的措施，使计划被更好地执行下去。当偏差在可接受的范围内时，不需要任何调整，只需要确保原计划被充分地、正确地执行即可；当偏差超过了可接受的范围时，并且偏差是在合理的标准水平下发生的，就需要对达到标准的计划内容进行修改，重新设计计划执行方案，重新调配组织工作人员。如果偏差是不恰当的标准引起的，那么，就要重新设定标准。

（三）市场营销控制方法

市场营销控制的基本类型主要有年度计划控制、盈利率控制、效率控制和战略控制。年度计划控制由组织的高层管理者和中层管理者负责，检查计划目标是否实现。盈利率控制由营销审计人员（指专门负责组织营销支出工作的人）负责，分析组织盈利率高的项目和盈利率低的项目。效率控制直接由职能管理人员及营销审计人员负责，评价营销经费的开支效率与开支效果。战略控制由高层管理者和营销审计人员负责，寻找组织在市场、产品和渠道方面是否存在更好的发展机会。

1.年度计划控制

年度计划控制是指企业在一个年度中采取控制步骤，年度计划控制的目的是保证企业实现年度计划规定的销售目标、利润目标和其他目标。管理者在核查年度计划执行情况时，可采用以下五种方法。

（1）销售分析

销售分析就是根据企业销售目标来测定和评估实际销售额与目标销售额之间的关系。微观销售分析是分别从产品销售及其有关方面来考虑未能达到预期销售量的原因。

（2）市场份额分析

市场份额指一个企业的销售量（或销售额）在市场同类产品中所占的比重。市场份额是企业的产品在市场上所占的份额，也就是企业对市场的控制能力。企业市场份额不断扩大，可以使企业获得某种形式的垄断，这种垄断既能带来垄断利润，又能保持一定的竞争优势。

（3）营销费用—销售分析

年度计划控制要求在实现企业营销目标的同时，严格控制费用支出。要保证较低的销售费用率，严控费用超支的现象。

（4）财务分析

销售人员通过财务分析，不但可以发现促进销售的策略，还可以找到提高利润的方法，加大费用支出低而利润高的产品的销售力度。销售管理部门可以利用财务分析对影响企业净资产收益率的各种因素进行分析，企业也可以通过库存现金、应收账款、存货来分析企业的资产构成，研究和改善其资产管理水平。

（5）客户态度追踪

前面四个控制方法侧重于数量标准和财务分析，此外，还需要一些定性分析，如客户态度追踪。企业应该建立完善的制度以追踪客户、经销商以及营销网络中其他参与者的态度。这些制度主要包括意见和建议制度、顾客固定样本调查小组以及顾客调查等。

2.盈利率控制

除了年度计划控制外，企业还需要衡量盈利率。

盈利率分析可分为以下三个步骤。

步骤一：统计营销费用总和。

步骤二：将营销费用合理分配到各营销实体。

步骤三：做好营销活动统计表。

3.效率控制

企业需要经常对营销活动的效率进行分析和控制。

（1）销售队伍效率

各级（地方、地区、区域）销售经理都应该掌握自己所在地区销售队伍效率的关键指标。

（2）广告效率

许多经理认为，要衡量从广告支出中获得了多少好处几乎是不可能的，但是至少要掌握广告的访问次数、广告成本等信息。

（3）促销效率

为了提高促销效率，管理者应该坚持记录每一次促销活动及其成本和对销售的影响。

（4）分销效率

管理者应该调查研究哪些分销模式可用来提高存货控制、仓储和运输效率。

4.战略控制

战略控制是有关确保公司目标、战略以及制度能最佳地适应公司当前和未来营销环境的工作。

（1）营销效益等级评核

企业营销效益等级评核一般可由五种主要属性反映出来：顾客导向、整体营销组织、营销信息、战略导向和工作效率。

①顾客导向。组织的管理者是否根据市场需要来设计组织的业务？是否为不同的细分市场开发了不同的产品或服务？是否从整体营销系统的观点出发来规划其营销活动？

②整体营销组织。是否对重要的营销功能进行高档次的营销整合和控制？营销管理人员与组织的其他部门是否在进行充分的合作？新产品开发过程是否合理？

③营销信息。最近的一次市场调查研究是何时进行的？管理者对本领域的市场、地区、产品等的潜在需求是否了解？是否对节约营销支出成本与提高营销效益采取了相应的措施？

④战略导向。营销工作的正规性程度如何？当前营销战略的质量如何？是否建立了处理营销事件的例外原则？

⑤工作效率。最高管理者的营销思想的贯彻是否成功？管理者是否充分利用了其拥有的营销资源？管理者对迅速变化做出有效反应的能力如何？

（2）营销审计

营销审计是对企业做的全面的、系统的、独立的和定期的检查。

四、应对安全问题的策略探讨

企业要时刻注意安全问题，把安全隐患降到最低，充分发挥现代各项安全技术的优势，在市场竞争中争取到主导地位。

（一）应对人为安全问题

1.加速基础设施建设

作为应用网络营销的企业，必须在基础设施上有一定的投入，如电脑的配置、网络的安装以及线路的维护与管理等。

2.对现有工作人员的培训

企业应该展开宣传教育活动，使员工从思想上认识和接受网络营销，要有针对性地对员工进行培训，使他们熟悉网络营销的相关规则和流程。

3. 加强宣传和学习

企业应该重视法律的宣传工作，提高防范意识。此外，企业应该组织人员学习网络营销相关的法律法规，可以利用法律武器维护自身利益。

（二）应对技术安全问题

1. 应用安全协议

应对互联网上的一些木马和病毒，使用安全协议是比较有效的。

2. 安全软件的安装与使用

对于企业来讲，安全软件的使用意义重大。企业可以使用防病毒软件和防火墙等，对病毒进行防护和查杀。

3. 聘请网络技术人员

网络技术人员熟悉网络上的安全问题，可以帮助企业在网络营销过程中有针对性地避开安全问题。

第三章 新经济时期消费者市场及其行为分析

第一节 消费者市场概述

一、消费者市场的定义

消费者市场指个人或家庭以生活消费为目的的购买产品和服务的市场。产品和服务流通的重点是生活消费。因此,消费者市场即最终产品市场。

企业的营销行为必须以消费者需求为中心来设计和筹划,企业应了解和分析消费者的购买行为。根据购买主体的不同,市场可以分为消费者市场和组织市场两类。

消费者市场是由为个人消费而购买或取得商品和劳务的全部个人和家庭组成的。消费者市场上的购买行为主体即狭义的消费者——人和家庭,他们有着自己独特的行为特征和规律,而这也恰恰是需要认真分析的内容。

二、消费者市场的特点

消费者市场由个人和家庭构成,且为生活消费需要而购买商品,这就使得消费者市场与组织者市场相比具有许多鲜明特点。

(一)小型购买

消费者的购买,绝大多数属于小型购买。在现代社会,这一特点尤为明显,主要是因为在现代社会中,家庭规模日益缩小。对此,消费品包装、产品规格也必须适当缩小,以适应消费者的需要。

(二)差异性大

消费者市场有显著的差异性。消费者市场将每一个公民都涵盖其中,涵盖范围非常广泛，涵盖的人数非常多。其中，消费者由于年龄、经济状况、气候条件、文化背景、教育水平以及心理状况等不同表现出很大的差异性。

因此，企业在对生产和货源进行组织时要对市场进行详细划分，不能将消费者市场作为一个整体来统一对待。

（三）多次性购买

消费者的购买属于多次性购买，这种购买方式和小型购买的特点密切相关。在现代社会，消费者的家庭规模逐渐缩小，家庭住宅朝着公寓化方向发展，家庭的储存空间受到限制，因此，消费者的单次购买量比较小，需要多次重复性购买，而不能像企业购买生产资料一样单次购买很多。

（四）广泛性和复杂性

从消费者构成来看，消费者市场是一个极为广泛、复杂、多样的市场，生活中几乎任何人都要发生消费行为或消费品购买行为。

消费者市场人数非常多，范围非常广泛。消费者的年龄、性别、职业、经济情况、活动范围、受教育程度等不同，个性、生活方式、爱好和习惯也不同，因此，购买的商品也各不相同。

（五）易变性和发展性

消费需求有追求新颖和个性的特点，这就要求企业在种类和款式方面不断创新，带给消费者新鲜感。消费者不喜欢没有变化的产品，其对新产品、新款式的追求会形成社会风潮，这是消费者心理变化的具体反映。

消费者市场还呈现出发展性的特点，即在社会生产力不断发展和技术进步的前提下，消费市场上不断出现新产品，消费者的经济收入随着社会发展不断提高，消费需求也呈现出从少到多、从粗放到精细、从低级到高级的发展趋势。

易变性和发展性都是消费需求变化的反映。易变性反映的是消费需求的偶然性和短期性变化，是和科技发展关系不紧密的变化；发展性反映的是消费需求的必然性和长期性变化，是与科技进步有关的变化。

（六）分散性

从交易的规模和方式来看，消费者市场是一个交易数量小、交易次数频繁、交易地点分散的市场。消费者以个人或家庭作为购买单位，经济收入和经济支出都十分有限，个人和家庭储存商品的空间有限，且个人和家庭的商品消耗量不大，因而不能购买大量的商品长期储存。同时，现代市场的商品非常丰富，消费者能便捷地买到需要的商品，更加不需要大量储存商品。

（七）地区性和季节性

生活在相同地区的消费者在生活习惯、经济水平、购买商品的偏好等方面会呈现出相似之处，生活在不同地区的消费者，消费行为的差异性则非常明显。

季节性特点具体体现为以下两点。一是随季节变化引起消费，如秋冬季节防寒衣物和电热毯等商品销量上升，春夏季节冰箱销量上升。此外，水果销量的季节性差异也非常明显；二是风俗习惯和传统节日引起季节性消费，如端午节期间粽子销量上升，中秋节期间月饼销量上升。

三、消费者市场的购买对象

消费者市场的购买对象可以依据不同的分类标准进行多种划分，常见的有以下几种。

（一）根据满足人类需求的层次划分

1. 生存品

生存品包括消费者用以维持生命的必需的食品、饮用水，能够保持消费者体温的衣服等。

2. 享受品

享受品包括高级食品、耐用品，如营养性食品、滋补性药品、高档服装、高级住宅及其他高档生活设施、公认的奢侈品等；还包括工作之余旅游、观看艺术表演和体育比赛、欣赏戏剧和音乐所必须具备的设施、条件和服务。

3. 发展品

发展品包括接受教育和专门技能训练，从事科技、文体、社会交往和卫生保健等活动所需要的物质产品、精神产品、设施、条件和服务。

（二）根据消费者的购买习性划分

1. 便利品

便利品，或称易耗品，售价一般较低，购买频繁，购买时不需要花费很多精力进行比较和挑选。便利品又可分为日用品、冲动品和应急品三个细类。

①日用品，是一些价值较低、经常使用、经常购买的物品，如肥皂、牙膏、干电池和报纸等。消费者对这类产品相当熟悉，购买前不需要做多少计划，购买时也不需要花费较大精力和时间进行比较和选择。在大多数情形下，往往是销售人员递给商品，购买者接过商品付款，稍微看一下甚至不看，再道声谢，转身就走。在品牌众多时，也有指名购买的，这往往会培养出一些品牌忠诚者。

②冲动品，是消费者事先没有计划购买，而是在见到、闻到或其他感官直接受到刺激时临时决定购买的商品，如某些富有感官刺激性的糖果、玩具、杂志和风味食品等。

③应急品，是消费者在急需情况下才购买的商品。一般来说，这种需求来得突然，并且必须给予满足。例如，雨具往往是突然遭逢大雨的消费者的应急品，某些药品往往是突然感到身体不适的消费者的应急品。

需要指出的是，冲动品和应急品本质上也是日用品，只是由于消费者购买时的情境因素和时间压力的不同，才赋予了它们冲动品或应急品的特称。

2. 选购品

选购品一般比较经久耐用，价格相对较高，购买频率较低，消费者在购买前对它们不熟悉或知之甚少。所以，消费者在购买此类产品时往往愿意花费较多的时间和精力，在进行充分的或尽可能的比较和选择后才做出购买决定。选购品多半是一些耐用消费品，如彩电、冰箱、家具、服装等。选购是为了减少经济损失，但更多的是想使购买的东西能称心、满意，消除购后的不适。

选购品有同质选购品和异质选购品之别。同质选购品是质地相同且易于对比的商品。例如网球鞋，时令瓜果，锅、碗、盆、勺等炊具，它们的差别易于发现，质量高低易于把握。购买同质选购品时，价格是消费者主要考虑的因素。异质选购品是外观、性能等有重大差别且难以比较的商品。一般情况下，在购买异质选购品时，质量是选购者主要考虑的因素。如选购服装时，如果购买者对质量不满意，即便价格便宜，也不会购买。另外，有些异质选购品的质量不能凭直观感觉加以比较，消费者购买这类产品时，通常会以品牌作为购物指南。

3. 特殊品

特殊品的消费者对之情有独钟，深信不疑，以得到其为快乐、为最大满足。购买此类产品时，消费者会不计购买地点的远近和价格的高低，甚至坚持根据品牌购买。例如，定制的某种款式的服装、昂贵的立体声组合音响、专业俱乐部、畅销小说、某些比赛的入场券以及某些时髦商品等，对于某些消费者来说这些即特殊品。特殊品的本质特点在于某种商品对于某些消费者具有独特意义。显然，特殊品是因人而异的。

便利品、选购品和特殊品的划分，更概括地说，是在于购买者付出的努力和承担的风险两个方面的不同。因此，也可根据这两个标准构建三者的比较模型。

4. 非渴求品

非渴求品与特殊品相反，经常受到大多数人的冷遇，人们很少问津。这类商品，消费者或是不知道它们的存在，或是虽知道它们但不考虑购买它们。前者如某些新上市的产品，后者如人寿保险和殡葬用品。前一种非渴求品，经过厂家的努力，有可能转化为特殊品。

（三）根据是否耐用划分

1. 耐用品

耐用品通常可连续使用多年，寿命长，其有形损耗或基本功能丧失较慢。总的来说，耐用品由于有形损耗或基本功能丧失较慢，有效使用期相对较长，消费者很长时间才会购买一次这样的产品或更替一次新产品。

2. 非耐用品

非耐用品通常只能使用一次或几次，寿命短，有形损耗或基本功能丧失较快，如袋装食盐、瓶装啤酒等。由于这类产品有形损耗或基本功能丧失较快，使用者必须到零售商店经常购买，或到平价仓储店进行"量贩"，或到批发店批发，以减少购买次数。

第二节 消费者购买行为类型与购买模式

一、消费者购买行为类型

（一）根据消费者性格划分

1. 习惯型购买行为

习惯型购买行为是在信任动机的基础上产生的。这种类型的消费者对个别品牌或企业非常信任，对一个或多个品牌非常忠诚，在消费过程中形成了固定的消费习惯和消费偏好，在购买时有很强的目的性。

2. 不定型购买行为

不定型消费者通常是指购买目的不明确的消费者，他们常常三五成群，东走西逛，哪儿有卖东西的就往哪儿看，问得多、看得多、选得多、买得少。他们往往是一些年轻的、刚刚开始独立购物的消费者。这些消费者更容易接受新东西，他们的消费习惯尚未完全定型，没有形成自己的固定消费偏好。

3. 理智型购买行为

理智型购买行为是指理智型消费者做出的购买行为。理智型消费者在做出购买决策之前通常会对商品进行仔细考虑和细心比较，在做决定时十分谨慎，不容易受到商品营销的影响，在做出购买决定后也不容易反悔。

4. 冲动型购买行为

冲动型购买行为是指消费者受到情绪的刺激而产生的购买行为。年轻人产生冲动型购买行为的比重比较大。这是由于年轻人在进行决策时容易受到商品的外观、媒体宣传和商品营销的影响。

5.经济型购买行为

做出经济型购买行为的消费者对价格因素比较看重，侧重于购买经济适用的商品，从而获得心理满足。针对这种购买行为，企业要让消费者认为他所购买的商品是物美价廉的。

6.想象型购买行为

有一定的艺术修养、善于联想的消费者往往会做出想象型购买行为。企业针对这种消费者可以在商品的包装和造型方面做出创新，让消费者进行联想，或是在营销活动中赋予商品特殊意义。

（二）根据市场营销划分

消费者的购买行为非常复杂，人们在购买不同类型的商品时会表现出不同的购买心理和购买行为，企业应对此进行分析，以便制定相应的营销策略。从市场营销的角度来考察，消费者的购买行为可以划分为三种类型。

1.经常性购买行为

经常性购买行为是所有购买行为中最简单的一种，是指消费者购买生活必需的、消耗速度快、价格低廉的商品，如食盐、食用油、食醋、洗衣液、牙膏、洗发水、香皂等物品的一种行为。

消费者通常对这些商品比较熟悉，加之这些商品价格低廉，在购买时消费者不需要花费大量的时间和精力对商品进行比较。消费者在购买这类商品时通常是就近购买，因此销售网点多，主要集中在居民区内或附近，方便消费者就近购买。针对该类购买行为，营销者的管理重点应该是：第一，保证产品质量，保持一定的存货水平，对现有消费者不断施加强化措施；第二，充分利用适当的提示物，吸引潜在消费者对本产品的关注，以期改变他们原来的购买习惯。

2.选择性购买行为

选择性购买行为是指消费者购买价格比日用品高、使用时间较长、购买频率不高的商品的购买行为。这种商品的价格一般在几十元到几百元之间不等，不同品牌、不同规格、不同款式之间的差距比较大，消费者在购买时往往会花费大量的时间和精力进行比较。经营这一类商品，最重要的是备齐品种，让消费者有充分比较、选择的余地。

因此，这类商品往往是多个品牌集中在一个营业大厅销售，有的甚至集中在一条街或一个商业区销售。针对消费者的该类购买行为，营销者管理的重点应该是利用广告提供大量的可比资料，使消费者增进对本产品的了解。

3. 考察性购买行为

考察性购买行为是指消费者购买价格高、使用时间长的高档商品的购买行为。如购买商品房、轿车、高档家具、高档电器、钢琴等都属于考察性购买行为。消费者在购买这类商品时会非常谨慎，会花费大量的时间对商品进行调查、比较和选择。消费者在做决策时往往更注重商品的品牌，大多根据商品品牌购买。在这类商品的购买中，已经购买商品的消费者对未购买商品的消费者的消费决策影响比较大。消费者通常在大型商场或专卖店购买这类商品。

这类商品的购买频率低、价格高，消费者对商品的专业知识了解不多，因此需要收集大量的资料进行学习，在学习专业知识后才决定是否购买该商品。针对这种购买行为，企业营销要为消费者提供全面的资料，让消费者充分了解商品的性能、使用方法、安装维修等最基本的问题，从而帮助消费者尽快做出购买决策。企业在营销这类商品时要利用各种资源，形成品牌效应。例如，精心设计制造、严把质量关；增加产品的高科技含量；加强广告宣传，注重售后服务；销售网点一般应选择大、中型商场或专卖店；等等。

二、消费者购买行为模式

消费者购买行为是指消费者根据自身的实际需要购买商品或劳务的活动。在社会生活中，任何个体为满足生存需要都需要购买物质生活资料。因此，消费者的购买行为在社会生活中普遍存在，并逐渐成为人类行为系统中的一部分。

在现代社会生活中，消费者的消费行为由于不同的购买动机、消费观念、消费方式和消费习惯表现出不同的类型。但在消费者的购买行为中仍然存在一定的规律。心理学家在对其不断研究后得出结论，认为消费者的购买行为中存在着一般模式，即刺激—反应模式。

刺激—反应模式认为，刺激能够引起消费者的购买行为，社会的经济情况、政治情况、科技水平、文化发展和市场营销等外部环境能够产生刺激，消费者的需求、动机、个性、观念、习惯等生理或心理因素也能够产生刺激。消费者在刺激的影响下，经过一系列心理活动，会产生购买动机，在购买动机的驱动下做出购买决策和购买行动，并在购买后做出评估，最终完成购买行为。整个过程是在消费者内部完成的，心理学家将其称为"暗箱"。

企业的营销部门在制订营销计划时往往将消费者购买行为的一般模式作为依据。消费者购买行为的一般模式表明，在消费者的意识受到刺激后，消费者的购买决策由消费者特征和决策过程决定。市场营销人员要分析消费者从受到刺激后到消费者做出购买决策前其意识发生了什么变化，分析消费者购买行为的规律和特点，并根据企业的实际情况向消费者发出"刺激"，从而促使消费者做出购买行为，以达到企业获取利润的目的。

第三节 影响消费者购买行为的主要因素

一、自然环境因素

（一）地理区域

由于消费者生活的地理区域不同，消费者在生活需求和生活习惯方面存在很多不同之处，因此造成了购买行为的差异。

在地域方面，南方人习惯吃甜食，北方人则喜欢吃咸味，南方人和北方人在酒类的消费方面也有不同的偏好，南方人喜欢喝黄酒，而北方人喜欢喝白酒，这使酒类市场表现出"南黄北白"的特点。

城市居民和农村居民的消费在商品种类、数量和购买方式等方面也呈现出差异。产生这种现象的原因是农村居民经济收入比较低，农村居民配套的设施不完善。如农村的供水、供电系统不完善，造成农村不能正常使用冰箱、全自动洗衣机、洗碗机等家用电器。

（二）资源状况

人类生存以自然资源为物质基础，自然资源也是社会生产资料的主要来源。消费者的消费活动和自然资源的开发和利用之间的关系十分紧密。

如车用燃料，我国轿车大多使用汽油，但自20世纪末以来，全球石油价格的升高，促进了使用石油液化气的汽车的出现，它是由使用汽油的汽车直接改装而成的。近年来，还出现了用小麦、玉米等原料生产出乙醇，再和汽油按一定比例混合而成的一种新型车用燃料——车用乙醇汽油。可见，工业能源转化为民用，扩大了消费者对同一领域产品的选择余地。

自然资源的存储量对消费者的消费有直接影响。重要自然资源的存储量紧缺会对消费需求产生抑制作用，或是刺激其他消费需求。

（三）气候条件

气候条件分为地域性气候条件和全球性气候条件，这两个气候条件都对消费者的消费行为有一定影响。

在地域性气候条件方面，生活在不同气候区域的消费者的消费习惯不同。如生活在寒带地区和热带地区的消费者，他们在饮食和服饰消费方面就有很大的差异，如生活在寒带地区的消费者侧重于购买厚重的衣服，生活在热带地区的消费者偏向于购买轻薄的服装；生活在热带地区的消费者喜欢清爽解热型饮料，生活在寒带地区的消费者则偏爱酒精度高、能御寒的白酒。

在全球性气候条件方面，近年来全球变暖和温室效应的问题日益严重，地球表面的温度不断升高，使温带和寒带的很多植物都受到了影响。全球变暖和温室效应导致全国各地夏季的空调、冰箱、电风扇等制冷类家用电器的销量不断上升。

二、社会环境因素

社会环境因素对消费者的购买行为有直接影响，对消费者消费内容的影响也非常广泛。

广义地讲，社会环境包括人与人之间所有的社会意义下的相互作用。消费者可以直接（如可能与同事或朋友谈论体育器材）或间接（如看父亲买汽车时与他人讨价还价）与其他人发生相互作用。人们可以直接或间接地感知这些相互作用。

正确区分社会环境的宏观和微观层次是非常有必要的。宏观社会环境指大规模人群中人与人之间直接或间接的相互作用。有研究者分析了三种宏观社会环境——文化、亚文化和社会阶层。这些都会影响相应群体中个体消费者的价值观、信仰、态度、情感和行为。例如，有研究者证明，不同文化群或者社会阶层中的个体消费者对一个产品的态度是截然不同的，这表明他们对不同的营销战略的反应也是截然不同的。正是由于这些差异的存在，宏观社会环境的分析在市场划分中起到了不可替代的作用。

微观社会环境指小群体（家庭和相关群体）中人们之间的直接相互作用。这些直接相互作用使得消费者的消费行为受到极大的影响。例如，家庭及相关群体间人们的直接相互作用会使人们的行为、价值观、信念和对事物的态度都受到影响，而且对家庭成员间的影响是根深蒂固的，如孩子长大后会购买他们父母曾经买过的品牌，光顾同样的商场，以同样的方式购买商品。

（一）人口环境因素

1. 人口密度与分布

人口密度和人口分布状况对消费者的消费活动空间有一定影响。大城市的人口比较集中，人口密度大，存在住房紧张、交通拥堵、环境污染严重等问题，对消费者的生活和消费活动都有影响。

2. 人口的年龄、职业、受教育程度

人口的年龄、职业和受教育程度对消费者的需求结构和购买方式有直接影响。如人口老龄化会导致保健品的销量上升。职业因素对消费者的影响主要表现在饮食、服饰等方面，从事不同职业的消费者对服饰的款式和档次有不同的要求。受教育程度对消费者的消费观念和消费意识有直接影响。

（二）经济环境因素

经济环境因素包括宏观经济环境和微观经济环境。这两种经济环境因素对消费者的购买行为都有影响。消费者是经济活动的中心，经济活动的成果要通过消费者购买实际商品的行为体现出来。

1. 宏观经济环境

在宏观经济环境方面，国家的消费体制和消费政策对消费者的行为有直接影响。消费体制是经济体制的一部分。在计划经济体制下，国家采用的是低工资的福利型消费体制，福利资源直接分配，不进入个人消费。国家的消费政策也一直倡导"高积累、低消费"。由于是卖方市场，消费者的消费方式是被动的、无选择的，消费者具有初级的消费观念。

改革开放以来，我国确立了社会主义市场经济体制。国民经济快速发展，市场上的商品种类逐渐丰富，卖方市场转变为买方市场，逐渐形成了以个人消费为主体的消费体系。国家出台了一系列消费政策，促进了消费需求的扩张，刺激了消费者的购买欲望和购买信心。

2. 微观经济环境

在微观经济层面，消费者在消费活动中做出消费决策时会受到商品的质量、价格、外观、媒体宣传、商家信誉、销售服务等微观经济因素的影响。这些因素会随着消费者的营销行为而变化，从而直接影响消费者的消费选择。

如商品价格的变动对消费者的需求有直接影响。首先，原材料、燃料等生产资料价格的上涨会造成生产成本的增加，引起产品价格上升，需求下降。其次，的国际贸易中，一国对别国的产品进行反倾销制裁或征收特别关税，将导致该商品价格的大幅提高，消费者因此会被迫放弃或减少购买该种商品。

（三）政治法律环境因素

政治法律环境因素包括国家的政治体制、社会制度、社会稳定性和相关的法律制度等因素。这些因素对消费者的消费心理有直接或间接的影响，从而影响消费者的消费行为。

国家的政治环境不稳定会使人民担心未来，对未来没有信心。在消费活动中的具体表现是消费者对未来持悲观态度，谨慎消费。

（四）文化环境因素

文化环境因素对消费的影响逐渐受到人们的重视。文化背景、教育水平、道德观念、风俗习惯和社会价值标准等方面的差异都会对消费者的消费行为产生影响。

中国人的消费心理主要有以下几方面的特点。

1. 消费者行为上的大众化

传统文化以中庸、忍让、谦和为核心，在消费者行为中的具体表现是大众化商品的市场非常广泛，消费行为的社会取向和他人取向的特征十分明显。多数消费者会用普通消费观念对自己的消费行为做出规范。

2. 消费支出中的重积累和计划性

长期以来，中国人一直有勤俭持家的消费观念，在消费问题上不赞同奢侈和挥霍，对超前消费比较谨慎。在商品的种类和功能方面，更偏向于选择实用价值高的商品。但是目前青少年的消费观念已经发生了变化，其更喜欢超前消费，喜欢购买新奇的商品。

3. 以家庭为主的购买准则

中国人有强烈的消费观念，在消费行为中更倾向于以家庭为单位购买商品。在购买决策方面和购买商品的内容和种类方面都与家庭的关系十分密切，并且购买的商品要最大限度地满足家庭成员的需要。

这种以家庭为主的购买准则，一方面体现了家庭在中国人心中的重要地位以及中国人对家庭的责任感；另一方面体现了在过去的一段时间里，很多人的生活比较贫困，在消费行为中以自己为中心会影响家庭的生活质量。

4. "人情"消费比重大

中国人对人情世故非常看重，认为良好的人际关系非常重要。这个特点在消费行为中的表现就是注重"人情"消费。如亲戚朋友结婚、生子、乔迁等都要送礼品。

5.品牌意识比较强

中国人购买商品时比较注重商品的品牌，尤其对于服装或高档消费品更是如此：一方面是因为名牌商品代表了一定的质量和价格，可以满足人们的炫耀心理；另一方面是中国人一般对商品的知识了解得比较少或者根本不愿意去了解，只注重对商品的总体印象，所以购买名牌商品既减少了购买时认知商品性能的麻烦，又减少了购买风险。

三、消费者内在因素

（一）心理因素

消费者的行为会受到自身心理因素的影响，即心理活动的影响。心理活动是人类特有的、最复杂的活动之一。

在影响消费者行为活动的各项因素中，心理因素是影响消费者行为活动最主要的因素。在消费过程中，消费者会受到外部信息的刺激，产生消费需求和消费动机，在消费动机的驱使下，消费者会收集信息，对商品做比较和选择，最终做出购买决策，采取购买行动。

消费者对商品的媒体宣传的喜好、对商品的态度等都是心理因素的体现。

（二）生理因素

1.生理需要

人类有多种多样的需求，生理需求是人的众多需求中的最基本、最朴素的需求。

在人的消费活动中，消费者的首要消费需求是衣、食、住、行等基本生存资料的消费。消费者在满足自身的生理需求后会产生其他消费的需求和欲望。人的生理特点决定了生理需求本身具有延续性的特征。人的生理需求是不断循环、重复产生的。因此，由人的生理需求产生的消费是不会停止的。在这个层面上，生理需求消费是消费活动的基本内容。

由生理需求产生的消费，其内容和形式是不断发生变化的。经济和社会制度的发展变化会表现出不同的特点。例如，同样是"民以食为天"，原始人食不果腹，甚至是茹毛饮血，而现代人需要的是低脂肪、高蛋白、富含维生素的有营养的食品，所消费的食品要具有九个特征，又称9F，即健康（Fitness）、高纤维（Fiber）、快速反应（Fast）、新鲜（Fresh）、功能分装（Function）、趣味（Fancy）、外国风味（Foreign）、可玩的（Fun）和著名商标（Famous）。由此可见，同样是满足吃的需求，在不同时代其亦存在很大差异。

2. 生理特征

人的性别、身高、体重、外貌、年龄等特征以及敏捷性、适应性、抵抗力等内在特点都属于人的生理特征。

人的生理特征是先天遗传的，在后天的发展中也受到影响。人与人之间生理特征的不同能够产生不同的需求，从而引发不同的消费行为。人的生理特征一般会形成综合因素，进而影响消费者的行为。

第四节 消费者的购买行为与决策

一、参与决策的角色

通常情况下，购买决策不是一个人做出的，而是一群人做出的，是一种群体决策。这在共同使用的商品和个人单独使用的商品的购买决策过程中都有体现。因此，企业的营销活动需要分析参与决策的角色。

通常情况下，参与决策的角色有以下几种。

①发起者，即想要购买商品的人。

②影响者，对发起者的提议表明态度的人。这些人不能决定最终的购买决策，但会影响购买决策。

③决策者，对购买行为有决定权的人。

④购买者，执行实际的购买任务的人。购买者通过比较商品的价格、质量等因素，最终完成购买。

⑤使用者，商品的实际使用者，对商品的使用做出决策，进而影响以后的购买行为。

这五种参与决策的角色在购买决策的过程中相互影响，共同促成购买行为。需要注意的是，购买决策不一定需要有五个人参加，在购买活动中，一个人能够承担五种角色。在不是非常重要的购买决策中，参与决策的角色会有所减少。

二、购买决策的阶段

消费者的购买决策过程是指消费者在购买产品或服务过程中所经历的步骤。一般来说，当消费者购买产品时，他们通常会经历以下购买决策过程：一是需求确认；二是收集信息；三是方案评价；四是做出决策。这代表了消费者从认识商品和服务需求到评估一项购买活动的总体过程。

这个过程是研究消费者如何做出决策的重要线索。需要指出的是，这一重要线索并不是说消费者的决策会按次序经历这个过程的所有步骤，在有些情况下，消费者可能跳过或颠倒某些阶段，尤其是在发生参与程度较低的购买行为时。比如，购买特定品牌牙膏的妇女可能从确定需要牙膏直接到做出购买决策，跳过了收集信息和方案评价阶段。但还是要用这一模式，因为它阐述了消费者面对参与程度较高的新购买决策时所需的全部思考过程，以及影响消费者决策的各种因素。

（一）确认需求

确认需求也被称为问题确认，是由消费者的理想状态与现实状态之间的差距引起的。当消费者对情境的期望与实际的情境之间存在差异时就会产生某种需要。因此，消费者的购买过程是从引起需要开始的。需要的产生有时很简单，有时却较为复杂。一般来说，人的需要是由两种刺激引起的：一是来自身心的内在刺激，这是引起需要的驱策力；二是来自外部环境的刺激，这是引起需要的触发诱因。在这两种刺激的影响下，当消费者意识到一种需要并准备通过购买某种商品去满足它时，就形成了购买。

确认需求的原因会受到以下因素的影响。

①缺货。消费者使用存储的产品时要对这种商品进行补充，这时就出现了确认需求。这时的购买决策一般是简单的行为，并且通常是选择一个熟悉的品牌进行消费来解决这个问题。

②不满意。确认需求产生于消费者对正在使用的产品或服务不太满意。例如，消费者也许认为他的电脑已经过时了，而广告能够帮助消费者确认其面临的问题和需要的购买决策。

③新需要。消费者的生活是不断变化的，也会不断产生新的需求。一般情况下，一个人的生活方式或工作状态能够产生新的需要。比如，当我们搬家时，我们可能重新购置一些新的家具；当我们的职务提升时，我们可能买一些更高档的服装，以使自己显得更体面。有时报酬的增加也会提高个人的期望，消费者会考虑以前没有购买过也从未期望购买的产品或服务。比如，一个买彩票中了大奖的人会购买一辆家庭轿车或到国外去旅游。

④相关产品的购买。确认需求也可以由一种产品的购买激发出来。例如，购买家庭影院会导致对其附属产品，如影碟需求的确认；个人电脑的购买会刺激对软件程序或软件升级的需求。

⑤新产品。当市场上出现了新产品并且这种新产品引起了消费者的注意时，也能成为确认需求的诱因。营销商经常介绍新产品和新服务，并且告诉消费者他们解决问题的类型。比如，手机营销人员会告诉消费者为什么他们需要手机，并强调手机的时尚、省时及安全等优点。

⑥营销因素。引起理想状态与现实状态之间差距的另一个原因是营销商造成的问题确认。比如，很多个人卫生用品广告通过创造一种不安全感，使消费者确认需要或问题，而消除这种不安全感的最佳方式就是使用广告推荐的产品。营销商还可以通过改变款式和服装设计，在消费者中制造一种他们的着装已落伍的感觉，帮助消费者确认需求。

当然，对于营销商刺激消费者产生需求确认的企图，消费者并不总是买账，在有些情况下，消费者也许看不到问题或意识不到营销商正在售卖的产品到底有什么用。比如，许多消费者不愿意购买个人电脑的主要原因是他们看不到家里拥有一台电脑对他们家有多大用处。因此,有些精明的个人电脑制造商曾尝试用这样的方法来激发消费者的问题确认,即强调电脑是如何有助于开发孩子的智力,并能让孩子在学校表现更优异。

(二)收集信息

所谓收集信息,通俗地讲就是寻找和分析与满足需要有关的商品和服务的资料。

1.消费者要收集的信息的内容

消费者要收集的信息主要有以下三方面内容。

①恰当的评估标准。如一名消费者打算购买一台计算机,首先他要了解打算购买的计算机有什么特征,这些特征是其对商品进行评估的标准。如果消费者认为自己的知识有限,便开始收集信息。

②已经存在的各种解决问题的方法。如当前市场上有多少种计算机出售。

③各种解决问题的方法所具备的特征。如当前市场上的计算机的类型、功能、价格等因素。

消费者通常收集不到关于商品的全部信息,只能在自己了解的范围内选择。通过对已经掌握的信息进行对比,消费者会划定一个范围,并在其中进行选择,最终做出决定。在逐步筛选的过程中,每进入一个新的阶段都需要收集更多的信息以帮助选择。

因此,企业向消费者提供有关产品的信息对消费者的信息收集阶段有很大影响。

2.消费者选择信息的过程

消费者能够收集到大量的关于商品的信息,但在购买过程中不是信息越多越好。在相同的情境中,由于消费者的个性、经验和需求等方面存在差异,其对信息就会有不同的理解,从而影响他们对信息的选择。一般情况下,消费者对信息的选择包括以下几种。

（1）选择性注意

在日常生活中，人们会受到很多刺激，如美国人平均每天会接触到 3000 多个广告，但这些刺激不会对消费者造成太大影响，大部分广告都会被过滤掉。

因此，营销人员要分析哪些因素能引起消费者的注意。首先，消费者会对与当前需要有关的刺激比较留意。其次，消费者对他们期盼的刺激比较留意。最后，消费者对非常规刺激比较留意。

（2）选择性曲解

消费者受到刺激后未必会产生预期的效果。消费者会按照自己的思维模式接收信息。选择性曲解是指消费者将得到的信息和本身的意愿相结合。通常情况下，消费者会根据先入为主的原则解释信息。

（3）选择性记忆

消费者会遗忘掉接触过的大多数信息。消费者会对与自己的态度和信念相符合的信息进行记忆。因此，市场营销人员在宣传企业产品的过程中要对消费者重复自己的商品，以加深消费者的记忆。

（三）方案评价

在信息搜寻阶段获得产品信息后，消费者便进入方案评价阶段。在方案评价阶段，消费者会根据已经掌握的信息产生自己的判断标准。这套标准将帮助消费者评估和比较各种选择。

不同的消费者会使用不同的评价标准，相同的消费者在不同的购买情境下，使用的评价过程和评价标准也不相同。这主要是因为消费者为满足不同的需求，需要购买不同的产品，从而在不同的产品中寻求利益最大化。消费者将每种产品视为能不同程度地带来所寻求的利益并进而满足某种需要的属性集。

针对不同的商品，消费者会对不同的属性感兴趣。比如，对于照相机来说，消费者感兴趣的属性主要包括照片清晰度、摄影速度、携带方便与否、价格等；而对旅馆来说，其重要的属性主要包括舒适、卫生、安全、便利等。不同的消费者对于相同的商品关心的程度也各不相同。消费者可能采取主观的评价标准，也可能采取客观的评价标准。例如，在购买汽车的时候，消费者使用诸如价格便宜及节约燃料等客观属性进行评价，也可以同时使用如形象、风格等主观属性作为评价标准。

具体来说，消费者做出购买决策会遵循以下两种原则。

1. 理想品牌原则

对于任何一种商品，消费者都有自己认定的理想品牌。消费者会在购买过程中对自己认定的理想品牌和实际品牌进行比较，从而选择与理想品牌最接近的品牌。例如，消费者可以先给自己心目中的理想品牌打分，然后再给实际品牌打分，最后求两者之间的误差。误差越大，表明实际品牌与理想品牌之间的差距越大，消费者的不满意程度也就越高。

2. 多因素关联原则

多因素关联原则是消费者为商品的属性规定的可接受的最低水平，消费者会接受各项属性都达到规定的最低水平的商品，消费者通常不会考虑没有达到规定的最低水平的商品。

运用这一原则，消费者就排除了某些不必要的信息干扰，缩小了处理信息的规模。但是，这种决策使得可接受的品牌可能不止一个，因此，消费者还需借助其他方法做进一步的筛选工作。

（四）做出决策

消费者在对商品进行评价和选择之后会产生购买意图，从而进入购买决策和实施购买的阶段。在产生购买意图和做出购买决策之间存在一系列不确定因素，这些因素会影响消费者的购买决策。通常情况下，这些因素来自两个方面：一方面是他人的态度；另一方面是意料之外的变故。

他人的态度一般是指有人在消费者进行购买时提出了反对意见或有吸引力的建议。这将使消费者取消购买决定。他人态度影响力的强弱主要表现在他人反对的强弱程度和他人在消费者心目中的地位两个方面。他人的强烈反对或他人在消费者心目中有重要地位对消费者的影响很大。

消费者在购买商品的过程中出现意外的变故也可能导致消费者取消购买。如消费者突然失去工作丧失收入来源、消费者忽然需要大量资金做某件事,这些因素都可能让消费者取消购买决策。

三、消费者购买决策的类型

(一)例行型决策

消费者所做的许多购买决策都是以习惯性或例行性选择过程为基础的,对于许多低价的、经常购买的产品而言,决策过程包括的环节不外乎确认问题、进行迅速的内部搜寻和做出购买决策。这时,消费者花费的时间和精力很少,没有努力进行外部搜寻或选择评价。其实,一般的例行型购买实际上并未涉及决策。

例行型购买通常分为两种,即品牌忠诚型购买和习惯型购买。比如,对于使用哪种品牌的化妆品,我们曾经有很高的卷入程度,花费了大量时间和精力。作为这一过程的结果,我们选定了某品牌化妆品。现在,虽然更好的化妆品广告时刻在诱惑着我们,但我们认为该品牌化妆品更符合自身的需要,我们已经成为该品牌化妆品的忠诚消费者。在这个例子中,由于对品牌忠诚,我们对产品的卷入程度相当高,但对购买的卷入程度则很低。而习惯型购买则与此不同。比如,我们可能认为所有牙膏的功能都差不多,因而,我们在使用了一段时间某品牌的牙膏以后,觉得还比较满意,我们就会一再地选择该品牌,但实际上,我们并不忠诚于这一品牌。如果在逛商场的时候看到别的品牌的牙膏正在打折,我们就会毫不犹豫地选择这个新品牌。

因此,即使是消费者例行的购买行为,营销人员也应该分清是品牌忠诚型购买还是习惯型购买,并依此采取相应的营销策略。

(二)有限型决策

那些经常被消费者购买的、不十分贵重的产品或服务一般与有限型决策有关。在这种类型的购买中,消费者花费适当的精力搜寻信息或考虑各种可能的选择。伴随着对产品或服务的进一步认识,通过有限型决策,消费者通常能相当迅速地完成购买行为。此外,除非产品在使用过程中出现问题或消费者对售后服务不满意，否则，事后很少对产品的购买与使用进行评价。

有限型购买有时会因情感性需要或环境性需要而产生。比如，很多人都有这样的经历，虽然打算换一种新的产品或一个新的品牌，但并不是对目前使用的产品或品牌不满意，只是用了太久而产生了一种厌倦感。因此，这时候的购买决策只涉及对现有备选品牌的新奇性或新颖性的评价，而没有其他原因。

（三）广泛型决策

消费者在购买贵重的、不常购买的产品时，其购买决策属于广泛型决策。这个过程是消费者购买决策中最复杂的一种类型，消费者的参与水平高、在购买中投入的时间长、涉及的信息广泛、影响消费者购买决策的因素多。此外，消费者购买商品后会怀疑购买决策的正确性。这种购买决策比较复杂，通常在购买商品房、汽车等商品时会使用广泛型决策。

四、购买决策的作用和特点

消费者行为就是消费者在寻找、选择、购买、使用、评估和处置与自身需求相关的产品和服务时所表现出来的行为，而这一系列行为活动过程就是消费者的决策过程。对于许多产品和服务来说，购买决策是包括一系列广泛的信息收集、品牌对比和评价以及其他活动在内的全部过程。比如，在购买之前，消费者就要确定买什么商品、买哪种品牌、买多少、到哪里去买等；在购买过程中，消费者要选择品牌、衡量价格水平、确定购买型号等；在购买之后，消费者会对商品产生满意或不满意的评价，这种评价会对以后的购买行为产生影响。购买决策是消费者确立购买目标、选择购买手段、取舍购买动机的过程。

在消费者的购买行为中，购买决策的地位非常重要。在购买过程中，消费者需要对购买行为的发生方式进行决策。消费者购买决策的质量由购买行为的效用决定。正确的购买决策能够为消费者节省时间和费用，使消费者买到高性价比的商品，使其需求得到最大限度的满足。

对于商家来说，对消费者的购买决策进行分析能够为企业的营销活动提供依据。例如，如果一位经理经过调研得知，汽车的耗油量对于某一目标市场来说是最重要的因素，那么生产者就可以重新设计产品，来达到让消费者满意这一目标。如果该企业不能在短期内改变设计，它可以使用促销手段，努力改变消费者的决策标准。比如，生产者可以通过广告宣传汽车的免费维修这项优惠措施，以及汽车具有欧洲赛车的风格，而不强调其耗油量。

消费者在购买商品方面的偏好会不断发生变化。与其他决策活动相比，消费者的购买决策有其特殊性。消费者在进行购买决策时会受到多种因素的制约，其特殊性具体体现为决策内容的情境性。

第四章 新经济时代市场营销手段的创新

第一节 网络营销与绿色营销

一、网络营销

(一)网络营销的内涵

所谓网络营销,是指企业以网络技术为手段,在企业产品设计、生产、流转,以及商品的交换、消费和售后服务等方面所进行的,满足消费者或用户需求的一系列经营活动。网络营销是营销的一个重要组成部分,是企业整体营销战略中不可缺少的一部分。它是一种借助互联网特性来达到营销目标的手段。网络营销作为一种新型营销方式,通过满足消费者的需求进而满足企业自身的需求(即获得利润),这与传统的营销并无二致。所不同的是,在网络营销中,营销者可充分运用网络通信技术为企业的营销目标服务。

(二)网络营销的基本概念

1. 广义的网络营销

在线营销、网上营销、网络行销以及互联网营销等,都是网络营销的同义词。换言之,上述这些词汇所说的都是同一个意思。从宏观上来讲,依附于互联网而开展的各种营销活动都被称为"网络营销"。其中,实践性特征是网络营销的一大亮点。因为,比空洞理论更具实际意义的是从实践中发掘、探究网络营销的基本方法和规律。所以,我们应当将更多的注意力放在理解网络营销真正的意义和目的中,而非放在对网络营销的定义中。在充分认知和了解互联网这种新的营销环境的同时,可以利用多种互联网工具来为企业的相关营销活动提供有效支持。

2. 狭义的网络营销

我们通常将个人或组织为了满足其相关需求，在开放、便捷的互联网环境下，对产品和服务进行一系列经营活动的过程称为"狭义的网络营销"。毋庸置疑，网络营销是近些年出现的一种新型商业营销模式。

通过互联网进行的营销活动为网络营销，即利用互联网作为主要工具创造出销售氛围的活动。网络营销并不等同于网上销售。将产品营销到某一阶段，这是销售，或者我们可以理解为，营销是过程，销售是结果。传统电视、互联网、宣传单以及户外媒体等都可以作为网络营销的推广渠道。互联网并不是网络营销的最终归宿，因为，除了在线推广外，一个完整的网络营销方案还需要配合使用传统的方式进行线下的推广。我们可以将其理解为关于网络营销自身的营销，就好比关于广告的广告网络营销活动是一个过程，一般我们可以将该过程分为七个阶段：①界定市场的机会。企业参与市场竞争，首先要寻找突破口，明确市场机会在哪里；其次要识别未被满足或服务不周的需求，细分目标市场，评估机会的吸引力以及所需的资源。②制定营销战略。选择细分的目标市场，进行产品定位及资源的配置。③设计消费者体验。所谓消费者体验是指消费者在与组织的交互过程中，对组织的产品服务及相关激励因素的感知。在互联网环境下，消费者体验包括站点的易用性、可靠性、安全性，信息的丰富性，定制功能，交互性等。④构思消费者界面。它是消费者体验设计的逻辑延伸，在界面构思中需要考虑的要素包括场景、内容、社区、定制、沟通、交换链接、商务活动。⑤设计营销计划。需要企业通过对各种营销手段的创意设计，满足消费者的体验需求，突出网络营销个性化和交互性的特点，制定出产品、品牌、价格、营销、渠道、社区等营销策略。⑥分析收集到的信息。利用数据分析技术分析网络营销过程中所收集到的各类信息，为构建更加牢固的消费者关系提供决策支持。⑦评估网络营销计划。评估网络营销计划是否达到组织预期的目标非常重要，设计一套有效的评价指标体系是客观评价网络营销计划的关键。

（三）网络营销的特点

1. 虚拟化

因为网络具有虚拟性，所以网络营销也具有虚拟的一面。在网上，企业是虚拟的，商场是虚拟的，商品也是虚拟的。在网上看起来很大的一家公司，可能只有几个人，甚至根本就是一家皮包公司；在网上看起来很漂亮的商品，可能是假冒伪劣品，甚至根本就不存在；在网上支付的也是虚拟的电子化的货币。这一切对于习惯于在真实世界消费的消费者来说可能了解不深，由此也带来很多问题。

2. 超前性

我们可以将互联网视为一种具有较强功能的营销工具，因为它能做到同时兼具电子交易、市场信息分析等诸多功能。

3. 交互式

互联网不仅是企业设计产品的最佳工具，还是为消费者提供商品相关信息以及服务的最佳工具。比如，企业可以利用互联网向消费者展示产品目录，可以通过链接数据库为消费者提供相关商品信息的查询服务，并在此基础上与消费者进行双向互动交流，同时能收集市场最新情报。除此之外，企业还能对产品进行测试，调查消费者对产品的满意度等。

4. 高效性

不论是储存量也好，还是传递信息的数量与精准度也好，计算机都远远超过了其他媒体。也就是说，计算机可以为消费者提供大量的信息，且不受时间和空间的限制。除此之外，网络还能够顺应市场的需求，在第一时间更新产品或对产品的价格进行调整。所以说，网络营销能够及时有效地了解消费者的需求，并在最短的时间内予以满足。

5. 人性化

网络营销活动具有消费者主导、一对一、理性、非强迫性等特点。可以说，这是一种人性化、低成本的有效营销方式。它能在一定程度上摆脱传统营销中强势推销情况的出现。不仅如此，企业还能给消费者提供诸多精准的产品信息，并进行双向的互动沟通，进而与消费者建立良好的合作关系。

6. 整合性

网络营销是一种全程式的营销渠道，它可以为消费者提供商品信息、收款、售后服务等一条龙服务。除此之外，企业还可以利用互联网来统一规划和协调实施不同的营销活动，并向消费者传播统一的资讯信息。这不但为企业减少了人力、物力和时间上的不必要消耗，还避免了不同传播渠道中由不一致性产生的消极影响。

7. 直接化

企业可以通过网络营销与消费者进行直接联系，这就意味着商品可以不用通过其他渠道而直接到达消费者手中。这便意味着销售渠道更加直接化，因为这一举动最大限度地缩短了商品的流通过程，加速了商品流动、信息流动、资金流动，且将中间商的作用降至最低。

二、绿色营销理论

（一）绿色营销的界定

从某种层面上来讲，绿色营销是促进可持续发展的一个管理过程，是市场主体有目的地满足市场的需求和发展的过程。同时，在此基础上与其他市场主体进行交换，并以此来实现经济利益的统一，以及消费者的需求和环境利益间的协调统一。

我们通过定义可以看出，可持续发展是绿色营销的最终目标，但在实现最终目标的过程中，应当重视且遵循经济利益、消费者需求、环境利益三方协调统一的原则。所以不管是在战略管理中，还是在战术管理中，企业应以促进经济的可持续发展作为根本出发点，应当按照生态环境的要求，来创造产品、交换产品，以满足消费者的需求，确保自然资源不被过度消耗，确保自然生态处于平衡状态。

绿色营销实际上是人类市场营销观念和环境保护意识的产物，是一种现代营销观念。除此之外，它还是经济可持续发展得以实现的一个重要战略举措。它要求企业在保护地球生态环境的前提下，在实施营销活动的过程中，强调促进经济和生态的双向协调发展，从而确保企业的可持续经营。

（二）绿色营销观念

1. 营销的目标

最大限度刺激消费是传统营销的目标，因此，企业会将全部注意力放在如何吸引、刺激消费者进行消费上。但人类目前已经进入环保时代，该时代要求人类必须实行可持续消费。换言之，人类当前应在控制自然资源和环境能够承受和实现的范围内进行发展。所以在实施绿色营销的过程中，必须遵循可持续消费的原则，即在追求满足消费者需求的同时，要减少物质消费的数量，从而将人类资源的消费程度降至最低，使消费最终达到可持续增长的要求。

由此可见，"少即多"原则的实施是实现绿色营销目标的基础。因此，为了使企业营销适应绿色营销的目标，就要对企业以往的传统营销活动以及相关技术进行一系列改革。不仅如此，还应当减少原材料和能源的消耗，减少废弃物，从而降低企业的成本，最终达到可持续消费的目的。

2. 营销服务的对象

基于绿色营销，营销服务对象发生了巨大转变，由以往的消费者最终扩展到"消费者和社会"。这主要是由于"社会责任"被引入绿色营销之中。这就使得企业必须在符合环境保护要求以及符合社会有序、合理发展要求的前提下，对消费者的需求予以满足。企业的营销不能为满足消费者的需求而损害社会的利益，更不能破坏良好的人类生存环境，应当协调好二者之间的关系。

3. "消费者"的性质

如何通过开展营销活动使消费者的消费需求得到满足是传统营销所重视的内容，它只把人当作消费者。相比之下，把消费者视为具有多样化需求的"人"，而把消费的需求只作为"人"的需求的一部分，则是绿色营销所重视的内容。换言之，如何通过开展营销活动使人们的物质及精神需求得到满足，以及如何在最大限度上减少物质资源的消耗，从而保护人类赖以生存的自然环境，则是绿色营销研究的主要内容。

4. 对"消费者满足"予以重新定义

消费者在消费或被服务时得到的满足是传统营销所指的满足。但绿色营销则与之不同，它的意义在于消费者在得到传统营销的满足后，企业还在持续提供优质服务。这使消费者在该产品"从生命开始到终结"的整个过程都得到了满足。绿色营销涉及整个企业的行动和创造消费者满意的产品的整个过程，因而使"消费者满足"变得更为复杂。

5. 企业文化

企业文化的本质在传统营销条件下是竞争文化。简言之，企业在与对手竞争过程中，运用恰当的产品、价格、营销以及渠道来获得最终的胜利，争取更大的市场份额，并从中获取更多利润。但事实证明，竞争文化极大可能会给环境带来破坏，这便需要绿色营销的加入。企业在实施绿色营销的过程中，会将竞争对手视为合作伙伴，因为绿色营销文化比传统营销文化更加注重"人"的导向以及"人"的价值。

三、社会责任观念

（一）企业社会责任观念的形成

1. 20 世纪初至 30 年代

可以说，该时期是现代企业的发展初期。为企业所有者和股东获取最大的利润是这一时期企业的管理目标。简言之，该时期企业的责任是为这一目标的实现而服务。

2. 20 世纪 30 年代至 60 年代

该时期股份公司发展速度较快，企业的股权较前一阶段有所分散，除此之外，企业的主体呈现多元化。因此，我们可以将该时期视为现代企业的形成时期，不仅如此，政府也通过相关立法，来迫使企业对消费者、贷款人以及供应商等相关者承担更大的责任。由于股东人数在该时期的急剧增加，企业经营者同时担起股东利益代理人以及平衡股东需求、使股东满意的重任。由此可见，该时期企业责任的内涵较上一时期有了相当大的扩展。

3.20 世纪 60 年代至今

由于发达国家的经济从 20 世纪 60 年代末起得到了高度发展，人们的生活进入一个新阶段，即"富裕"阶段。该时期，生活质量成为人们所重视的问题，如环境保护、社会福利、健康与安全等。因此，社会对企业有了新要求，即在为自身获取利益的同时，需要提高人们的生活质量。

这无疑给企业带来了较大的社会压力，企业不得不承担社会责任。因此，在20 世纪 70 年代至 80 年代产生了社会营销的观念，并将其作为绿色营销的基本观念。社会责任观念与社会营销提倡的社会责任有相似之处，但又有很大区别，主要是社会营销的存在是长期的，而保护环境的无限期存在决定了绿色营销也将无限期存在；同时，社会营销关注的是某一个特定社会，而绿色营销更重视自然环境，关注整个地球的未来。可见，绿色营销强调的是企业在环保时代所应承担的社会责任。

（二）社会责任的基础

1. 企业的道德原则

社会是企业的摇篮，企业运营过程中的人力资源以及相关基础设备，都是社会所提供的。但企业的存在，也在不同程度上产生了诸多社会问题，如教育、就业、医疗、社会保障等。为了促进社会的发展，企业有责任和义务来维护社会的秩序和安宁，通过遵守社会规范，以及合乎道德的行为来履行其社会责任。如果企业忽视了该问题，那么，会对企业自身的发展带来巨大影响。"绿色运动"于 20 世纪 60 年代至 70 年代蓬勃兴起，它的兴起促使了企业对道德问题重要性的重新认识，且在此基础上，企业渐渐意识到道德责任是其所必须遵守的基本准则。

2. 自身利益原则

企业的自身利益是支持企业履行社会责任不可缺少的一个重要基础，即企业要想使自身获益，就必须承担社会责任。但凡企业参与有利于社会的活动，都可能改善企业自身的形象。

（三）社会责任的要素

1. 经济责任

在盈利的基础上，企业应当继续确保自身的经营，以便给予企业股东、员工，企业贷款的银行和其他相关的金融机构，以及企业的消费者持续性的回报。

2. 法律责任

由于社会对企业经营的关注与日俱增，致使企业受到了大量法律的约束。因此，企业应当服从和遵守法律的各项规定，不断规范自己的行为，最终成为社会中的"守法一员"。

3. 伦理责任

一些非法律要求的道德规范和伦理规则，或者是未被特定法律所包含的某些道德规范和伦理规则，也是企业所需要遵守的，因为这是社会的要求。

4. 社会参与或慈善责任

即便某些活动并不是社会所要求的，或者并不是法律所规定的，比如，我们所熟知的各种慈善活动等，对于这些有益于社会或是社区的活动，当下有许多企业都会积极参加。这一举措可以受到来自社会的赞誉，使企业形象得以改善，从而在极大程度上增加社会对企业的亲和力。

（四）企业的社会责任战略

1. 战略主题

为了能够与社会和谐相处，企业必须对政府机构以及社会公众所关注的，同时对企业具有重要性的问题予以关注，以此来拟定企业社会责任战略主题。

2. 战略实施方案

①企业社会责任战略应具防御性。企业是社会的一个重要组成部分，企业在经营过程中，极有可能产生对社会造成不利影响的问题，如环境污染等，这些问题会使企业处于政府处罚、舆论曝光以及公众反对的状态。所以，企业的社会责

任战略大多时候都具有防御性。此外，主动性亦是企业社会责任战略实施过程中不容忽视的，即企业应当提前做好承担社会责任的准备，并及早、主动妥善处理，切不可在社会公众对企业已经产生不良印象时才去解决。企业经营者应当时刻牢记"将问题消灭在萌芽之中"这一格言。企业社会责任战略应具有妥协性。企业应采取妥协的态度来处理社会责任问题，如果企业采用了对抗的态度来处理该类问题，则极有可能给企业带来不可设想的后果。企业社会责任战略应具有使损害最小化的特点。在发生社会责任问题时，企业往往处于受批评的境地，因此，企业实施的社会责任战略应达到使企业所受损害最小化的目的。

②制定企业道德准则。企业道德准则的制定是企业实施社会责任战略时的关键性工作。目前国外有诸多企业都制定了本公司的道德规范，且这一举措已经成为国外当前企业管理的一股热浪。

③社会审计。社会审计主要针对的是企业实施社会责任战略的结果。至于社会审计的人员，可以是外部聘请的专家，也可以由内部人员组织实施。社会审计的主要内容是对企业社会责任战略的目标和企业的社会责任行为予以审核；对企业社会责任战略的适用性和有效性予以审核；对企业社会责任战略的缺陷或可予改进的内容予以检查；对企业道德准则的内容有无需要更新之处及准则执行情况予以审核。

第二节　知识营销与关系营销

一、知识营销

（一）知识营销的特征

1.创新营销特征

营销理念创新、营销产品创新、营销模式创新、营销组织创新和营销渠道创新是创新营销的主要内容。知识营销以知识拉动需要，并在此过程中培育和创造市场，这一点是毋庸置疑的。企业生存和发展的根本在于技术创新、制度创新、观念创新以及产品服务的创新。随着高新技术产业化和市场化进程的加快，丰富多彩的个性化消费需求不断得到满足，生产技术迅速发展，产品和技术的生命周期迅速缩短。但是，当某一高科技产品诞生时，往往无法形成消费行为，因为该项高科技产品不能在较短的时间内被公众所认可、接纳，因此，也就无法构成市场，这是高新技术企业都会面临的市场风险。激烈的市场竞争要求企业为顺应社会飞速发展的要求，要不断创新。与传统营销方式相比，知识营销更注重通过供给创造需求，这是由需求决定供给的一般营销模式的升华。因此，知识营销强调以科普为先导，首先，要扩充公众的知识，从而形成广泛的市场需求；其次，将知识的应用以及创意的添加到用于企业的生产和营销战略之中，从而不断创新和构建新的营销方法和策略。

2. 合作营销特征

"和平、合作、共存"是当代社会的一大主题。在营销活动中，企业特别关注同行、消费者、供应商三者之间的合作，这是基于知识经济环境下，合作竞争的基本要求而言的。共享性是知识所具备的一个属性，那么我们在共享知识的同时，不仅能够共同合作，还能创造出更多具有价值的新知识。知识营销亦是如此，大家在合作中，应共同开发市场，为营销创造更多有利条件，而不应相互拆台，甚至相互攻击。

基于知识经济时代的企业，其基本思维方式是创新和合作。高度发达的互联网时代，已经为创新和合作提供了技术支持。在营销过程中，企业特别注重借助这些高科技手段，并以此作为主动与消费者进行交流的一种手段。同时，企业营销管理只有真正做到对消费者关怀备至，才能适应时代发展的要求。

企业与消费者在合作营销中，通过互联网，二者可直接进行交互式交流，从真正意义上实现了信息的共享。企业通过大数据对消费者信息进行分类、存储，并建立消费者信息档案，在此基础上根据消费者的需求进行相关产品的生产，实行"零库存销售"和"定制销售"，这样不仅能满足消费者的需求，还能节省大量的社会资源。所以说，实现社会资源优化配置的有效途径是实施合作营销。

3. 学习营销特征

人们通常将企业向社会、同行、消费者学习的过程称为学习营销。企业在营销过程中不断向合作伙伴以及消费者学习，在学习过程中发现各自的不足以及优势，取其精华，去其糟粕，不断完善营销管理流程。由此可见，学习营销并不是一个单向过程，而是一个通过互相学习、互相提高从而实现最终学习目标的双向过程。

学习型营销企业主要是面向消费者进行智能产品或是服务的宣传，除此之外，还会普及一些新的技术等。但问题是，由于知识型产品的专业性过强、技术含量高、功能较复杂，因此，大多数消费者都不能准确识别自己的需求，这成为购买和消费的一道屏障。所以，在面对这种情况时，相关企业应当主动"学习"，充分实现产品知识和信息的共享，以此来消除消费者对其产生的消费屏障，从而满足市场的需求。

4. 网络营销特征

互联网作为一种"超导体"媒体，它的跨时空传播可为遍布世界各地的消费者及时提供所需服务。不仅如此，互联网所具备的互动性，还有利于及时平衡供求。正因如此，互联网成为目前最具吸引力的营销工具。通过在互联网上建立虚拟商业街以及虚拟商店进行相应产品的营销，是实现网络营销的主要途径。与传统商店有所不同的是，虚拟商店不需要店面，不需要货架，也不需要服务人员。他们只需要一个能够链接到互联网的网页地址，便可在全世界进行营销活动。我们不难发现，低成本、全天候服务、无边界限制是网络营销的闪亮点。

除此之外，网络营销还包括网络市场信息的搜集以及网络广告的推广。互联网在企业与消费者之间建立起了一个实时反映互动信息的交流系统，该系统的构建在一定程度上缩短了企业与消费者之间的距离，成功掀起了一场市场营销的革命巨浪。

5. 绿色营销特征

基于知识资源的特殊性，知识经济将创造人类新型的生态文明，即消费倾向于自然化、健康化。也正因如此，处于知识经济时代的人类更加重视生态文化。

为了实现可持续发展，各国政府格外关注对自然环境以及生态环境的保护。其中，相关国际机构，如世界贸易组织及国际标准化组织等，对"绿色贸易"法规标准的制定颇为重视。因此，对于"绿色"概念，企业在实施知识营销的过程中应特别注意，即实施绿色营销组合策略，不断开发研制绿色型产品，将生态环境的成本添加到定价中，树立绿色产品的良好形象。

6. 全球营销特征

知识经济成为全球一体化的时代标志，在信息技术与通信网络高度发达的今天，全球各地的信息与网络联成一体。各国经济之间的障碍也正在随着知识经济的发展而逐渐被消除。可以说，知识经济在极大程度上推动了世界经贸一体化。如果我们将 20 世纪的全球市场发展定位在初级阶段，那么，全球企业、全球市场、全球营销就会在 21 世纪真正出现。这便意味着，所有企业即便不参与国际竞争，也会受到来自外来企业的挑战。所以，对于 21 世纪的营销，应当具有全球概念，抓住全球经济新动向，将国际文化差异区分开来。

（二）知识营销的发展趋势

1. 传统的生产经营型企业将逐渐向现代的知识型企业转变

（1）从生产方面来看

知识要素的作用和地位在生产要素的投入中越发重要。对人才的培养、激励创新以及智能开发等方面都是知识投入的表现内容。企业在生产方式上大量引进智能型工具，采用适应性强、个性化突出、灵活多变的柔性作业方式，生产出知识含量相对较高、多样化的产品，进而满足消费者多结构、多层次、多方向的特殊需要。在产品形式上，企业生产出来的不仅是知识主导型产品，更为重要的是使无形产品呈现"轻型化"，附加值成倍提高。

（2）从销售方面来看

企业生存和发展的关键在于能否为消费者提供使其感到满意的商品和服务，这也是企业的目标之一。企业在推销自己产品的同时，应当向社会传播与其所推销产品相关的知识和技能，这样不仅能使公众在购物中心获取直接的利益，还能使公众得到相关文化和知识的熏陶。

（3）从信息技术的发展方面来看

当今社会信息技术处于巅峰时期，互联网的介入与应用为市场提供了一种崭新的营销方式。因此，企业管理应当对其组织结构以及管理模式、生产经营规模、员工各方面素质等问题进行思考，以便在较短时间内适应市场的发展，争取把企业调整成善于学习和运用新知识的学习型组织。

2. 传统的营销产品逐步被知识型产品替代

消费者知识、智力水平在知识营销时代得到普遍提高，随着消费观念的不断更新，其相应的消费层次也有所提高，间接推动了消费结构的进一步优化，使这一时期的消费趋向于智能化、个性化、健美化和全球化。

需要特别指出的是，随着互联网的建立与使用，消费者的生活方式正在被悄悄地改变，即消费者可以利用它来订票、学习、购物等。这对营销者而言无疑是一个巨大的挑战，它需要营销者既具备营销技巧，又要熟悉产品，使消费者能够对该产品有较为深入的了解。在营销过程中，如果营销者对其所推销的产品本身的功能、技术含量以及维修知识都了解得不够透彻，那么，在产品销售出去之后，营销者便不能为消费者提供良好的售后服务，从而导致消费者对该产品的性能以及价值产生怀疑，最终损坏企业的良好形象。

3. 知识产权保护意识和要求日益增强

人的知识结构和创新能力在知识营销过程中被转变。人们之所以不能在工业经济时代摆脱资本的束缚，其主要原因在于工人的创新能力和技术水平在当时比较有限，他们日常仅限于简单的劳动或重复的机械劳动，没有在智力劳动方面得到提高。但在知识经济时代就出现了较大发展，无论是产业结构、产品结构，还是人们的消费结构、需求结构都向知识型转化，知识共享决定了人们对知识产权的保护意识和保护要求，使其在知识经济时代得到进一步增强。人的智力、知识在知识营销过程中成为重要资源，但正是由于知识的不断更新以及技术寿命的不断缩短，人们越发关心，甚至担心现有的知识保护机制的有效性。

除此之外，人们在开展知识营销时还特别关心一些问题，如自己的智力资本在企业和社会能体现多少价值、以何种价值来体现，能否得到合理承认与保护等。因此，知识营销的客观需要是重视知识、重视知识人才。为了更好地开展知识营销，国内外的企业以及个人都十分重视知识的学习和应用。

4. 知识管理将成为实施知识营销战略的关键

（1）人力资源的投资、开发、管理、运用

对于企业而言，内部员工的整体知识能力、创新能力、工作技巧以及合作能力等，都是其十分宝贵的知识资源。但这些宝贵的知识资源并非都集中在某一个人的身上，而是蕴含在每一个员工身上。那么，如何将这些宝贵的知识资源开发出来将是企业知识管理的主要任务，并在此基础上，为那些潜在资源的挖掘创造机会和条件。它并不等同于一般的员工劳资管理和培训，而更注重的是员工内在的需要。

（2）知识资源的采集、创新、延续、使用

知识管理应当将市场作为核心，将围绕市场的各种组织全面协调统一起来，将企业内部与外部知识高度结合起来，最终达到优化经营的预期效果。知识管理从某种意义上将现阶段企业管理模式中出现的技术开发、信息管理以及市场的分销等职能部门被分割的情况予以解决，把信息、技术、营销战略以及人力资源进行了适宜整合，使它们充分发挥特殊作用。

（3）企业文化的提炼、形成、推广

体现企业内在发展动力的资产，包括企业的经营方式、管理方法、文化、形象以及信誉等。知识管理要通过影响企业员工的工作态度和行为建立开放和信任的企业内部环境，从而使员工自愿合作并共享和开发知识资源。同时，向社会传播企业文化，塑造企业形象，创造良好的营销环境，增加公众心目中的企业价值。

二、关系营销

（一）关系营销的前身

1. 工业营销

在工业营销活动中，企业的重点主要放在原材料、货运、价格机制等方面，营销只是起很小作用的理性购买模式。随着消费者营销的主流观点的发展，人们逐渐认识到消费品营销和工业营销在某种程度上有所不同（例如，订货数量和频率）。通过调查得出，消费品营销不能反映工业市场内部运作的复杂性。正如贝克所指出的：工业营销者已经意识到，如果不能在价格相同的情况下提供更优质的产品，或是在产品相同的情况下降低其价格，但还想让企业生存下去，那么，与消费者培养一种相对和谐的关系，或者利用服务来提高产品价格就是一个有效途径。

工业营销不仅仅涉及公司的管理方式的交换，还涉及更复杂的人员之间的相互作用。网络营销被定义为由公司发起的与消费者建立、维持和发展关系的一切活动。工业企业中不断进行交易，使买卖双方形成了某种关系。工业（或企业对企业）之间的相互作用、关系和网状系统的研究，使得关系营销的研究至少提前了十年或者二十年。马特森认为，由于对工业内部和工业之间的复杂关系有了更为深入的认知，关系营销者的各种思想才有了发展的基础。

2.服务营销

有人认为，假如工业（或企业对企业）营销没什么用的话，那么，服务营销更无意义。这种对于服务的较不成熟的观点忽视了这样的事实。简言之，服务正变得越来越重要。实际上，在许多西方国家，服务是备受重视的，以至于这些国家正由产品经济向服务经济转型。例如，在20世纪90年代早期，英国是第一个成为出口服务多于实物产品的国家。

在20世纪90年代中期，英国和美国有超过75%的受雇者从事于服务领域。这种快速变化的形势既让我们感到服务的重要性，又需要我们对它做进一步研究。服务行业的无形性总是给传统营销者出各种难题。因为他们的模型（例如，波士顿矩阵）在实践中总是起不到什么作用。纯服务的特征经常被描述成无形性、不可分性、可变性、易坏性及要通过一定的提供者及方式才能获得。这些特征向传统的营销观念提出了挑战。尤为重要的是，当服务差异比较小的时候，建立关系就形成了一种潜在的优势。

所以，更明显地暴露出传统营销模式问题的是工业和服务营销中的关系问题。从对工业和服务营销的研究中可知，把关系带入营销来说是非常关键的。

（二）关系营销消费者管理

在开展关系营销时，需要有强大的信息和互动能力，仅靠人工服务是难以顺利开展的。美国诸多企业在 20 世纪 90 年代初为了满足市场竞争需要，开发并启动了销售力量自动化系统，在此之后又对消费者服务系统进行了研究。一些公司在 20 世纪 90 年代后期逐渐把自动化系统和消费者服务系统相结合，基于此，又加入了营销策划、现场服务和计算机电话集成技术，形成集营销和服务于一体的呼叫中心，在此基础上产生了消费者关系管理系统（CRM）。从营销角度来看，也可称为"营销消费者管理"。

CRM 通过使用先进的信息技术来帮助管理部门提高效率，优化消费者关系。其核心内容是通过不断改善企业的营销管理，不断提高和深化各个环节的自动化程度，以此来缩短销售周期、扩大销售量、降低销售成本、增加市场份额、增加收入和利润、寻求新的市场机会，从而达到提高企业的核心竞争力这一最终目的。

CRM 借用电子商务技术，简化了营销、销售、洽谈、服务支持等各类与消费者相关联的业务流程，将企业的注意力集中于满足消费者的需要上，将传统的面对面、电话及网址访问等交流渠道融为一体。企业可以按消费者的个性化喜好使用适当的销售渠道及沟通方式与之进行交流，从根本上提高了营销者与消费者或潜在消费者进行交流的有效性，提高了企业对消费者的反应能力，有助于企业对消费者个性化需求的全面了解。

（三）关系营销对企业营销的实用价值

1. 降低企业经营风险

信息的双向流动与反馈是关系营销所强调的重点内容。对于企业而言，能够将信息更好地传递给相关群体，而对于相关群体而言，能通过相关渠道对企业进行信息的反馈。信息交流的通畅与信息反馈渠道的便捷可以拉近双方的关系，双方顺畅、愉悦的沟通能够促进二者间构建良好的信息、情感交流关系。通过这种良好的关系，企业能够拓展边界，获取真实的市场数据，并能在第一时间把握机会，避开风险。与此同时，良好的信息交流以及反馈机制还能长久地留住消费者，从而获取长久的价值。

2. 促进企业营销大整合

将企业置于一个较为复杂的企业关系生态链中是关系营销所强调的重点内容，对企业营销的客体以及营销环境进行全面考查，并在此基础上努力探讨企业的营销措施，如何影响与改变整个企业生态链的结构与效率，进而协调各种关系，以期求得企业所能调动资源的效率最大化。企业在供货商市场中寻求原材料、半成品、劳动力、技术、信息等资源；在分销商市场中寻求合理配置资源并获得市场的强力支持；在内部员工市场中寻求员工的协作以实现资源的转化；在竞争者市场中寻求资源共享和优势互补；在影响者市场中寻求无形资源对企业市场终端的强力推动，这些努力最终将增强企业的竞争实力，从而使企业获得消费者资源。

第三节 全球营销与文化营销

一、全球营销

（一）全球营销的定义

知识经济和信息社会将全球融合成一个巨大的、没有时空差异的统一市场，社会的发展客观上把现代企业营销置于国际化的环境之中。全球营销指企业通过全球布局与协调，使其在世界各地的营销活动一体化，以便获取全球性竞争优势。全球营销有三个重要特征，即全球运作、全球协调和全球竞争。

全球营销是企业国际化的高级阶段，其核心内容在于全球协调和营销一体化。通常情况下，我们可以将全球营销分为两个阶段，一个是初级阶段，另一个是高级阶段。全球营销的初级阶段通常只在个别环节实现了全球化，而全球营销的高级阶段通常在所有营销环节都实现了全球化。全球营销面临最常见的问题是标准化与差异化的两难选择。在全球营销实践中，全球营销者更重视各国消费者需求的共性，也许他们会对各市场的需求特点、对营销组合做适当的调整，但是全球营销公司会要求在部分的营销组合要素上保持绝对的统一。

奥米将全球营销分为三个阶段。第一阶段为多国扩张阶段，即通过渐进的方式占领外国市场；第二阶段为多国扩张阶段让位于以竞争为中心的全球化方法，即竞争者驱动阶段，公司为应对激烈的市场竞争而不得不采取全球战略；第三阶段为消费者驱动阶段，企业必须迈向全球化的原因在于消费者的需求与偏好已经全球化了。奥米认为将价值传递给消费者，而不是首先考虑避开竞争，这才是全球化的真正原因所在。

并不是所有的产业都适合全球化，有些产业需要依然保持国别。确定是否适合全球化的产业主要应考虑三方面的条件，即该产业的需求特点、供给特点及其所处的经济环境。适宜于全球化的产业，在需求要素方面包括有相同的工作要求、技术统一、消费需求相同等。在供给方面包括在研发采购、制造和分销等方面具有规模经济、资源获得优势等。在经济环境方面包括较低的关税、允许资本自由流动等。

（二）全球营销战略

全球营销任务有哪些内容呢？即目标市场的确定，以及市场细分原则和各市场的竞争定位。

关于市场细分战略，主要有三种战略可供企业选择。

①全球市场细分战略。此战略重在找出不同国家的消费者在需求上的共性。如人口的统计指标、购买偏好、消费习惯等。

②国别性市场细分战略。此战略强调不同国家之间文化或品位上的差异性，市场细分主要以地理位置和国别为基准。

③混合型市场细分战略。此战略大体上是前两种战略的结合型战略，某些国家市场规模很大，可是存在个别化，而另一些较小的国别市场则可组合成一个共同的细分市场。如营销区域化是一种重要的混合型市场细分战略。

关于竞争定位战略，主要有四种战略可供企业选择，即市场领导者、市场挑战者、市场追随者和小市场份额占有者。如果公司在所有的市场都采取同样的竞争定位战略，则称为全球性竞争定位战略。相反，在不同的国别市场采取不同的市场定位，则称为混合型竞争定位战略。

二、文化营销

（一）文化营销的含义

市场营销的过程实际上就是一个文化传播过程，其中，一些特定的价值观以及文化理念都是它所传播的内容。而文化营销实际上就是文化与营销的相互结合，它在一定程度上提升了营销的层次。不可否认，营销活动是人的活动，其中，生产者、中间商、消费者都是该活动的参与者，他们可以说都具有一定的文化背景，但其观念和行为都存在一定的差异。

简言之，在营销活动中，文化差异决定着参与主体的个性差异。这便意味着市场营销必须依附于社会文化，特别是在当今这一文化引领营销的市场经济趋势下，依附于社会文化能够更好地将企业营销特点展示出来，也可以说，在某一方面，它丰富了营销的理念。

所以，文化营销在将营销层次提升后，营销者能够全面且准确地对消费者需求进行把控，进而能够更好地满足消费者的各种需求。精神需求和物质需求是消费者在产品交换中所期望获得满足的，因此，产品物质层面的使用价值并不能作为营销者最终考虑的问题，除此之外，还需要考虑消费者的精神需求。这便需要营销者既要将商品的设计、包装、销售及售后服务都融入相关文化因素，又要使融入的文化能够被消费者所认同和接受，使商品成为展示精神价值和文化价值的一种艺术品。这种方式改变了以往传统营销只重视满足消费者物质方面的需求的情况，极大程度上促进了企业文化建设，使企业营销活动的层次得到了显著提升。与此同时，文化营销使营销活动更具针对性。

（二）文化营销的功能

1. 建立共同愿景

利用文化亲和力，在消费者与企业之间搭建起共同愿景，是文化营销的一大功能，该功能可以提升企业的竞争优势以及经营业绩。

基于文化营销的愿景功能，企业内部人员可以将企业的共同愿景进行分享，从而将企业整合成一个积极向上的组织。这使得企业可以将内部文化向外扩散，从而逐渐融合到外部大环境中去。

2. 建设企业文化

企业通过借助文化使其营销目的得以实现，这便是文化营销的主要工作内容。如何达到该项要求呢？这便需要企业将其市场文化、企业文化、消费者文化三方结合到一起，以此来满足消费者各方面的要求。与此同时，社会认同的道德观、价值观、风尚必定影响企业的各种行为和发展，从而间接促进了企业文化的建设。对于企业文化而言，它的丰富和发展也在极大程度上推动了企业整体的发展，使企业发展得更加壮大。

3. 构筑核心能力

文化营销为企业构建核心竞争力提供了新的途径。在文化营销中，价值观深深扎根于企业土壤之中，可以说是处于文化营销的核心地位，其他企业难以对它进行模仿，因为它是企业经过长期积累沉淀所得来的。从该意义上来讲，价值体系是一个优秀企业核心力量的源泉。

4. 增强竞争优势

文化营销是企业有效的竞争手段之一，它为实施产品差异化战略提供了新思路。简言之，在产品或是服务中融入相关的文化内涵，能够使产品在一定程度上有别于竞争对手，从而提高产品或是服务的附加值，最终获得竞争优势，这便是实施文化营销的有效之处。不仅如此，文化营销的实施还可将企业的价值链进行重组，使企业经营的独创性以及各方面优势得以提高。

（三）文化营销的层次

1. 产品文化营销

（1）产品方面

产品在文化营销视野中，应既能满足消费者的相关物质需求，又能满足消费者精神以及文化层面上的需求。因此，对产品的命名、品牌、包装、造型等方面，企业均需提升文化品位，以此将产品与文化相互结合起来。其价值也随之包含两个部分，即使用价值和文化价值。此外，文化营销策划要重视产品的包装、命名、造型的文化品位。被誉为"东方酒文化瑰宝"的国酒茅台，也仅仅是因为改进了包装设计，其国外售价便提高数倍，获得消费者的青睐。

（2）定价方面

站在文化营销视角来看，整体消费利益是消费者所购买的内容，产品价格的定位应当以消费者获得的总价格以及让渡价格为准，且最终产品的价格应当与产品给予消费者各方面需求的满足程度相协调。简言之，产品价格的高低应当以消费者的认知为准，因为文化价值实际上是消费者的一种特殊心理体验。例如，我们所熟悉的茅台酒，同样是一个品牌的酒，但因包装的不同，其价格相差甚远。那么，我们就可以将超值的那部分服务认为是商品中存在的文化价值。

（3）分销渠道方面

在分销渠道方面，必须做好消费者行为的研究。例如，消费者的文化层次、趣味爱好、理解能力、思维定式等都对文化营销策略的制定起到重要作用，同时也要加强对目标市场文化的研究。企业在进入国内或国际市场时，必须从总体上了解当地的风土人情、价值观念等方面的文化因素，做到有的放矢，以免因为文化差异的问题影响产品分销渠道的建立。

（4）营销方面

在营销活动中，产品的文化内涵是文化营销十分关注的内容，它强调产品文化价值的创造。"喝孔府家酒，做天下文章"，这则广告不仅蕴含了"李白斗酒诗百篇"的激昂情怀，其最终含义又符合当代人追求事业成功的心态，将文化气息和价值注入孔府家酒中。事实上，赋予产品丰富的文化内涵能够构建出一架联结产品和文化需求的桥梁，以唤起消费者的心理需求。

2.品牌文化营销

针对构成品牌文化的内涵要素，企业可以从自身产品的特色出发，借助品牌名称和标志的有形载体，设计恰当的品牌文化营销策略，如利益文化认知型营销策略、情感属性型营销策略、个性形象型营销策略以及文化传统型营销策略。以下仅简单介绍后两个营销策略。

（1）个性形象型营销策略

个性形象型营销策略侧重于强调品牌的独特之处在于其具有某种与人相类似的个性。因而它不仅能引起人们的共鸣和认同，而且会成为目标消费者用以表达自我特性的工具，即反映自我身份的"喉舌"。

（2）文化传统型营销策略

文化传统型营销策略是指企业在建立产品独特的品牌形象时，从目标消费者所看重的传统文化入手，建立与之相适应的文化形象。

3.企业文化营销

企业文化营销者将企业先进的精神理念、道德准则、价值观念、行为方式以及组织制度等，在营销过程中进行整合，从而有效地传达给社会，最终塑造一个良好的企业形象。良好的企业形象对于企业而言十分重要，因为它能在极大程度上帮助企业顺利实施各项营销手段与技巧。

企业文化营销策划是以组织目标为核心，确立一整套完整的保持和完善组织目标的价值体系，同时被组织中大多数人共同遵守，并形成与目标文化之间相互作用、相互渗透关系的分析、计划、控制的全过程。企业文化营销策划的核心在于寻求以消费者所接受的价值观念作为立业之本，从而促进消费者对整个企业包括其产品品牌的认同。

企业文化营销策划分为三个层次：表层、中层、深层。在这三个层次中，深层文化是最为重要的，因为它是支配企业及其职工的行为趋向，决定中层文化、表层文化的内核所在。同时，表层文化、中层文化的状况如何也会反作用于企业的深层文化，影响企业的凝聚力。

（四）文化营销的发展趋势

1.复兴传统文化

价格策略和商品策略将是未来市场竞争的主要内容。然而，文化的融入也将成为企业间竞争的主要手段。对于传统文化，取其精华，去其糟粕，将其融入企业文化活动之中，使产品更具民族特点以及历史内涵，这将是企业在未来竞争中制胜的一个有效途径。

2. 伦理制胜

伦理制胜是企业21世纪文化营销的一个制高点。企业的伦理并不是固化的，它会随着不同时代的社会思想以及人们观念的进步而发生改变，但最终都应当与社会、企业、个人三方的共同利益相符。

3. 全球经营

全球经营的文化整合是21世纪文化营销的又一趋势。全球管理在经济全球化的某个层面已经成为企业管理发展的必然趋势。全球任何一个国家或地区在全球经营中，都可能成为企业总部所在地。在此期间，企业的员工不应局限于某个国家或某个地区，应当将不同的文化价值观进行适宜整合，只有这样才能够在竞争中立于不败之地。

第四节 口碑营销

一、口碑营销简要概述

市场营销理论是一个开放的理论体系，是一个与时俱进的理论体系。随着实践的发展，营销理论也在不断地拓展其领域，实践中能够解决营销活动难题的方法、工具和手段不断被引入理论研究领域，从而使得市场营销的理论体系不断完善和充实。随着互联网的普及、消费者购买行为的成熟和购物环境的完善等，网络营销、关系营销、电子商务、消费者关系管理等先进的营销理念被引入营销理论体系中。这是生产力发展的结果，是生产力对营销理论产生影响的体现，也是营销理论先进性的表现。在市场营销理论中，影响消费者购买态度，并最终影响消费者购买决策和行为的信息主要源于四个途径：人际关系、直接使用经验、大众媒介和企业营销活动。在营销实践中，营销者可以通过广告、营业推广等活动来影响消费者的购买态度，向消费者提供各种购买决策信息，并且营销者可以控制这些信息的内容、传播方向和传播力度等。营销者也可以通过开展公共关系活动来影响大众媒介所传播的信息，让大众媒介传播对企业有利的信息。但是，营销者很难影响通过人际关系所传播的信息，无法控制这一途径所传播信息的内容、传播方式和传播力度。通过人际关系所传播的信息被界定为口碑，利用口碑来提高企业的营销绩效被视为一个难题，因此，很少有企业将其营销活动扩展到口碑领域，与口碑相关的研究也未得到学者的重视。近年来，随着生产力的进一步发展，社会、经济形势发生了很大变化。一方面，信息传播方式进一步多元化，出现了信息过剩的局面，对消费者来说，信息触手可及，消费者缺少的不是信息而是有用的信息，消费者需要从诸多信息中筛选出对自己的购买决策真正有用的信息；另一方面，随着消费者消费行为社会化进程的加快，消费者的购买行为呈现出理性化、个性化等特征，单一来源的信息对消费者购买的影响力正在下降，消费者要更加理性地购买信息。在这种形势下，实践领域对传统信息沟通手段的效果，如广告、销售促进、公共关系等产生了疑问。这是因为，通过广告、销售促进、公共关系等手段提供的信息过多，导致消费者所接收的信息泛滥，在诸多信息中无从选择，同时所借助媒介的公信度被消费者质疑。在实践领域，营销手段变革的压力增大，于是，很多营销实践者将目光投向通过人际关系传播的口碑上。对消费者来说，口碑具有更高的可信度和更强的针对性，营销者如果能对口碑的内容、传播方向等进行控制，就能取得预期的营销绩效。由于口碑的可信度、影响力等与其他传播途径相比更高，因此，口碑被很多学者称为零号媒介。但是，如何对口碑进行控制，如何让口碑更好地服务于企业的营销实践呢？为回答这些问题，理论界展开了大量与口碑有关的研究，围绕口碑开展的营销活动也相应地被称为口碑营销，并且逐渐成为营销的热点。很多学者投入口碑营销研究领域，分析口碑在营销活动中的作用，探索能够帮助营销者实现营销目标的口碑营销策略，为口碑营销的实践积累经验，口碑营销理论体系在这些探讨中逐步建立并发展起来。当前，口碑营销研究建立在学者的共识上，口碑能够影响消费者的态度，从而影响消费者的购买决策；控制口碑可以提高消费者购买的可能性，促使购买行为的产生，帮助营销者赢得消费者。口碑营销研究可分成两个学派：一派站在营销者的角度，研究如何激发和控制口碑，主要包括口碑的形成机制、口碑效果影响因素、口碑传播动机、口碑传播频率、口碑传播意愿、口碑传播持久力、口碑与品牌资产、口碑与产品类别、口碑与意见领袖、口碑与广告、口碑与新产品扩散等；另一派站在消费者的角度，研究口碑如何影响消费者的购买态度、购买决策和购买行为，主要包括口碑传播的可信度、口碑传播的影响度、口碑与社会关系、口碑与购买态度以及口碑与购买决策等。

二、"强关系"

马克·格兰诺维特（Mark Granovetter 美国著名社会学家）最早提出了"强关系"的概念。他认为人际关系网可分为两种，一种是"强关系"，另一种是"弱关系"，二者是相对关系，或者可以说是同一个理论的两个方面。

人与人之间具有相对密切的关系，有着相对强烈的情感纽带，我们将其视为"强关系"，且基于"强关系"下的人，通常会保持较为频繁的联系与互动的人际关系，不仅如此，他们还互相信任，如我们与亲人、朋友、邻居、同学等的关系。

沟通、信任、互惠是"强关系"所包含的三个基本要素。信任能够在一定程度上解除人们对"陌生人"的防备心理，能够降低沟通的复杂性，但这种良好的关系并不是一朝一夕就能形成的。首先，人们需要进行良好的沟通，在对彼此相互了解之后才会出现交心的情况。但要知道，信任与沟通并不是结果，互惠价值的交换与资源的增值才是结果。在营销中，"强关系"的地位目前越来越重要。我们可以将品牌与消费者之间的关系视为"强关系"。

消费者会比较信任跟自己有"强关系"的品牌。在还没有大众媒体之前，"弱关系"对营销的作用很大。但是在互联网时代，"强关系"对营销的作用更大。现在公司通过媒体发布的信息，瞬间便会让许多人知道。此时的营销，包括了传播和推广，更需要与"强关系"做朋友。一个品牌要让消费者对自己的产品和企业产生好感，必须要让消费者产生信任。因此，对于品牌而言，"强关系"就是企业与消费者间的深厚感情，是一份彼此的信任，更是一份相互的价值给予。在营销之中，"强关系"便是一种口碑的培育，消费者成为企业的好友后，自然会向他人进行各种推荐。

三、构建"强关系"的过程

（一）始于沟通

口碑营销建立在沟通的基础上。与传统的沟通不同，这种沟通是强制的。通过社会化媒体和大数据，企业能够向消费者推广自己的产品和获取用户的信息。但是没有人愿意以暴露自己隐私的方式同企业沟通。因此，口碑营销的沟通还应包括用户同企业的主动沟通。企业在传达给消费者信息之后，要学会聆听，了解用户的需要，同用户做朋友。

（二）建立情感联集

1. 吸引

企业可以通过选择合适的社会化媒体，让用户关注品牌、产品、服务或者是任何营销点，面对不同的目标社群发布有趣的内容，通过与用户聊天互动、组织有奖游戏等引起新用户的关注和参与，从而吸引新的追随者。毕竟，要有效传播内容，一个足够大的用户群体是很重要的，群体越大，传播速度就越快，力度也就越大。

2. 扩散

社会化媒体的特性，就是利用一个人与很多人之间的联系，然后通过一层一层的联系，把消息链接下去。这样，就形成了一条分享性很强的信息链，自然能够引起广大人群的反应。企业在这个阶段要主动接触相关的用户，引起用户的关注和反应，之后建设一个传播力强的社群。企业最好能够物色有影响力的社会领袖，并给予奖励，让他们为品牌发出声音。

3. 唤起行动

社会化营销的目的，假如只是单纯地提高认知度，就没有充分利用"社会化"这个特性了。其实，要提高认知度，社会化媒体很多时候并不是最佳选择，因为它讲究的是深耕细作，效果往往不是一蹴而就的。传统营销智慧告诉我们，要迅速打响品牌，一定要投入资金，在覆盖面广的传播媒体上推广才有效。当然，在社会化媒体上做事件营销、新闻炒作，也不是没有成功的例子。只是，事件炒作要非常谨慎，否则很容易弄巧成拙。

在社会化营销过程中，应该好好利用信息链传播的信息迅速扩散、唤起海量反应等特点，达到"唤起行动"的效果。

4. 持续

很多时候，好的内容和活动都应该有更长的传播或者营销周期。这样，接触到的人群会更多，引起的共鸣也会更广泛。一般而言，信息必须通过一个社会化媒体转移到另外一个媒体或者电子渠道，或者是把营销从线上转移到线下。

（三）重视用户体验

1. 铺垫

在营销之前，公司应使消费者对自己所开展的具体活动有印象，可以采用例如公司品牌宣传、形象宣传、产品宣传等方式。这些铺垫在社交媒体上能够引起粉丝的注意，并使其对自己的产品有较为深刻的印象。除此之外，还能够形成一个粉丝群，粉丝可以在群里沟通，增进对产品的了解。在整个铺垫的过程中，如何宣传品牌信息是最重要的。

2. 互动

这里的互动主要指的是品牌与消费者之间的交互活动过程。品牌能够和消费者在互动过程中产生一种"强关系"。因此，企业应当与消费者建立平等关系，而不能摆出一副高高在上的姿态。实际上，企业在社交媒体上的互动就是一种特殊的广告投放。企业通过主动搜索、聆听，成为成功的社会化营销者。

3. 共鸣

营销的声音假如跟社会化声音的频率相同的话，也会产生营销上的共鸣。品牌在营销的时候，要跟它的受众产生共鸣。品牌要在社交媒体上对消费者进行有效的划分并进行管理，在互动过程中了解消费者的需求，从而有效地投放广告、改良产品。品牌不再是单纯地制造频率，而是要适应社会大众的频率，要通过技巧制造更响亮的营销声音，让更多的消费者成为品牌的推销员。

品牌只有通过在合适的社会化媒体上提供最好的用户体验，才能真正跟消费者建立关系，这个过程一定要包含铺垫、互动和共鸣这三个重要的阶段。

第五章 新经济时代市场营销策略的管理与创新

第一节 以创新为导向的营销策略

随着我国经济的发展，无论技术创新还是产品创新，都需要营销创新与之配合。分为以创新为导向的营销策略、以出口扩大市场为导向的营销策略和以海外投资规避贸易壁垒为导向的营销策略三部分。主要内容包括营销模式创新、实施绿色营销战略、实施集群式发展战略、以出口为导向的营销策略、以出口为导向的市场营销组合策略、企业海外投资的动因、我国企业海外投资策略、我国企业海外经营的影响因素。主要对新时期市场营销策略的管理与创新进行了简要分析。

一、营销模式创新

时代的变迁促进了新技术的产生，同时也对传统营销造成了一定程度的冲击。随着信息技术和网络技术的飞速发展，互联网已经成为对社会影响最大、最深刻的因素之一。互联网的飞速发展，推动着人类进入网络经济时代，网络营销不断冲击着传统的企业营销模式和运作方法，并从不同的角度和层次深刻地影响着现有的经营理念和思想。在网络经济时代，企业经营环境发生了重大转变，网络营销因其成本低、应用范围广、效果强的天然优势为企业提供了前所未有的机遇。网络营销是现代营销的核心，也是开展国际市场营销的有力手段。由于在网络中，企业不论规模大小都可以充分获取世界各地的信息并展示自己，因此企业就获得了一个极好的发展空间，只需花极小的成本，就能够建立起自己的全球信息网和贸易网，将产品信息迅速传递到以前只有财力雄厚的大公司才能涉及的市场中去，平等地与大型企业竞争。转变市场营销模式，可以有效减少在人力和物力方面的直接投入，扩大企业的利润空间；充分利用更加低成本、灵活的营销方式。例如网络直销，可以降低企业传统营销所需的成本，使企业的收益最大化。除此之外，还能在激烈的市场竞争中为企业提供更多的降价空间，使其占据有利地位，同时也使其具有了与大型企业同台竞争的机会。如今网络作为平台承载了大量的重要创新，使得建立在此基础上的营销模式创新作为营销创新的内在组成部分，成了企业收益最大化的必要条件，也成为推动企业发展的重要利器。

利用互联网有效地开展网络营销活动，寻找新的商机，这已经成为众多企业经营的一种必然选择。O2O营销、大数据营销、通信营销、体验营销和社交网站营销等方式只是众多互联网营销方式中的一部分。实际上，如今营销模式的推陈出新是十分迅速的，在这样的市场环境下，营销模式的创新显得尤为重要。这就要求企业必须与时俱进，积极探索和钻研新模式，才能保证自身企业不会被市场所淘汰。对于企业来说，创新营销模式既是其进一步发展的机会，又是对其的挑战。

一般情况下，企业可以通过以下方式开展网络营销。

①与其他企业联合建设电子商务网站，直接开展网络营销，这种方法收效较为显著。

②应用国际贸易电子商务平台等专门的电子商务平台开展网络营销，这种方法投入少，难度小，能有效推进网络营销的发展。

总之，网络营销有利于企业的发展壮大，还能为其提供一个与大企业平等竞争的环境，以及为其跻身国际市场提供了机会，因此企业应充分利用网络营销带来的机遇，勇敢地走向国际市场。

二、实施绿色营销战略

绿色营销是一种能辨识、预期及符合消费的社会需求，并且可带来利润及永续经营的管理过程。绿色营销管理包括以下五个方面的内容：

（一）树立绿色营销观念

绿色营销观念是在绿色营销环境条件下企业生产经营的指导思想。企业营销决策的制定必须首先建立在有利于节约能源、资源和保护自然环境的基础上，促使企业市场营销的立足点发生新的转移；对市场消费者需求的研究，是在传统需求理论基础上，着眼于绿色需求的研究，并且认为这种绿色需求不仅要考虑现实需求，更要放眼于潜在需求；企业与同行竞争的焦点，不在于传统营销要素的较量，争夺传统目标市场的份额，而在于最佳保护生态环境的营销措施。与传统的社会营销观念相比，绿色营销观念注重的社会利益更明确定位于节能与环保，立足于可持续发展，放眼于社会经济的长远利益与全球利益。

（二）设计绿色产品

企业实施绿色营销必须以绿色产品为载体，为社会和消费者提供满足绿色需求的绿色产品。所谓绿色产品是指对社会、对环境改善有利的产品，或称无公害产品。这种绿色产品与传统同类产品相比，至少具有下列特征：

①产品的核心功能既要能满足消费者的传统需要，符合相应的技术和质量标准，更要满足对社会、自然环境和人类身心健康有利的绿色需求，符合有关环保和安全卫生的标准。

②产品的实体部分应减少资源的消耗，尽可能利用再生资源。产品实体中不应添加有害环境和人体健康的原料、辅料。在产品制造过程中应消除或减少"三废"对环境的污染。

③产品的包装应减少对资源的消耗，包装的废弃物和产品报废后的残物应尽可能成为新的资源。

④产品生产和销售的着眼点，不在于引导消费者大量消费而大量生产，而是指导消费者正确消费而适量生产，建立全新的生产美学观念。

（三）制定绿色产品的价格

实施绿色营销要研究绿色产品价格的制定。一般来说，绿色产品在市场的投入期，生产成本会高于同类传统产品，因为绿色产品成本中应计入产品环保的成本，主要包括以下几方面：①在产品开发中，因增加或改善环保功能而支付的研制经费。②在产品制造中，因研制对环境和人体无污染、无伤害而增加的工艺成本。③使用新的绿色原料、辅料而可能增加的资源成本。④由于实施绿色营销而可能增加的管理成本、销售费用。

（四）绿色营销的渠道策略

企业实施绿色营销必须建立稳定的绿色营销渠道，策略上可从以下几方面努力：

①启发和引导中间商的绿色意识，建立与中间商恰当的利益关系，不断发现和选择热心的营销伙伴，逐步建立稳定的营销网络。

②注重营销渠道有关环节的工作。为了真正实施绿色营销，从绿色交通工具的选择，绿色仓库的建立，到绿色装卸、运输、贮存、管理办法的制定与实施，认真做好绿色营销渠道的一系列基础工作。

③尽可能建立短渠道、宽渠道，减少渠道资源消耗，降低渠道费用。

（五）搞好绿色营销的促销活动

绿色促销是通过绿色促销媒体，传递绿色信息，指导绿色消费，启发引导消费者的绿色需求，最终促成购买行为。绿色促销的主要手段有以下几方面：①绿色广告，②绿色推广，③绿色公关。

目前，绿色贸易壁垒已经成为我国出口的一大障碍，许多国家都蓄意制定一系列苛刻的环保标准，从而限制我国的产品和服务。由于我国的产品在绿色环保方面存在很大问题，面对日趋强大的绿色贸易壁垒，我国必须使产品或服务在国际市场上能够满足进口国政府和消费者对保护环境、维护健康等的要求，从而实现出口目标的可持续发展。这就要求在国际市场营销过程中，企业必须满足人们的绿色消费需求，履行环境保护的责任和义务，提供绿色产品以达到自身利益与社会整体利益的协调统一。欧美一些国家的政府和消费者对绿色环保日益重视，针对此类消费者群体的绿色需要，出口企业应做到以下几个方面。

①对国外消费者群体进行绿色需求特征的调研，从而更加全面地了解目标市场对绿色方面的要求。

②制订符合我国企业实际情况的绿色计划，通过改造产品制造工艺，从根本

上解决环保问题。

③实行绿色包装，采用符合进口国的环保标准和包装法规，尽量使用可循环的材料作为包装。

④重视自主开发绿色产品，关注绿色方面的新动向。

三、实施集群式发展战略

当前国际经济竞争已成为产业集群的竞争。自20世纪90年代以来，产业集群已发展成为世界经济中颇具特色的经济组织形式，日益成为区域经济新的增长点，成为提高区域产业竞争力的重要因素。随着经济全球化和我国市场经济体制的逐步深化，产业集群以其强大的生命力对区域经济做出了越来越重要的贡献，有力地推动了区域经济融入世界生产体系、参与全球竞争的进程。

产业集群既是一种独特的经济发展现象，又是一种成功的经济发展模式，产业集群的核心特征是其内部的共生机制。集群内的企业之间既有分工又有协作，既有竞争又有合作，最终形成一个区域集群，产生"集群效应"，实现规模报酬递增。

随着经济全球化的发展，产业集群规模效应凸显，产业集群对区域经济发展的影响也日趋扩大，国内外一些特色产业集群已然成为当地经济有力的助推器。著名的战略学家迈克尔·波特（Michael Porter）将发达经济体的高速发展归因于这些地区拥有声名显赫的产业集群，如美国硅谷的微电子产业集群、西雅图的飞机设备产业集群、瑞士的钟表产业集群，以及芬兰的赫尔辛基通信和电子产业集群等。同发达国家相比，发展中国家的产业集群尽管在发展层次和经济实力上有所差距，但仍然保持了较强劲的发展势头，如印度的班加罗尔计算机软件产业集群和我国台湾新竹的半导体硬件产业集群等。产业集群现象带来的经济效应已经被各地方政府和区域经济机构所关注，产业集群现象也逐渐普遍。

企业集群是指在产业领域内相近，在地域区位上集中，在利益上相关的企业群。这一含义定义了集群的外部原因是产业相近、地域集中，内在动因是利益相关。利益相关性是集群内企业共同发展的基础，也是区别于其他形式企业集合体的特征之一。企业采用集群式发展战略有以下两方面好处。

（一）成本优势

企业采用集群式发展战略有利于企业的产业集群降低成本，形成规模效应。企业产业集群可以使原材料采购、销售规模化，通过专业化程度高的众多企业进行专业化分工，以获取外部规模经济效益，可以以低成本进入国际市场，从而增强企业的竞争能力。

（二）创新优势

区域产业集群在提高企业持续创新能力方面具有以下几个方面的优势。

①产业集群能够为企业提供更多的创新机会，有利于促进各种专门人才、专业技能的交流，降低创新成本。

②产业集群有利于营造积极、活跃的竞争环境，从而激发各个企业的创新动力，开拓国际市场。

第二节 以出口扩大市场为导向的营销策略

一、以出口为导向的营销策略

以出口为导向的营销策略包含市场细分、目标市场选择、市场定位，这不仅是现代市场营销理论的核心，而且百余年来一直被西方世界称为企业成功的三部曲。

（一）国际市场细分策略

世界上有 200 多个国家和地区，购买者众多，分布面广，由于各国的经济、政治、法律、文化不同，消费行为千差万别。另外，市场上存在不同的竞争者，企业自身的资源也有限，企业不可能同时满足整个国际市场的需要。只有对市场进行划分，把整个大的市场细分为一些小的市场，选择其中的一部分作为自己的目标市场，出口企业才有可能占领它。其目的在于有利于企业根据自身的状况和市场需求，充分发挥企业的竞争优势，发现并抓住能给企业带来效益的最佳市场机会，使企业合理配置资源。

市场细分就是根据消费者的购买习惯、购买行为，以及对产品的需求与欲望等方面的差异，将市场划分为若干个子市场。消费者需求的差异性使市场细分成为必要，某些消费者形成的类似性需求使市场细分成为可能，这种细分随着消费需求的差异性和类似性变化而不断变化。国际市场的细分具有以下优势。

①有利于创造出针对目标受众的更适合他们需求的产品或服务。

②有利于制定科学的战略方案，满足消费者的潜在需求。

③有利于发现新的市场机会，开发新的市场。

④有利于选择最佳市场，提高营销效益。

⑤有利于企业更清晰地掌握在相同的细分市场中其竞争者的优势与劣势，增强企业活力。

1. 国际市场细分的标准

国际市场细分的标准包括地理标准、经济标准、人文标准、心理标准、行为标准及组合标准等。根据地域性，国际市场可划分为西欧市场、北美市场、中东市场、东亚市场、南亚市场、南美市场、东欧市场、俄罗斯市场、非洲市场及大洋洲市场。然后再来分析各区域市场的特点及需求情况，以便进一步进行市场细分。按照地域划分时，有些国家的市场很大，这就需要企业在细分市场的基础上，还需要更窄地确定某些群体，确定利基（NCHE）。

一个有吸引力的利基市场有这样一些特征，如消费者有明确的相似需求，他们愿意为最能满足其需要的公司付溢价，利基营销不会吸引其他竞争者的注意力，利基营销者通过实行专门化而获得经济利益，利基市场有足够的规模、利润和成长潜力。

2. 国际市场细分的步骤

①根据需求选定产品的市场范围。

②列举潜在消费者的基本需求。

③分析潜在消费者的不同需求。

④筛掉潜在消费者需求的共同需求。

⑤将不同需求的消费者群体划分为若干个子市场。

⑥进一步分析各个子市场的特点，如果有必要则做进一步细分或合并。

⑦衡量和评估各个子市场的潜在规模。

3. 市场细分的有效性

有效的市场细分应具有如下特性。

①可衡量性，即细分市场的规模、购买力和特征是可以被衡量的。

②可进入性，是指企业有能力进入所选定的细分市场。

③可盈利性，是指企业所选定的细分市场的规模值得为之设计一套有利可图的营销规划方案。

出口企业由于资源等的限制，应尽量根据国内外因素选择适合的细分市场进入，可以在以出口为主的国际营销初级阶段，成功地实现企业的业绩增长，保证企业的健康发展。尤其在我国产业结构不合理，出口商品结构落后的现实条件下，趋同的市场，不仅存在激烈的竞争，还造成产能的过剩和资源的浪费。

（二）目标市场选择策略

一般情况下，目标市场选择策略可以分为以下五种模式。

1. 市场集中化

市场集中化是集中营销策略的应用，即企业选择一个细分市场，对其采取集中服务。这种营销方式能够使较小的企业深刻了解该细分市场的需求特点，专门填补该市场的某一部分需求，从而获得强有力的市场地位。但是，这种市场集中化的模式也存在较大的经营风险。

2. 产品专门化

产品专门化是指企业集中生产和销售一种类型的产品，如服装厂商只为消费者提供不同种类的中档服装产品和服务。虽然这种模式有利于企业树立较高的声誉，但是当消费者流行偏好转移，或是出现其他品牌的代替品时，企业会受到较大的冲击，面临巨大的威胁。

3. 有选择的专门化

有选择的专门化是指企业根据自身企业的目标和资源选择几个细分市场，但各个市场之间的联系较少。这种模式能有效分散经营风险。

4. 市场专门化

市场专门化是指企业针对某一特定消费者群体为其提供相应的需求，这种模式有利于企业建立良好的声誉，但由于消费者群体的需求容易发生变化，因此企业在应用这种模式时需要承担较大的风险。

5. 完全市场覆盖

完全市场覆盖是指企业以所有的细分市场作为目标市场，通过各种产品满足消费者的需求。一般情况下只有大企业才会采用这种模式。例如，可口可乐公司在饮料市场开发众多的产品等。

（三）市场定位策略

市场定位策略是指根据竞争者现有产品在市场上所处的位置，针对消费者对该产品某种特征或属性的重要程度，创造出具有本企业特点和鲜明个性的产品，并通过相应的市场营销组合将这种产品准确、形象生动地传递给消费者，从而使该产品在市场上确定适当的位置。其实质量确定企业包括其产品和企业形象在市场中的位置，使本企业与其他企业区分开来，使消费者明显感觉和认识到这种差别，从而在消费者心中占据特殊的位置。市场定位是企业全面战略计划中的一个重要组成部分，它关系到企业及其产品在竞争市场中的与众不同。

消费者一般都会选择那些能给他们带来最大价值的产品和服务。因此，赢得消费者信任的关键是比竞争者更好地理解消费者的需求和购买过程，并向他们提供更多的价值。通过提供比竞争者较低的价格，或者提供更多的价值以使较高的价格显得更加合理。企业时根据消费者的需求特征或企业与竞争对手的实力对比，选择与竞争对手正面对抗，或避开对手的锋芒，选择竞争对手尚未进入的市场空白区域作为企业的市场定位。但无论采用哪种定位方法，市场地位最终要体现在企业的产品和相应的定价上。因此，市场定位也被称为产品定位。具体而言，企业可以选择根据产品的档次定位、根据产品的用途定位、根据产品使用者的要求定位、根据产品的属性与受益定位等。市场定位的关键是找出目标市场与本企业资源能力的最佳结合点，然后集中精力针对目标消费者的需求，全身心地为这个市场服务，为其提供有价值和特色的产品和服务，以此获得超越竞争对手的优势。

1. 选择合适的竞争优势

竞争优势主要是指企业能够战胜竞争对手的现有能力或潜在能力。选择合适的竞争优势就是企业与其竞争者在各个方面进行比较的过程。因此，企业必须建立一个完整的指标体系，才能准确地选择相对竞争优势。分析法是企业选择合适竞争优势的主要方法，通过对本企业和竞争者在产品、财务、市场营销、生产、采购、技术开发、经营管理等方面进行比较，确定企业在目标市场中所处的位置，从而选择适合本企业发展的优势项目。但是企业在进行市场定位时，要避免出现定位混乱、定位过度、定位过宽或定位过窄的情况。

2. 制定市场定位战略

选择好市场定位，企业要通过一系列的宣传促销活动，将其独特的竞争优势准确地传播给潜在消费者，并在消费者心目中留下深刻印象。

①企业应使目标消费者了解、知道、熟悉、认同、喜欢和偏爱本企业的市场定位，在消费者心目中建立与该定位相一致的形象。

②企业通过各种努力强化目标消费者的形象，保持对目标消费者的了解，加深与目标消费者的感情，进而巩固与市场相一致的形象。

③企业应注意目标消费者对其市场定位理解出现的偏差或由企业市场定位宣传上的失误而造成的目标消费者模糊、混乱和误会，及时纠正与市场定位不一致的形象。

根据 STP 理论，企业要想在竞争中脱颖而出，必须要对市场进行调研分析，在准确进行市场细分的基础上，慎重选择好目标市场，将少量资源分散投入多个细分市场，分析其投入与收入比例，经过筛选、衡量，最终确定一个合适的选择方案；最后要对产品进行正确的市场定位。出口企业在市场定位中要避免好高骛远，忽略了对企业自身资源及能力状况的分析把握，很多情况下即使目标市场很有潜力，但是企业如果缺乏相应的人才、技术、资金、营销等资源与能力，也很难在该目标市场上定位成功。小型出口企业应选择避强定位、补缺定位和另辟蹊径定位策略，避免与实力远超于自身的其他企业发生直接竞争，应使自己的产品在某些特性和属性上与其他企业有显著的区别，从而在消费者心目中留下特别的印象。

二、以出口为导向的市场营销组合策略

产品策略、价格策略、渠道策略和促销策略共同组成了国际市场营销组合策略，正确运用这四种策略是企业成功营销和扩大出口的关键所在。企业应依照自身的现实条件，谨慎选择和灵活地运用营销组合策略。

（一）产品策略

满足市场需要是企业的市场营销活动的中心，而向市场提供某种产品或服务是满足市场需要的唯一途径。企业的市场营销活动的重心应致力于提供满足目标消费者群的需求的产品。产品是企业从事生产和销售的物质载体，产品策略运用得成功与否，在一定程度上会影响企业的发展和成功。

由于出口企业具有机动灵活，市场进退成本低，市场适应性较强，能更快地反映市场需求等优势，因此，出口企业应根据目标消费者群的差异化需求开发新产品，在国际市场营销中应选用针对消费者需求与期望的产品差异化策略。

产品的差异化是指企业能够提供给消费者的、具有独特性的，且又区别于其他竞争企业的产品。由于国际市场具有多元化，文化、经济条件和消费习惯的不同会影响用户对产品需求，使其在款式、花色、品种、质量等方面的要求存在差异。因此，企业必须进行调查研究，通过对市场需求的全面分析，了解市场的变化规律和行情，从而以产品差异化应对需求多样化。

1.适用于企业的产品策略

我国的企业可以从以下五点来考虑产品策略。

（1）补缺产品策略

我国许多大型企业更注重对规模经济和高利润的追求，因此在小批量、小商品方面为其他企业留下了市场空间。企业要善于抓住市场的机会，推出主打产

品或品牌产品。

（2）特色产品策略

特色经营和特色产品是企业扩大规模，降低成本的重要方法之一，能够有效提高企业的经济效益，如传统工艺等。

（3）小、精、专的产品策略

目前，我国大多数企业因资源有限，整体实力偏弱，想要在多元化的发展模式中获得发展，必须缩小自身企业的产品领域。

（4）定制营销

定制营销主要是指企业根据消费者的特殊需求进行设计和生产，将消费者作为潜在的细分市场的营销方式。与传统的营销方式相比，定制营销具有以下几方面的竞争优势。

①以消费者为中心的营销观念。从消费者的角度出发，为其开展具有差异性的服务，从而与消费者建立良好的关系。这种一对一的营销方式能够更好地满足消费者的个性化需求，在提高企业形象的同时增强了企业的竞争力。定制营销具有较强的创新性和特殊性，极大地提高了个性化服务管理水平与经营效率，实现了企业细分市场的裂变发展。

②降低了成本。定制营销在一定程度上实现了以销定产，极大地减少了成本支出。大规模的定制使企业的库存最小化，以消费者订单为依据来安排定制产品的生产与采购，降低了运营成本。

定制营销是将以消费者为中心与低成本结合在一起形成的营销模式，在大规模生产模式下，以较低的成本满足了消费者的需求。由此可知，以消费者愿意支付的价格进行定制，以及高效率、低成本的定制是该模式的基本任务。

③增强了竞争力。定制营销策略增强了我国企业的竞争力，使其能够立足于国际市场之中。例如，我国作为日本服装纺织品第一大出口国，近年来来自日本的订单由早期的款式少、量大、价格低逐渐发展到如今的款式花样多、单款数量少、利润率高，服装订单呈现定制化的发展趋势。

（5）产品的创新

由于产品存在着一定的生命周期，即产品进入市场后，时间的推移会导致其销售量和利润发生改变。产品的生命周期呈现出由短到长，再到短甚至消失的过程，因此产品必须要不断进行创新。企业为了延长产品生命周期，增加销量，一般会通过开发产品的新用途、增加产品的使用频率、获得新的产品使用者、对产品重新定位等手段来实现。

企业应紧密跟踪新需求的产生，开辟具有自身特色的市场，创造与众不同的产品，从而实现创新的发展战略。除此之外，企业还应积极关注国内外先进的工艺，不断进行吸收、借鉴、推陈出新，用创新去适应消费者需要的变化，从而提高企业的创新能力和竞争力。

2. 企业的品牌营销

成功的品牌营销策略不仅可以使企业获得更高的成功率，还将造就成功的企业和成功的品牌。品牌在国际市场营销中具有重要的作用，是企业的无形资产。近年来，国际贸易竞争改变了传统的价格竞争模式，逐渐转变为以质量为核心的竞争，如著名品牌竞争等。

品牌既是一个国家形象的有力体现，也是一个企业的形象、信誉的集中体现。产品质量是一个品牌的核心，促使品牌成功的因素主要包括成功的营销策略、精心的广告宣传、大量的资金投入、可靠的售后服务、严格的质量保证体系、较高的素质，以及先进的技术等。我国多数的出口企业并没有意识到建立品牌的战略意义，缺乏长远的战略眼光，对品牌的保护意识淡薄，导致我国大部分企业缺乏品牌竞争力。因此，企业在实施产品营销的过程中，必须结合自身企业的实际情况，在品牌营销中另辟蹊径，才能更好地发挥品牌营销的作用。企业要想建立长久的知名品牌，需要注意以下几个方面。

①加强品牌意识，提高竞争力。近年来，我国加入世贸组织，为国内企业带来发展的机遇，同时也使其面临着与国外知名企业的竞争。竞争模式也从传统的局部竞争转向更高层次的全面竞争，如服务竞争、产品竞争、价格竞争等。在这样的环境下，企业必须加强品牌意识，建立属于自己的、竞争力强的品牌，

才能在竞争激烈的市场上分一杯羹。

②寻找市场空白点，创立优势品牌。在面对众多被知名企业占据先机的领域，企业需要寻找知名企业处于弱势地位的空白点，并以此创立自身企业的品牌优势，占领优势地位。

③借助现代科技手段，实行网络品牌销售。网络时代的到来，科技飞速发展，使信息沟通变得更加快捷，拉近了企业与消费者之间的距离。网络营销的特点包括见效快、投入少、传播速度快、成本低等。与传统的销售方式相比，网络品牌营销更具优势，可以在最短的时间内获得市场的认可。对于资金实力不足的企业而言，这是一种值得选择的品牌销售渠道。

④加强品牌管理，获取长期利益。品牌管理的加强有利于一系列营销环节更加规范化和系统化，如品牌核心价值选择、品牌形象塑造、品牌传播、品牌意识确立、品牌定位等，并且使之成为企业的常规性管理工作。

近些年来，品牌竞争已经逐渐成为市场竞争的焦点，因此我国企业必须建立一个稳定的、长远的品牌营销战略和制度化、规范化的营销管理机制，从而对品牌进行资产评估、营销传播和战略性监控。

（二）价格策略

一般情况下，市场决定了大多数商品和服务的价格，而企业则拥有独立定价权，导致价格成为一种难以控制的变量。而价格又是决定产品销路的重要因素之一，特别是当产品跨越国境、走向国际市场后，该价格将变成国际市场价格，并变得更具复杂性、竞争性与多变性。价格适当与否，常常关系到产品在国际市场上的竞争地位与所占份额，影响到企业所获收入和利润的大小。由此可知，价格是在市场竞争中最为常用的竞争手段，同时也是市场营销组合的一个重要因素。在企业营销组合策略中，选择适当的定价策略既是企业竞争的一大利器。如何把定价目标选得恰当合理，不仅关系到国际市场整体营销战略的成败，还影响企业国际市场定价策略的正确制定。

在国际市场上，由于各家企业的主客观条件、内外部环境的不同，因而定价目标的选择不可能一成不变、千篇一律。企业在制定和调整企业的产品价格时，不仅要选择好定价目标与定价方法，还必须制定一整套定价策略。定价策略是企业在国际市场上为达到某种定价目标，在综合考虑产品成本、市场行情、竞争产品价格、市场需求、购买者心理动态、产品的技术含量与所处的生命周期和市场营销组合的基础上，制定最有利的营销价格所拟订的工作方针与行动方案。定价策略的奥秘就是在一定的营销组合条件下，如何把产品价格制定得既能被广大消费者所接受，又能为企业获得更多的收益。

通常影响国际市场产品价格策略的因素主要包括生产成本、管理支出、税收情况、价格趋势、参与跨国经营时间的长短、调价策略、自身实力、定价策略、定价方法、消费者的不同等。一般情况下，企业在进入市场前通常会采用弹性价格、偏低定价和偏高定价三种策略。

1. 弹性价格策略

弹性价格主要是指先制定一个初始价，再根据产品所要销售的消费者、地区、国家等做出适当的调整。这种策略不仅全面、灵活机动，顾及了企业的整体效益和战略目标，还考虑了竞争对手的策略，围绕全球消费者的利益实施，有利于企业的长远发展。

企业在确定产品价格后，由于国际客观环境和市场情况的变化，往往会使价格生产波动，因而企业还需根据变化的行情对现有价格进行修改和调整。

企业遇到以下情况时需要考虑降价：

①生产成本下降。随着科技的不断进步，劳动生产率不断提高，由于生产成本逐步下降，其市场价格也应随之下降。

②消费者对价格产生了较大排斥。企业为了挽留消费者、保证市场份额，通常会考虑降价。

③市场供过于求。当企业生产能力过剩，导致库存积压严重时，企业会以降价来刺激市场需求。

企业遇到以下情况时需要考虑提高价格：

①产品供不应求。这种情况能够有效抑制需求过快增长，使其保持供求平衡，同时还能激发消费者的购买欲，为企业创造有利条件。

②通货膨胀。这种情况往往会导致生产成本的增加，企业为了保证利润而提高价格。

2. 偏低定价策略

偏低定价策略是指产品进入国际市场时将价格定得很低，这一定价策略主要针对购买者的选价心理，以低价将产品打入国际市场，以获取长期利润，它适用于大众化商品或大规模机械化的产品。采取这种策略的好处在于产品的低价容易被购买者接受，有利于企业立刻打开销路，占领和扩大市场，促使企业改进工艺，降低成本，最后获取利润。

3. 偏向定价策略

偏高定价策略是指企业在国际市场中将产品的价格定得很高，主要利用消费者对高质量、知名品牌产品的信赖和对具有独特性产品的追求。由于产品新颖、高级能给用户带来巨大的效用，因此会有足够多的消费者愿意购买。在出口业务中采取这一策略的企业一般是由于对某种独创性产品的研发，使企业自身处于行业中的独创者地位，在产品被广泛效仿或技术得以普及之前，采取高价，既是对早期新产品研发投入的回报，也可以利用产品创新的优势获得最大的利润。实行这种定价策略虽然能在短期内收益快，并给企业带来产品优质的形象，但它的缺陷在于不利于开拓市场，且高价也易于吸引竞争者加入生产和经营，增加竞争对手，最终会使产品供过于求而降低价格。

（三）渠道策略

1. 企业可借助的销售渠道

（1）传统渠道

传统渠道分为直接渠道和间接渠道量两种。

①直接渠道，主要指企业自身建立由国内到海外的营销渠道，这种渠道具有效果显现的时间长、风险高、投入大等特点。

②间接渠道，主要指企业借助海外以及建立好的营销渠道，并通过中间商开展产品营销活动。这种渠道具有进入市场快、风险小、成本低等特点，同时也

存在着许多问题，如服务跟踪不及时、对市场控制力较弱、利润相对较少等。

（2）网络渠道

随着全球化和信息技术的发展，网络营销已经成为主流营销方式。对于企业来说，网络提供了全新而有效的销售渠道。企业在对产品和服务进行传播时，可以借助互联网、现代通信技术更加便捷地实现满足消费者需求的目的。同时网络营销还具有成本低，信息交流的速度快的特点，且不受时空的限制，不仅为企业营销渠道的拓宽提供了可能，还极大地减少了其成本。

2. 拓宽出口营销渠道的方法

由于渠道牵涉的问题很多，涉及面也广，因此，必须谨慎从事。以下是几种拓宽出口营销渠道的方法。

（1）选择恰当的渠道成员

选择渠道成员取决于该企业本身的声誉及其产品的畅销程度，对不同的企业来说，难易程度相去甚远。企业在选择合格的中间商时需要考虑的条件或标准包括声誉、合作态度、信用等级、偿付能力、成长和盈利记录、经营的其他产品、经营年限等。同时，企业还应对其未来成长的潜力进行评估。

（2）适当鼓励中间商

企业为了更好地与中间商进行合作，应当予以适当的鼓励，主要方式包括以下几个方面。

①对中间商最好的鼓励就是为其提供适销对路的优质产品。

②给予中间商尽可能丰厚的利益。这样做可以提高中间商经销的积极性，尤其是刚进入市场的产品和知名度不高的产品更适宜。

③协助中间商进行人员培训。因有许多产品需要安装调试、维修、改装、施工、技术改造以及其他业务技术咨询，这些生产企业不能完成或不能全部完成的工作，就必须请中间商代为办理，同时就需要帮助中间商培训人才。

④授予中间商以独家经营权，即指定某一中间商为独家经销商或独家代理。这种做法能够调动中间商的经营积极性。

⑤企业可以和中间商共同开展广告宣传。企业可以与中间商进行合作，共同

开展广告宣传或是对中间商提供资金帮助，如推销津贴、广告津贴等，从而减轻中间商的负担。

（3）评估与调整出口渠道

由于外部市场环境和企业内部条件等经常发生变化，企业还要对渠道进行定期评估和及时调整。例如，竞争者的营销渠道与本企业冲突、企业改变产品结构、中间商信誉较差、目标市场已经转换等。当消费者的购买方式发生变化、市场扩大，或有新的竞争者进入以及产品进入生命周期的另一个阶段时，便有必要对渠道进行调整。对营销渠道进行调整需要注意以下两个方面。

①对消费者进行评估。评估内容主要包括消费者的经营效率、合作态度、销售能力、资信状况、履约率等。

②对营销渠道机构进行评估，主要是对营销渠道模式的经济效益进行评估。

（四）促销策略

1. 借助展会促销

近些年来，国内外具有专业性和综合性的展会日益增多，国际展会是指国际性的产品展览、交易会，包括博览会、展销会和交易会等。国际展会是一种超越国界，既展览产品，又洽谈生意的产销见面的特殊国际促销形式。在国际展会上，来自世界各地的产品荟萃，各国行家云集，形成世界贸易焦点，国际影响大，既是买卖双方产品的交易机会，又是产品技术和信息交流的场所。国际性的展会能为企业提供更多与外商洽谈的机会，海外进口商也通过展会更直观地了解企业实力、产品状况及获得对供应商的服务印象，提高外商对企业的信赖度。企业应在自身实力允许的情况下，或在新产品推出的时机，借助有影响力的展会来推广本企业的产品，塑造企业形象，形成新的销售增长点。

2. 配合中间商在其本国内开展促销活动

企业一般只关注产品的研发和生产，对于目标市场的销售情况由于受地域条件的限制，很难进行监控和了解。当国外中间商有促销的请求时，企业应多给予配合，在产品的供应等方面给予支持。

第三节 以海外投资规避贸易壁垒为导向的营销策略

一、企业海外投资的动因

（一）寻求经营资源

目前，各国对自然资源的竞争十分激烈，由此产生了许多着眼于当前利润的跨国投资行为，在一定程度上阻碍了国民经济的发展。企业在资源丰富的国家直接投资建厂，不仅可以弥补国内资源需求的不足，还能保证这些资源持续地供给。因此，我国部分企业已将其作为跨国经营的首要目标。

（二）发挥技术优势

近些年来，我国虽然在技术水平方面仍然落后于发达国家，但是在某些领域我国企业的技术已经占据了相对优势的地位。自从改革开放以来，我国企业在跨国经营中一直把技术引进作为一项主要内容，来缩短与发达国家技术水平的差距。我国有一些行业，近几年通过技术引进与开发，研制了大量有较高技术水平的生产设备，但由于国内生产总量大大超过需求，相当比例的设备闲置。利用这些设备进行海外投资，既可以解决国内设备闲置的问题，又能带动零部件出口。到国际大环境中去发挥我国这种相对优势，也是我国企业进行跨国经营的一个重要动因。而且开展跨国经营，可以最直接、最有效地利用最低成本获得世界最先进的技术。

（三）企业的盈利动机

我国的经济体制改革，增加了企业按商品生产行为谋求最大利益的愿望，从而形成了内部化市场的原始动机。利润动机的增强表明，在市场机制下，企业充分利用其经营能力，突破国界，谋求综合经营效率的提升，表明我国企业跨国经营意识有了质的飞跃。除此之外，企业进行跨国经营的动因还包括增强创汇能力、利用外资、享受优惠政策等。

二、我国企业海外投资策略

（一）劳动密集型行业的对外投资策略

我国的外向型经济发展了一大批以劳动密集型为主的出口企业，在目前国内积极推进产业升级，人工和原材料成本不断上涨的环境下，这些具有成熟生产经验和优质消费者资源的企业可以将生产基地逐渐转移到其他新兴发展中国家，不仅可以利用当地的劳动力和自然资源延续企业的生产经营，实现我国产业的国际转换，还可以为国内产业升级腾出空间，使国内集中力量发展新兴工业。我国企业常用的策略方式主要有以下两种。

1. 对外投资产业联盟策略

随着国际经济一体化进程的加快，我国企业已经不能再独立发展，否则会使我国企业丧失许多机会，影响我国与国际分工的深度，最终与世界经济发展主流脱轨。我国企业以劳动密集型为主，缺乏资本和规模优势，企业实力不强，导致其难以与国际竞争者相抗衡。同时，我国境外工业性企业存在境外融资能力弱、信用等级低、投资规模小等不利的客观条件，这在一定程度上推动了企业实施战略联盟，即通过建立多种形式的企业战略伙伴关系，使企业资源得到优化配置。根据所从事经营活动的性质来划分，企业实施战略联盟主要包括以下两种方式。

（1）横向联盟

横向联盟主要指同一行业内的竞争对手之间进行的联盟，即双方从事的活动是由同一产业中的类似活动而形成的联盟方式。提高公司在价值创造活动中的地位、降低经营风险或转移知识产权，以及使企业获得规模经济是其主要目标。联盟形式主要包括生产、技术、销售等。

其主要作用包括以下几个方面。

①建立生产联盟。联盟双方可以共同采购原材料、共用零件，从而降低生产成本，优化市场资源配置。

②建立技术联盟。能有效提高产品的开发效率，降低在新技术和产品研究方面的成本。

③建立销售联盟。联盟双方能够共享销售渠道，联合宣传产品，从而降低营销成本，实现规模经济。

（2）纵向联盟

纵向联盟主要指联盟双方所从事的活动是由同一产业的互补活动而形成的联盟方式，这种联盟方式使双方能够在保持自身相对独立性的基础上获得比一般的市场交易更紧密的协调。价值链活动的互补性差异是纵向联盟的主要优势，即各方在产品生产等方面进行互补与配合。

企业在海外投资时需要注意以下几个方面。

①明确联盟的合作范围。企业的核心技术是其在联盟前的竞争优势，当合作伙伴掌握该技术时，会导致联盟解体，使企业在竞争中处于不利地位，因此企业必须保护自身的核心竞争优势。

②谨慎选择联盟对象。企业在进行联盟前必须仔细调查候选企业的诚信度和合作经验，清楚候选企业的战略意图。

③加强合作伙伴之间的文化融合。各方在进行跨国联盟时，需要在不破坏各方特有的文化传统的前提下，共同培养联盟内部为双方所接受的组织制度、战略目标、企业宗旨等企业价值观，做到求同存异。

2. 对外投资本土化策略

我国企业在发展中国家进行海外投资的主要目的是利用当地的政策优势、人力资源和自然资源等。因此，企业的生产经营活动必须与目标国的经济环境相适应，即坚持实施本地化策略。

（1）贯彻"双高"策略

企业在进行海外投资前应对目标国进行详细的调查，调查内容包括目标国的法律法规和经济环境等。

（2）生产制造本土化

企业在目标国设立生产制造中心的优势包括以下几个方面。

①可以获得目标国相关优惠政策的支持，如土地使用、融资、税收等，同时还能充分利用目标国生产要素成本低等优势。

②极大地减少了国际市场波动的影响。

③可以有效地避开关税和非关税壁垒。

④能够大幅度降低生产经营成本，如人力、运输等。

（3）企业管理人才本土化

在人才方面，目标国的人才比国内的自派人员更能熟悉当地的生产经营环境，同时也便于与当地相关部门进行交流。因此，企业应积极雇用熟悉目标国风土人情、法律、文化、经济、政治等方面的人才，这种人才本地化的策略不仅可以减少目标国人民对企业的抵触心理，有效地拓展东道国市场，还可以使企业在遵守目标国法律法规和行为规范的前提下进行生产经营活动。

（二）技术密集型企业的对外投资策略

我国的海外投资战略以技术密集型产业为主。高新技术是具有活力和潜力的经济组织形态，特点包括高回报、高成长、高附加值、高智力、高投入、高风险等，是现代知识经济时代的支柱产业。目前，我国在开拓国际市场时通常会采用并购的方式，且主要侧重于国外市场。

海外并购主要有以下几种模式。

1. 品牌并购模式

品牌并购模式主要指企业在开拓目标国市场时借助当地品牌的影响力的海外投资模式，即并购海外知名品牌，其主要特征包括以下几个方面。

①通过买壳上市，先收购海外当地知名品牌，借助这一品牌进行产品包装，快速地进入本地市场。

②一般并购的公司多是具有一定知名度的品牌，企业可以利用该品牌具有的影响力进行品牌宣传。

③这种模式一般适用于资金实力雄厚且信誉良好的较大企业。

2. 海外资产并购模式

海外资产并购模式指企业作为收购方购买海外企业的全部运营资产或一定数量的股份，以实现对其进行控制或参股的投资行为。采用资产并购方式进行海外投资，可以避免目标公司向我方企业转嫁原有债务及"或有债务"，但由于多以现金方式进行收购，需要投入较多运营资本。另外，在完成并购后要对目标企业进行整合，因而要求具备较强的管理能力。

3. 海外股权并购模式

海外股权并购模式指我国公司通过购买某一家海外公司（一般是上市公司）发行在外的具有表决权的股份或通过认购这家海外公司的新增注册资本，以获得一定比例的股份来对这一公司实施经营控制权的一种海外投资行为。在这种模式下，作为投资主体的我方并购企业可以是上市公司，也可以是非上市公司，但海外目标企业一般是已经在国外股票交易所进行挂牌交易的上市公司。股权并购的特点是，其过程实施起来较为复杂，但法律程序相对简单。由于买卖协议的签订方为我国的收购企业和海外目标公司的不同股东，交易过程比较分散〉但是采用股权并购模式进行海外投资，扩大生产规模和市场份额的目的，进而实现规模经济效益，易成本。

三、我国企业海外经营的影响因素

（一）交易变量

交易变量包括跨国公司技术的价值、技术的隐性成分两个方面的因素。所谓技术，国际商会给出的定义是"关于产品制造的方法和技术实施的全部知识和经验，它不仅包含秘密的公式和方法，而且包含与已经申请专利的制造方法有关的知识，还可能包括企业通过研究掌握竞争对手而获得的工艺方法、特长和专门技术"。跨国公司特有的技术价值越大，公司就越可能拥有比竞争对手更高的技术和管理水平，公司的比较优势就越明显，跨国公司就越倾向选择控制程度高的进入模式。而技术的隐性，是指公司的许多知识，如公司的管理经验、非正式的公司文化等，是很难像有形产品一样做简单转移的，这些隐性的不可言传的知识，即使是获得许可证经营的企业也很难仿效。技术的隐性成分越高，跨国公司就越倾向于控制程度高的进入模式，以保证这些技术在东道国的恰当应用。

（二）全球战略变量

1.战略变量的主要因素

战略变量主要包括三个方面的因素，即全球战略动机、全球协作互助、全球竞争集中化。

①全球战略动机。全球战略动机主要是指跨国公司进入国外市场时，不仅要考虑全球总效率的最大化，还要考虑对单个市场最有效的进入模式。在这种情况下，控制程度高的市场进入模式是其最佳选择。

②全球协同互助。全球协同互助主要指跨国公司的资源是各国市场共享的。

③全球竞争集中化。生产与市场集中化的主要原因是经济全球化，在这样的环境中，许多大型跨国公司成为全球产业的竞争者。一般情况下，跨国公司的经营活动会对其他国家市场产生一定的影响。因此，跨国公司必须对国外经营活动采取高度控制。

从价值链理论和行业关键要素理论看，企业都只能在价值链的某些环节拥有优势，不可能在所有环节拥有绝对优势。而每个行业又有各自成功的关键要素，因此，许多跨国公司把具有比较优势的环节进一步发展为企业的核心，而把其他环节交由公司外部来做。这样，我国企业就可以融入跨国公司的全球价值链当中，以获取专业化分工带来的益处。从小规模生产技术理论以及技术地方化理论看，发展中国家可以通过缝隙发展战略思想占领发达国家大型跨国公司无暇顾及的市场。

2.影响中国企业海外建厂的因素

影响中国企业海外建厂的主要因素包括以下几个方面。

①市场潜力巨大，且已经有很大的空间。

②有经济辐射的地区，辐射整个东南亚。除东南亚外，对于南美和非洲这样的比较远的目标市场，国内家电企业还采取当地收购或投资的模式。③是否具有良好的企业管理团队与人才。企业在开拓国外市场时往往面临许多市场认识和管理上的问题，引起这一系列问题的主要原因是民族、文化的不同，因此需要企业具有能力突出的管理层。

④企业的经济实力规模。

⑤存在非市场的风险因素。尤其是社会治安比较复杂的国家，还有那些一直有排外情绪激进分子的国家。因此企业要考虑其国家的社会是不是稳定，还要考虑的就是本企业对环境的破坏程度和该国对环境的重视程度。这都是一些比较客观的地方，管理者很难改变，遇到比较严重的情况，企业根本就不能在当地建厂。

第六章 新经济时代的市场营销创新

第一节 新经济背景下的市场特征分析

新经济即为通过互联网、知识、信息和高新技术为代表，在适应消费者需要的基础上形成的经济形态。新经济的产生无声无息，深刻地影响着人类经济社会活动的不同方面，并且对使人们目前形成的生产、生活和思维方式都产生极大的变化。面对新经济时代的发展，也悄无声息地改变了经营环境，集中体现在以下几点：第一，不断激烈的竞争。由于不断普及的信息网络技术和不断推进的经济全球化趋势，现实中将逐渐演变成"国内市场国际化、国际竞争国内化"，并且加剧竞争。第二，极大地改变了竞争方式。信息技术和知识资源能实现共享，对市场进行大力开发，共同参与竞争和合作，形成积极的竞争环境。当前全新的竞争环境已经给传统市场营销带来了新的挑战，当前企业发展使用传统的营销理念已经无法获得更好的发展，市场营销将进一步面对从工业社会之后产生的最大变革。所以，在当前新经济时代下，由于国内市场竞争环境的特殊性，不断转变的传统市场营销理念和企业竞争战略和企业发展不相适应的现状，中国营销界纷纷吸取国内实施西方营销理论的成功经验，对新经济时代下我国营销理念的新特点进行分析的基础上，研究出和我国国情相适应的理论部分

一、中国新经济行业市场现状分析

（一）产业特征

中国新经济行业的特征在于覆盖面广泛、服务面积大，在科技服务、电子商务、数字经济、共享经济、互联网金融等方面形成了行业特征。新经济体系提供的所有领域涉及城市经济发展，新技术、新功能技术、新经济模式，并改变着传

统行业和经济活动方式，与传统经济有着本质的不同，比如互联网与线下的分离，是不可避免的。

（二）资源优势

新经济行业具有完备的资源优势，如资金、人力、技术、和市场。融资资源为新经济行业提供了有效的融资动力，解决发展资金所面临的投资困境。另外，新经济行业还拥有大量的人才资源。企业家们既可以从国内人才市场招募专业人才，又可以从海外招聘社会上有才华的人员，从而提升企业的管理水平和发展水准。此外，新经济行业还拥有大量的技术资源，专业的技术研究院为新经济公司提供了技术支持，不断改进和创新，从而使新兴经济行业具有良好的技术优势。

（三）市场现状

新经济行业的市场渗透率在逐步上升，基础设施建设的进步也使得新经济企业受到越来越多的消费者的欢迎。新经济行业的发展也产生了大量的创业机会，社会各界内部企业家参与了新经济。同时新兴行业的规模也有所扩大，新经济公司之间的竞争日趋激烈。

（四）行业机遇

新经济行业有巨大的发展机遇。一方面伴随着宽带技术和5G网络的发展，新经济行业将在各个领域得到充分发挥，另一方面，政府也为新经济行业提供了大量的政策性支持，在提升经济效率方面作出了积极努力。此外，新经济行业受到市场的青睐，有大量的消费者，多元化的服务项目也将为新经济企业带来更多发展机会。

（五）发展趋势

市场趋势是新经济行业发展的重要推动力。由于数字技术的发展，人工智能、大数据、云计算等技术的发展将会推动新经济行业的发展。比如，大数据可以帮助企业更好地分析消费者的兴趣爱好，智能机器可以提高企业的生产效率，云计算可以帮助企业节约成本，从而帮助新经济行业发展。

二、新经济背景下的市场特征

（一）5G+ 工业互联网市场发展特征

5G 是新一代信息通信技术演进升级的重要方向，工业互联网是第 4 次工业革命的关键支撑；5G、工业互联网及二者的融合发展是经济社会数字化转型的重要驱动力量。全国"5G+ 工业互联网"建设项目超过一千多个，有力推动了以数字化、网络化、智能化为核心的企业数字化转型和高质量发展。然而，从数字产业化的角度看，供需两侧仍然处于磨合期，存在业界所谓的"冰火两重天"现象：供给侧的国家和各地相关政府、相关机构和众多工业互联网企业，热情高涨、积极推动；需求侧的工业企业却谨慎参与，离规模应用还有相当距离。

5G+ 工业互联网供需失衡，固然与 5G+ 工业互联网处于发展初期阶段有关，但根本原因可能仍然在于供给侧没有正确认识 5G+ 工业互联网市场本身的发展阶段特征。在 5G+ 工业互联网处于市场发展驱动力转换的拐点的关键时刻，厘清 5G+ 工业互联网内生驱动发展的动力及可能的突破口，对于我国经济社会的数字化转型尤为重要。

消费互联网通过一款高度标准化的软件产品提供给个人用户，就具备了从商机到收益的市场闭环。囿于工业场景的复杂性和"千企千面"的个性化需求，工业互联网基本不具备通过一款标准产品就能满足不同行业的需要，甚至多数情况下，即便在同一行业，工业互联网产品也不具备规模化应用的能力。因此，相比于消费互联网产品，工业互联网产品或项目多数是场景化的，可复制性比消费互联网产品要低很多。

通常，5G+ 工业互联网市场产品或项目要求供给侧具备以下 3 个条件：

①必须具备需求侧涉及的生产工艺等专业领域知识。

②拥有恰当的、能够解决需求侧需求的专业产品／工具。

③通过较高的技术服务水平满足需求侧的个性化要求。然而，5G+ 工业互联网市场供给侧很难同时具备上述 3 个条件，这也是 5G+ 工业互联网市场产品或项目可复制性差的根源。

5G+ 工业互联网市场产品或项目可复制性差也很难通过资本市场的力量加以解决。5G+ 工业互联网市场产品或项目可复制性差不仅提高了 5G+ 工业互联网项目的建设成本，进一步压制了需求侧的增长，拉长了 5G+ 工业互联网市场的成熟周期。

（二）社会化媒体

网络的普及与技术的发展，不仅改变了人们的生活方式，也催生了社会化媒体的诞生。《什么是社会化媒体》的作者安东尼·梅菲尔德（Antony May-field）认为，社会化媒体的本质是在线型的媒体，它的作用是给使用者提供能够自身体验的空间。该类媒体具有公开性、参与性、对话性、交流性、社区性、联通性等特点。社会化媒体的定义是：从趋势来看，社会化媒体是人们通过使用中心化的、以人为基础的网络来获取他们所需要的东西，而非传统的商业或者媒体。社会化媒体包括社交网站、微博（如新浪微博、腾讯微博）、视频分享（如优酷）、论坛、即时通信（如 QQ、微信）、消费点评（如大众点评）等。社会化媒体的普及不仅给人们的生产生活带来极大便利，更是对企业营销及消费者行为的转变带来巨大影响。

社会化媒体营销就是利用社会化媒体的开放式平台，对社会大众进行的营销、销售、关系和服务的一种营销方式。社会化媒体改变了传统的营销模式，它集中于创造有吸引力的信息，并鼓励用户分享到他们的社交网络上。信息按照从用户到用户的传播方式，帮助企业建立网上信誉和品牌的信赖度。随着时间的推移，这可能带来更大的销售，因为人们倾向于购买他们（或者他们的朋友）信任的产品品牌。此外，社会化媒体已经成为一个平台，使得每个拥有网络连接的人可以方便地进入。它增加了企业与用户之间的交流，培养品牌意识，提高客户服务。因此，这种形式的营销是靠口碑来推动的，它导致了口碑媒体而不是付费媒体的产生。

社会化媒体因成本低、定位准确、传播速度快、影响大，已经被越来越多的企业关注与应用。例如，小米手机的推广完全集中在小米官网、小米论坛和微博平台上。公司仅靠这单一线上营销模式，便使小米手机成为智能手机行业中的后起之秀，并且获得了极好的口碑。这进一步体现了社会化媒体营销的优势——低成本、精准定位、传播快、影响广。

（三）移动化

移动互联网络的出现，打破了固定网络在时空上的限制，使人们可以随时随地接触并使用网络。随着移动互联网和移动终端的飞速发展，移动化趋势已成为不可逆转的时代潮流。在移动化趋势下，消费者获取信息更加便捷，消费者的行为也受到重视。对此，移动营销协会给出如下定义："利用无线通信媒介作为传播内容进行沟通的主要渠道，所进行的跨媒介营销。"移动营销相较于传统营销方式，有如下特点。

1. 便携性

移动营销可以让消费者随时随地参与消费活动，通过手机或者各种智能化的移动设备完成品牌搜索、产品信息互动、相关价格比对等此前只能在计算机上完成的购买行为。

2. 庞大的顾客群

手机网民规模截至 2022 年已达 10.67 亿，人们对于手机的依赖明显大于计算机。而且几乎所有的网络社区都已经实现移动平台化，这一措施会将更多的网络用户引入移动互联网中。

3. 低成本

基于移动互联网的营销手段，可以极大程度地降低营销成本。对于企业来说，减少广告宣传费用，只需开发一款 APP（应用程序）或注册微信公众账号便可以实现针对目标客户群或者潜在客户群进行"一对一"的营销活动。

4. 定位精准

在当今快速反应的消费模式时代，企业对于消费群体迅速定位也至关重要。移动营销结合大数据，能够帮助企业对用户的使用相关数据进行统计分析，并利用这些信息来制订营销方案。实现定向产品信息投放，避免信息传播中的误投而造成品牌形象受损的局面。

新经济时代的发展具有自身的特殊性，面对日益加剧的激烈竞争，企业即将成为市场环境中的重要一员，必须突破传统市场营销模式，转变和更新营销理念和模式。为了适应社会经济的不断发展，在面对新经济时代下，必须创新市场营销，和时代同步发展，进而使自身经济水平和社会经济发展水平相一致。新经济时代应用市场营销创新模式，必须和自身特点相适应，一切从自身实际出发，不能和市场经济发展规律相背离。

第二节 基于知识管理的市场营销创新

一、知识管理及其对企业市场营销的影响

（一）知识管理及其特征

1. 知识管理

到目前为止，对于知识管理的含义还没有统一的说法，不同的学者由于切入点不同而有不同的定义。

（1）美国生产力与质量研究中心（APQC）的定义是："知识管理是为了提高企业的竞争力而对知识的识别、获取和充分发挥其作用的过程。"

（2）全球认可的@BRINT 知识库的创建人和知识总监 Yogesh Malhotra 博士认为："知识管理是当企业面对日益增长的非连续性的环境变化时，针对组织的适应性、组织的生存和竞争能力等重要方面的一种迎合性措施。本质上，它包含了组织的发展进程，并寻求将信息技术所提供的对资料和信息的处理能力以及人的发明创造能力这两方面进行有机的结合。"

（3）我国学者朱伟民博士认为："企业知识管理是通过知识资本的积累、运用，借助物质资本使企业价值增值的管理过程，主要是为企业获取新知识资本创造良好的环境，以知识资本的充分、有效的利用创造尽可能大的收益。第一，知识管理和企业知识中的技术以及经营知识密不可分；第二，知识管理还需要在经营与管理过程中运用所积累的知识不断提高企业的生产经营效率，使企业

的总资产价值得到加速增长。"

2. 知识管理的特征

从知识管理含义的理解中，可以进一步归纳知识管理的以下几方面特征。

①知识管理的终极目标是支持企业管理活动的创新和价值的创造。在知识经济时代，知识已成为企业管理活动创新的最基本的源泉，知识也是价值创造过程中最关键的核心要素，在企业价值创造中占主导地位，企业价值的创造越来越依靠有效的知识管理所带来的倍增效应。

②知识管理的基础是信息技术。从某种意义上说，知识经济即信息经济，信息技术支撑知识经济的运行，信息技术也是知识管理的基础。知识管理的最终目的是追求创新技术和信息处理能力两者之间的最佳结合，同时在知识的管理过程当中使知识被共享、被创新。信息技术的发展为知识的传播和共享提供了平台，具体体现在网络上的知识加工、知识整理、知识传输、数据库建立以及通过网络连接企业内部和企业之间的关系，这一切都使得知识传播得到了加速、知识传播的成本得到了降低。因此，信息技术是实现有效知识管理的基础。

3. 营销知识及营销知识管理

（1）营销知识

在营销组织内及营销过程中，知识无时无刻不在发挥作用。营销的一线人员就是利用自身掌握的知识来对顾客进行劝说、说服，最终使顾客购买相关商品；同样的管理人员也要使用政策、经济、市场等相关信息进行管理决策；顾客利用其获得的有关产品的知识进行购买决策。从知识管理的对象来看，营销知识是同组织的且和营销活动之间具有相关性，它是作用于营销活动的知识。

（2）市场营销知识管理

在如今，市场营销知识管理这一理念的具体含义并没有明确鉴定。结合知识管理的内涵与市场营销的本质，可以从两个方面来理解市场营销知识管理的具体含义：①市场营销知识管理的基础是现代化的网络平台和信息技术，如客户信息资料库、数据挖掘技术等；②市场营销知识管理的实质是通过知识管理来提升组织的环境应变能力与营销创新能力，进而提高市场营销的绩效。

（二）市场营销知识管理的策略选择

1.加强市场营销知识管理的外部环境建设

企业的外部环境是指与企业利益相关的各方构成的，对企业营销活动有直接影响的要素，主要包括顾客、供应商、合作伙伴、竞争对手、行业组织、市场等。在市场营销过程中，企业首先要重视对顾客个人相关资料的收纳与整理，并且同步设立顾客资料库以及顾客联系机制，通过这一方法来密切和顾客之间的联系与沟通，强化双方的关系，借此来最大限度地取得客户的信任，并用企业的对外服务、产品形象以及企业知识来吸引客户以及发掘市场潜力。企业也要注重行业动态、相关政策法规、竞争对手的策略等信息的归纳总结以及进一步的收集，利用多种方式途径比如网络、报纸等得到新内容、新知识，整合进自身的资料库，整理成报告，从而准确把握外部动态，及时调整企业的营销战略。另外，企业还要注重对市场、行业等相关信息、营销管理创新等方面知识的获取与整理。其次，企业要加强对外宣传活动，加强与顾客、供应商、行业组织、战略合作伙伴等利益相关方的联系，从而对外部环境要素进行有效引导，为企业营销活动创造良好的外部环境。

2.注重市场营销知识管理的企业文化塑造

知识管理的管理模式和管理机制能否在一个企业推行下去，很大程度上取决于企业内部是否具备了支撑这种管理模式的企业文化。企业知识管理文化的塑造需要从多个角度入手，首先要对员工的观念、知识领域进行培训，使得员工做到理解知识管理、市场营销方面的知识，并认可相关的方式方法，这样就可以贯彻好以人为本的企业经营管理理念，做到对知识的尊重。其次要优化组织结构，建立学习型组织，建立扁平化的组织模式，有益于信息的顺畅流动，完善相关的规定，比如知识的创新以及传递等，在企业管理的制度上、组织的文化上以及奖励激励政策上做到机制创新，鼓励员工主动分享，形成有利于知识管理实施的氛围。

3. 搭建有利于市场营销知识管理的网络平台

现代化的信息设备与网络技术是市场营销知识管理得以实现的重要基础。在营销过程中，有关消费者、竞争者、行业动态、法律政策等信息都要通过先进的信息设备与网络技术进行传递，营销知识的收集、加工、存储、转换、创新也需要信息设备与网络技术才能得以实现。市场营销知识管理的网络平台应该是一个有层次的完善的系统，可总结为三个方面：第一个方面即数据层方面，内容以网络和基本数据库为主，主要的功能是储存知识以及检索；第二个方面即服务层方面，内容以改善营销业务中的各项工作流程为主；第三个方面即应用层面，内容以为创新知识提供维护工具、搜索工具等为主。这三个方面互相作用，共同完成市场营销知识管理的运行。

二、知识经济对企业市场营销的影响

以知识和信息为基础的知识经济是一种全新的经济形态，它将强烈地冲击人们现有的社会观念和生活方式，对人们的生产方式、思维方式、生活方式及行为方式产生巨大而深刻的影响，改变企业生存和发展的市场环境，对企业的市场营销活动具有深刻的影响。

（一）知识经济将塑造新型的企业营销观念与需求

1. 知识经济将塑造新型的企业营销观念

知识经济时代下企业营销环境将发生极大调整，人们的消费理念和消费方式会产生很大的改变，市场竞争的方式也将变成以科技为主导的全球化竞争。知识经济时代的这一系列的变化，必将引起企业的营销理念产生本质上的进步，新型的、知识创新为主导的社会营销理念会取代以往的产品、生产以及营销理念。简单地说就是在新的市场条件以及科技条件下，企业将会努力提升自身的知识资源配置，有效利用已具备的知识资源，同时为了满足广大的市场知识需求，还将大力创新，使消费者获得最大限度的满意度。与此同时，企业还会把社会的福利、消费者应享有的权益以及环境的保护放在更加突出的位置，做到消费者的眼前利益与长远利益的统一，协调消费者、企业、社会与环境等的和谐发展。

在知识经济的影响下，企业的营销观念将发生深刻的变化，这些新的营销观念也将改变企业的营销方式和市场行为。

2. "消费者为中心"真正变为现实

从人与社会、人与生产的对应关系上看，以"消费者为中心"不仅是企业现阶段的经营理念，而且是以人为本的最真实写照。以人为本指的就是肯定人这一社会成分在社会的发展中所做出的主要贡献，同时强调在社会的发展过程中，其主体一直是人。以人为本很大程度上巩固了人的主体地位。以人为本也是思维方式的一种，它强调在遇到问题、分析问题、解决问题的过程中始终要把人这一因素放在主要位置，在重视历史的同时，人同样不可忽视。一切的活动最后都是为了人。所以，以人文本在社会发展上的体现就是发展的最终目的与要求。以人为本是对以往的以物为本的反思和改进的结果，改变以往只为经济效益而忽视了人本、环境等一系列重要因素的发展反思。诚然，以物为本的发展理念具有一定的必要性，但是随着时代的进步，就必须适时做出改变，找到社会发展的正确方向。就像两者的关系一样，如果说以"生产者为中心"是以物为本社会发展时期在企业经营理念层面的反映，那么以"消费者为中心"则是以人为本社会发展时期在企业经营理念层面的反映。以"消费者为中心"和以"生产者为中心"也要经历相同的转换关系。以"消费者为中心"就是要求企业不仅要满足消费者"最基本"的需求，而且要全方位、高水平地满足消费者"较高层次"的需求。同时，人性的所谓"最基本""较高层次"的需求，必然会随经济和社会发展水平的提高，在内容、绝对的水准等方面发生深刻的变化。如马斯洛的五大需求理论，即生理、安全、归属和爱、尊重以及自我实现需要。对于什么是人性的生理需要，不同的时代会有不同的答案；至于什么是"自我实现"需要，若将其定义为一个人想要实现其全部潜力，趋向完善、完美、独特、轻松愉快、自我满足和真善美的需要，这是人性高级的、更多属于精神层面的需要，则不同社会赋予其确切内涵的差异肯定会更大。所以，不同的社会发展阶段，对以人为本、满足人性的需求也会有不同的要求和不同的实现途径。可以肯定的是，以人为本，充分满足人性中各种有益健康的需要，将是人类社会发展的终极目标。所以，马斯洛认为人能够经过不懈的努力最终创造更加美好的世界，是自我价值和潜力得到体现并最终实现自我追求的这一最高境界。从这个意义上讲，实现以"消费者为中心"是社会经济发展到相应水平时对企业的必然要求，是企业体现以人为本的社会发展目标的具体经营行动。

在知识经济时代以前的几种不同的社会经济形态中，由于受生产力的约束和限制，生产相对于人性需求而言是"稀缺"的、"单调"的；人性的需求也同样由于受经济发展水平的制约和限制，仅能停留在满足人们最基本、最基层的需要上，那些能够满足人性较高层次的需求远没有被激发出来。此时，生产者便会在市场的供需关系中占据主动的优势地位。在工业经济时代后期，社会生产力就一般消费品而言，已经具备了充分满足需求的能力，但又由于信息沟通手段的落后，生产者不能及时、准确、经济地获得需求者的有关信息，只能按照主观性占较大比重、时间动态性较差、误差较大的各种调查分析（当然，做这种调查要比不做调查好得多）来安排生产，这种生产的安排不可避免地产生了与消费者真正的、动态的、充分展示个性的需求之间的较大误差。同时，消费者也因信息沟通方面的原因，只能被迫在局限的生产者事先提供的产品中进行择优消费。这样，在工业经济时代，生产者和消费者的普遍关系只能是以"生产者为中心"，即生产者率先生产，消费者随后消费。这种生产消费模式降低了消费者的满意程度，不仅有悖于人性，而且产生了相对于人的需求满足的缺陷和损失。对生产者而言，从根本上讲也有很多不利之处，若产销不对路，巨额的市场调研和广告费用以及滞销产品的损失等社会资源的浪费也是很大的。

当生产者可以很方便地预知消费者的需求，并且能通过某种组织的形式将其经济地生产出来时，"消费者为中心"便实现了，即消费者先提需求，生产过程后进行制造。生产消费模式向"消费者为中心"转变，是人性需求的内在要求，它具有市场供需对应关系的稳定由于消费者真正主导着生产，会使每一生产活动一开始就目的明供需关系高度吻合，市场风险大为降低，这无疑是一种理想的模"消费者为中心"在这样的模式下可真正实现，消费者可按照自己的个性特点和偏好设计、采购和消费商品，将消费者的偏好、情感、文化观念等非物质因素渗透到生产过程，使物质产品承载着更多的非物质因素的独特功能，从而极大地丰富物质世界，使人的个性需求层次得到较高程度的满足。

3. 知识经济将促使企业主动开发市场、创造需求

在工业经济时代，企业营销的主要任务是发现潜在市场需求，进而开发产品来满足当前的现实需求和未来的潜在需求。而在知识经济时代背景下，企业营销的主要任务由发现市场转变为开发市场，由满足需求转变为创造需求。在此基础上，就需要企业积极地进行市场创新，市场创新主要有以下两个基本途径。

（1）开发型市场创新

开发型市场创新是指企业用已有产品去开发新市场，方式上大概是以下几种：第一，扩大产品的销售区域，从某地扩展到全国，或者是从全国扩展到全球。第二，增加产品的新功能，扩展细分化的市场。第三，重新为产品定位，寻求新的买主。在市场创新上要使用开发型创新模式，企业需要增强自身预测能力和评估能力，对用户竞争对手以及市场要有充分的了解。

（2）渗透型市场创新

渗透型市场创新是指企业利用自己在原有市场上的优势，在不改变现有产品的条件下，通过挖掘市场潜力，强化销售，扩大现有产品在原有市场上的销售量，提高市场占有率，增加消费者对产品的信心。

不论是哪一种途径，企业都要积极地挖掘市场，主动地去开发市场潜力，变被动满足需求为主动创造需求。

4. 知识经济将改变企业产品的内涵

产品是企业用于满足市场需求的载体，也是企业参与市场竞争的主要依托，是企业与消费者联系的桥梁。知识经济所带来的主要的影响是：企业产品的外延与内涵发生巨大的变化，以及由此而带来的企业营销理念、营销手段、营销策略的变化。从产品的内涵看，由于知识成为知识经济的核心要素，对应的产品就必须提高自身的科技与知识水平。而且当前判断一个产品的时候，具有价值与价值几何的标准也改变了，以往的以产品品质为主的衡量标准，转变为知识经济中的以产品中科技知识水平为主的衡量标准。当前信息技术发展迅猛，而信息技术又是知识经济的核心要素，这就促进了产品的技术变革。企业必须更快地使新产品面世迎向消费者，以抢占市场先机。从产品的外延看，在工业经济时代主要以制造业为主，产品大多以有形产品为主，农产品、工业品构成产品中的大部分种类。但是在知识经济时代，就不仅仅是这些产品了，服务、知识以及技术等都是无形之中的商品，这些商品甚至更加受到消费者的欢迎。

5. 知识经济将促进企业市场营销策略的创新

知识经济给企业带来的不同层面、不同程度的影响，将最终集中体现在一个企业如何推陈出新自身的营销策略上，这一策略的升级并不是单一片面的。首先，产品整体概念内容将有所创新。由于知识创新速度的加快，核心产品层次将突破传统概念，许多新产品大量上市，提供给消费者更满意的消费效用；形式产品层次的创新空间将更加广阔，将具有超越以往任何时代的更新；延伸产品层次将成为知识经济时代下的竞争焦点等。其次，企业的产品销售途径、中间商作用诸如此类都要有新模式的更替。具体体现在：知识科技的进步促进了国际网络的联通与交流和信息快速渠道的建立，同时，高新计算机技术以及通信手段的进步都共同促进了零售行业的出现以及零售机构的大幅增加规模、国际渠道的打通以及网上零售的开展。再次，随着信息技术的广泛应用，企业与消费者之间的信息沟通将更加深入，二者的信息对称性加强，使得企业在制定价格策略时，要更多地考虑消费者的价值理解感受，企业在定价方法的选择上将进行新的调整。最后，在促销方面，世界互联网的迅猛发展有效地推动了在线产品的推广与促销，同时也吸引了消费者的关注，这就使得广告业有了发展的机会。

众多的新兴媒体将和企业进行广告方面的合作，通过企业来将广告推送至消费者的终端，从各个方面不管是影响力大还是影响力小的区域等都将传统媒体上的广告狠狠地比了下去。在这个以知识经济为主要特征的新时代，企业能够积极运用互联网这一工具实现传播自身产品以及企业文化的突飞猛进，这一点，传统的纸质传媒是不可能实现的。

（二）知识经济条件下企业营销创新的必然性

1.知识经济条件下消费需求的复杂多变促使企业开展营销创新

在市场经济中，企业作为市场的微观主体，市场是企业赖以生存的土壤，企业与市场有着千丝万缕的联系，企业的所有经济活动都是通过市场来完成的。而市场的整体状况是与消费者的行为息息相关的，消费者的行为直接影响着企业的发展方向和前景。在知识经济时代，消费者心理的变化以及消费行为的改变都会对企业的营销产生直接而重大的影响。

（1）知识经济的兴起促进了消费者需求心理的变化

在工业经济时代，大批量的生产带来大批量的消费，在消费数量得到满足之后开始追求消费的质量，消费者的需求心理从追求数量满足型逐渐转变为追求质量满足型；在知识经济时代，消费者需求的关注点已经从物质层面上升到情感层面，从追求质量满足型逐渐转变为追求情感满足型，知识型消费者更多地追求情感满足。企业所提供的产品应该具有满足消费者心理需求的特质，这就使得工业经济时代的以企业为中心的经营理念、技术和方法面临新的挑战，知识经济客观上要求企业树立新的产品开发理念，深入研究消费者的心理需求和情感需求，以此作为新产品设计和开发的依据。

（2）知识经济时代消费观念趋于理性化

首先，知识经济时代，教育日益受到重视，教育的兴起，使得消费者中知识型消费者所占的比例越来越大，这一部分知识型消费者对自身的需求更了解，消费心理更成熟，消费行为更理性化D同时，这些知识型消费者对身边所接触的人的消费理念也会产生一定的影响，使得周边消费者的消费选择也会逐渐趋于理性化。其次，知识经济时代，网络信息技术高度发达，由于消费者获取信息的渠道更多、方法更直接，消费者们能够对自己搜索到的购买方案，进行以需求、价格、品质、服务等方面的筛选，最终确定自己的选择。因为他们所了解的知识及信息量比较大，不再是企业广告狂轰滥炸被动的受众，他们能从更宏观的视角、从社会责任角度审视自己的消费决策，更加关注生态环境和社会可持续发展，从而形成更加健康理性的消费观念。

（3）知识经济时代消费需求趋于个性化

消费需求的个性化趋势是与消费观念的不断理性有关联的。当今时代，消费者的知识水平较高，在消费选择上也不再盲从，能够在更为广阔的全球市场上选择符合自己要求的、具有一定个性的产品，他们的需求越来越朝高层次、个性化的方向发展。

（4）知识经济时代消费者购买行为趋于复杂化

知识经济时代，知识和信息的生产数量极大，知识和信息的传输速度也大大加快，消费者处于一个开放的空间，经济的全球化、文化的跨地区传播，影响消费者购买决策的因素越来越多元和复杂。消费者的购买行为将更趋选择性、差别性和自主性，对商品的品质以及服务要求会更高。此外，由于网络技术、信息技术的高度发达，消费者的购买方式和支付方式也发生重大的变化，除了传统的购买方式和支付方式外，更多的消费者利用互联网，登上信息高速公路，手持电子货币，在全球范围实现自己的购买行为。这就需要企业有新的观念、技术与方法去适应新技术带来的这些变化，迎接知识经济带来的机遇与挑战。

2. 知识经济条件下新的资源配置规律要求企业开展营销创新

知识经济和人类社会发展史上的农业以及工业经济不同，它有以下新规律。

①在知识经济中知识智力成为重要的资源要素。知识经济中知识、智力等无形资源逐步替代工业经济时代的固定的自然资源，并变成了生产过程中最重要的因素以及最不可缺少的动力。人类需要运用智力科学资源来对自然资源进行合理有序的开发利用，并获得效益。

②知识的投入成为知识经济社会生产要素投入的重点。知识经济和工业经济的不同在于其边际报酬不断增加，而工业经济中边际报酬不断减少，这就要求企业需要认识并且将其价值加以发挥。

③知识的价值取决于创新。知识的价值是由知识的创新程度以及市场效应来共同决定的。简单地说就是，一项知识的创新程度高，那么它的价值就大；一项知识的市场需求量大，那么它的价值也大。

3. 知识经济条件下市场竞争的新趋势迫使企业开展营销创新

与工业经济时代相比，知识经济时代的市场竞争也将发生深刻的变化，这些变化会对企业的营销观念与营销行为产生深远的影响。

（1）市场竞争的范围将从区域向全球进一步扩大

由于知识经济将进一步推动全球经济一体化，疆界的限制将不复存在，在信息网络和交通网络的支持下，商品信息将在各国之间迅速传递，任何企业的经营活动将直接面对全球市场。企业即使是在国内市场上也将面临国际竞争的压力。这样不但扩大了市场容量，使企业获得了更大的生存空间和更多的营销机会，企业之间的竞争也必然更为激烈，经营风险更大。市场竞争的全球化扩大趋势主要反映在两个方面：一方面，如上所述，由于知识技术的不断扩散和传播，全球市场网络的形成与发展必然导致经济全球化与竞争全球化，企业必须参与在国内与国际市场上的竞争；另一方面，知识经济时代的新技术领域中，原有的竞争强国都难以在层出不穷的高新技术中全面领先或长期垄断，任何一个国家的每一个企业都有机会充分发挥自身的优势，在世界大市场中占有一定份额，新的竞争机会的增多也增加了竞争的激烈程度。

（2）市场竞争的焦点将集中在知识和信息要素

由于知识经济时代企业营销活动的开展离不开知识的创造和信息的获得，知识和信息成为企业发展的主要战略资源。因此，在知识经济时代，企业之间的竞争焦点不再表现为对资源的占有，而是集中体现为对知识的创造和信息的获得。今后，那些在新知识的拥有上占据优势的企业将会获得长期的竞争优势，通过巧妙的信息加工而增加价值和创造财富，在激烈的市场竞争中立于不败之地。

当前市场环境不断发生变化，企业必须在营销策略以及竞争方法上进行新的改革，同时注重营销中的无形资产的发掘以及营销策略的创新。

第三节 移动互联网下的市场营销发展新态势

一、体验营销

（一）体验营销的内涵及特征

1. 体验的性质和内涵

体验是消费者对一定的刺激物所产生的心理感受，体验在本质上是个人的。了解体验的性质和内涵是理解体验营销内涵的前提，体验具有以下特有的性质：

（1）间接性

体验是一种间接的产品，企业无法直接生产并向消费者提供体验，只能向消费者提供与体验相关的场景或者工具，而体验只能靠消费者自己生产并自己消费。

（2）消费主动性

在体验的消费过程中，消费者占主导地位，消费者具有极大的主动性，消费者只有积极主动地参与到体验的过程中去才能产生体验的感受，才能完成整个消费过程。

因此，在体验的产生和消费过程中，即使在同样的场景中也会产生不同的体验。

2. 体验营销的内涵

体验营销是新经济发展过程中新兴的营销理念。综合国内外学者普遍的观点，体验营销是指企业通过让目标顾客观摩、聆听、尝试、试用等，使其亲身体验企业提供的产品或服务，让顾客实际感知产品或服务的品质或性能，从而促使顾客认知、喜好并购买的一种营销方式。体验营销是一种思考方式。体验营销理论认为，购买者不再是传统意义上的"理性消费者"，购买者消费时更加感性，研究消费者行为与企业运营的关键应该是消费者在整个消费过程中的体验。

（二）体验营销的类型

体验是人内心的一种感受，融入了非常多的个人化和个性化的因素，所以体验具有形式繁多且复杂的特点。体验营销可分为以下几类：

1. 知觉体验

知觉体验即感官体验，将视觉、听觉、触觉、味觉与嗅觉等知觉器官应用在体验营销上。

2. 思维体验

思维体验即以创意的方式引起消费者的惊奇、兴趣、对问题进行集中或分散的思考，为消费者创造认知和解决问题的体验。诉求的是人们对某一事件的思索，以某种创意的方式，让顾客获得认知和解决问题的体验。思维体验常用于高科技产品宣传。

3. 行为体验

行为体验是指通过增加消费者的身体体验，指出他们做事的替代方法、替代的生活形态与互动，丰富消费者的生活，从而使消费者被激发或自发地改变生活形态。例如，通过偶像角色等来激发消费者。

4. 情感体验

情感体验诉求的是顾客内在的感情与情绪，通过触动消费者的内心情感（亲情、友情和爱情等）创造情感体验，使消费者产生偏爱。

5. 相关体验

相关体验包含感官、情感、思考与行动营销等层面的综合，通过实践自我改进的个人渴望，使别人对自己产生好感。它使消费者和一个较广泛的社会系统产生关联，建立个人与理想自我、他人或文化之间的关联，从而建立对某种品牌的偏好。

（三）体验营销的操作步骤

1. 识别目标顾客

在顾客还没有购买或者还没有想要购买之前，给他们提供一种体验，以此来确定哪些是意向顾客，这样可降低营销的成本。

2. 了解目标顾客的诉求

首先，企业对市场经过针对性的调查之后，可以得到一些相关的信息，然后对这些信息进行过滤和总结，这样能够探究到客户的利益所在，以及他们的顾虑所在，提供体验时就可以有的放矢。确定在体验式销售过程中重点展示的部分，从而满足他们的需求，打消他们的顾虑。

3. 确定体验的具体参数

确定产品的卖点，并让顾客进行评价。

4. 让目标对象进行体验

到了让目标对象进行体验这个阶段，企业应该把用来给客户体验的产品或者服务准备好，如何提供给客户的方式或者通道也要设定到位，这样顾客才能够很顺畅地进行体验。

5. 进行评价与控制

企业在实行体验营销后，还要对前期的运作进行评估。

（四）体验营销的发展

随着社会的发展、科技的进步、市场环境的变化等，体验营销并不是一成不变的，但无论何时，顾客都是营销的中心，体验营销要根据消费群体的变化而变化。具体来说，要注意以下几点：

第一，重点研究消费者的心理，他们最需要的是什么。当人们在物质生活方面基本得到满足之后，他们所购买的物品的目的已经不是将其作为生活必需品，而是为了满足情感需求，或是为了达成某一种商品和自身价值观的一致。

第二，将产品可能给人带来的心理上的影响作为开发的重点。

第三，在营销管理的过程中始终要确保营销的整体是协调的。

二、会展与节事营销

（一）会展与会展营销

1. 会展

关于会展的定义众说纷纭，主要有两种观点：一种是狭义的观点，认为会展顾名思义是指会议和展览，也就是指组会者或组展商按照一定的目的在既定的时间和地点招揽与会者或参展商，并向其提供一定的信息或服务，从而达到信息公开化、科技前瞻化、利润最大化的会议或展览；另一种是广义的观点，认为会展是会议、展览会、奖励旅游及节事活动的总称。

2. 会展营销

一般来说，会展营销有两层含义：第一层含义是利用会展来营销，即把会展作为一种营销工具；第二层含义是对会展进行营销，即把会展作为一种产品或服务进行营销。既然会展并非一种实实在在的产品，而是一种服务，所以会展营销是无实物非单一的营销，是无形的、综合的，由此可见，会展营销注定是一个十分复杂的过程。会展营销中不论是内容、方法、还是利益的主体都有各自的特点，不同于通常所说的营销，具体区别如下：

（1）营销主体的综合性

会展营销的主体没有统一的特点，总的来说，非常复杂，大可大到国家，小可小到某一次的会议或者是展览会，包括城市、会展的企业等都是可以作为会展营销的主体的。参与会展的不同主体各自承担的工作在深度与广度上有所不同，但进程必须保持一致，合作也必须紧密有序。

（2）营销内容的整体性

会展营销必须有全面完整的内容，包含会议或者展览场所周围的社会环境，如所在城市的治安管理情况、对于展览所带来的人流量的接待能力等，会展有哪些新意，可以给前来与会的客户提供什么样的利益或者服务，这些都是参展商是否愿意参展的重要因素。

（3）营销手段的多样性

为了取得预期的营销的成果，会展在正式举行之前都必须要采用各种各样的方式来进行宣传工作，因为会展营销的主体非常复杂，同时会展营销的内容涉及的范围非常广泛。

（4）营销对象的参与性

会展活动的主办方一般都不是专业人士，虽然展览会或者会议都是由他们来组织策划和操作的，他们对于行业内的具体细节了解的并不透彻，为了最大限度地满足参展商的要求，他们从策划之前开始就要与参展商保持联系，多多听取参展商的建议，在自身的能力范围之内尽可能地依照参展商的要求来对营销的内容进行调整。

（二）展览营销

1.展览主办者的展览营销

（1）展览项目构思

在此阶段，展览专业策划人员通常要对展览立项的原因、目的、展览项目、展示内容、时间、举办城市等方面进行构思，形成预案。

（2）市场调研与可行性研究

展览会组织者或相关人员应以项目构想为基础，对初拟的目标市场和项目基础进行市场调研，并在此基础上分析竞争者情况，分析研判展览项目的可行性，并准备好展览项目或专门会展产品的报批文件和相关材料，向相关监管机构进行报批。

（3）制订营销计划

通过市场调研及与相关的监管机构、专家学者的咨询交流，对项目构思进行分析、评估、调整和完善，制订展览活动项目即展览产品的正式营销方案，其内容包括确定展览项目的主题和展览活动的规模、确定细分目标市场和展览营销的工作内容和工作流程，根据展览项目规模对即将举办的展览活动进行经费预算和展览产品价格定位、营销渠道和促销方案制订等。

（4）实施营销计划

展览会组织者和策划者要设计出展览产品或展览项目的名称、形象标识、标志、标准色、标准字、象征图案；设计确定展览项目的视觉识别及行为识别的方案和内容；设计和建设营销网络，加强招展和招商宣传，实施营销计划，如对确定的目标市场进行宣传和促销，对展览会及展位进行预订、对已选定的各类媒介进行公关洽谈等。

（5）完善与评估营销计划

在展览营销计划的实施过程中不断收集市场反馈信息，根据实际情况对预定营销方案和营销计划进行修正和完善，确保营销目标的顺利实现并在营销计划完成后对整个展览的营销过程和营销计划进行总结评估，为今后宣传推广新的展览产品和活动提供经验借鉴。展览营销内容还包括展览主办企业形象的塑造和推广。对于展览主办企业而言，不仅要持续培育在业内具有较强号召力和影响力的品牌展览会，还要紧密依托品牌展览会来提升企业形象，保持和培育企业发展赖以存在的市场。

2. 参展企业的展览营销

（1）展前准备

参展企业展前要为参展和举办活动做好各方面的准备工作。展前准备工作通常包括以下五个方面：

①选择合适的展览会。

②制订参展计划。

③及早报名参展。

④与展览会组织者和策划者保持密切联系。

⑤通过网络公布或发放正式邀请函等手段通知公司的新老客户参展。

（2）参展期间

参展期间，企业参展人员需从以下三个方面进行展览营销：

①个性展台搭建，高效展台管理。

②积极参与展览会营销活动，开展特色促销活动，争取市场关注度。

③热情接待观众，向有兴趣的观众提供咨询答疑及营销接待服务。

（3）展览后期

展览会结束后，参展企业还应根据展览会中所收集到的客户信息，分别给予不同方式的联系和会后接洽，加强客户关系的维护与客户数据库的管理。

三、服务营销

（一）服务营销的内涵

比较服务营销和市场营销之间有哪些异同，这是知晓服务营销内在意义的第一步，它们之间的不同从本质上讲是服务与商品的一般差异。服务与商品存在以下几个方面的差异：产品形态不同；顾客参与程度不同；服务质量难以测量；服务具有实时传递性；分销渠道不同等。这些差异使得服务营销有自己很鲜明的特征。服务营销对于企业来说，既是企业营销在管理方面向更深层次发展必须具备的条件，同时也是在的市场环境下，企业具备竞争优势的必要要素。服务营销的实施使市场营销的内容更加丰富，同时也使企业的综合素质在激烈的市场竞争中得到了提高。鉴于综合服务的特殊性和市场发展形势，服务营销可以被认为是以顾客为中心提供服务，来使有偿交换得以实现的一种营销的方式，不仅使顾客的满意度得到提高，还可以和顾客之间建立相互信任的关系。

（二）服务营销的实施

随着以知识作为经济的时代的到来，人们就质量的要求是越来越高，从而对服务营销的要求也就更高。企业传统的产品营销模式已经完全不能适应现代消费者的需求，所以，只有建立以服务为导向的服务营销体系，制订与企业产品和经营方式特征相符合的服务营销的方案，有利于企业在当下残酷的市场竞争中占据一席之位。鉴于此种情况，我国的服务型企业要使服务营销得到增强，可以从以下几个方面展开：

1. 提高企业的服务意识

产品本身的性能及质量，只是消费者在购买时考虑的一个方面，其实购买者更加看重的是企业服务的质量。因此，消费者在购买商品的过程中会着重考虑企业的服务是否达到他们的心理预期值，这种考验对于企业来说是非常重要的。企业需要明白的是，服务才是真正营销的商品，而产品则是服务的"赠品"。通过这样理解，可以使企业员工的服务意识得到大大的提升。

2. 树立正确的服务营销理念

要使企业从对服务营销的错误理解中走出来，把最优质的服务提供给客户，第一步要做的就是纠正之前的服务营销理解有误的地方，建立正确的理念。服务营销的目的就是服务顾客，它贯穿于企业的生产经营活动，是售前、售中、售后的全程服务，所关注的是消费者对于服务的满意度。与其说服务营销是一种营销手段，倒不如说它是一种经营理念。由此可见，把经营的重点放在服务上，运用"以顾客为中心""以服务为导向"的经营理念，使顾客的需求从本质上得到满足，从而使企业经营的目的得以实现。

3. 服务市场的细分和差异化

服务意识是企业实施服务营销的前提，有了服务意识的企业要用具体行动进行服务营销，服务市场的细分和差异化是必要条件。为了与竞争对手区别开来同时又突出自己的优势，企业在服务的网络和内容以及形象等方面所做的一系列工作，是企业战胜对手，在服务市场的立根之本。

4. 服务的有形化

虽然提倡把服务放在首位，产品是服务的附属品，但消费者更注重的是一种看得见摸得着的东西。服务企业要投消费者之所好，充分利用服务过程中有形的成分，把只可意会感受的服务实物化，使消费者可以看得见，摸得着，切实感受到服务的存在，从而使顾客享受服务的过程得到改善。可以由三个方面来实现对服务的有形化：服务环境、服务产品以及服务提供者的有形化。

5. 服务人员培训

服务过程大多是人与人直接接触的过程，人成为决定成败的一个重要因素。服务营销依赖于高素质人才能力的发挥，这是企业取得竞争优势的重要影响因素。服务在被提供给客户享受之前是无形的，消费者对于企业的印象全部来自企业员工的态度和行为举止，所以，从某种意义上来说，服务人员的素质就是企业的形象。所以要注重对人员的培训，提高其服务质量。

四、移动互联网下的市场营销模式

（一）移动互联网概念

移动互联网，就是将移动通信和互联网结合起来，用移动通信的方式实现互联网访问及业务实现。从技术层面上讲它是以宽带 IP 为技术核心，可以同时提供语音、数据、多媒体等业务的开放式基础电信网络。从终端的定义上讲它是用户使用的上网本、笔记本电脑、智能手机等移动终端，通过移动网络获取移动通信网络服务和互联网服务。

（二）移动互联网的特点

移动互联网兼具 PC 强大的计算功能、互联网强大的联通功能、无线通信强大的移动功能。它不再受时间地点对信息传播的限制，实现了传播的随时性、随地性。人们可以利用一切碎片时间传播信息，与需要在固定地点接收信息的其他媒体相比，其信息发布与信息接收的时间非常短，基本做到即时发布、即时接收，不仅可以实时获得信息，同时也可以实时向别人传递信息。

（三）广告模式

1.APP 广告

APP 广告具有精准性、互动性、位置化、强用户黏性等特点，它能够为企业提供更具个性化、到达率的广告服务。有研究显示，新型智能手机的应用在用户手机使用总时间中的占比最大，达到 47%，而单从下载量方面衡量，中国已经成为苹果应用服务 APP Store 的全球第二大消费市场，仅次于美国，平均每一个用户在手机上已经有超过 20 款的应用程序。因此，很多品牌制造商、广告公司、移动运营商和媒体公司越来越多地转向移动媒体，以实现他们的营销和广告目标。在移动应用的广告中，品牌可以通过体验的创意，让消费者愿意点击它们，甚至它还能帮助消费者解决购买的困惑。

2. 移动搜索广告

在谷歌的"手机和智能手机的使用"的研究中显示，搜索引擎网站是移动用户访问最多的网站，大约有77%的智能手机用户会访问这类网站，社交网络、零售商网站和视频分享网站紧随其后。因此对于企业而言，过去在PC时代关注的是PC上的互联网搜索引擎是否可以找到你的品牌，如今却需要关注移动搜索上你的表现了，企业需要建立面向移动互联网的营销，确保你的网站可以通过移动搜索被用户发现，如果你的排名并没有在搜索结果第一页显示，那么你也许需要购买移动搜索广告，甚至当移动搜索者看过你的广告或产品列表后，要确保他们便于采取行动，你可以在搜索广告中提供电话号码、在主页中为用户提供一个可以发送给朋友的链接、提供可以到最近店面的地图或者短码当用户输入后可以获得更多信息

（四）营销策略

移动互联网时代给企业在营销创意上提供了无限想象空间。随着越来越多的APP开发与推广应用，让人们主动使用并卷入营销的互动中来。企业可以利用诸如位置服务、手机支付、虚拟购物等多种形式进行营销活动。

1. 位置服务

传统的计算机是固定的，即使是笔记本电脑也很少在移动过程中应用，人们想通过计算机获取信息时其位置是比较固定的。但是移动互联网时代，消费者可以随时随地获取各种信息，所以LBS即基于用户当时位置的服务成为新的营销模式，过去几年里，随着Foursquare、Mytown、Loopt和Gowalla等提供位置服务的网站崛起，以及Google推出的Lattitude这种具有位置服务的功能，LBS开始走入大众视野。因为地理位置信息的加入，在一个移动的世界中，人与智能终端其实已经融为一体，也即是人与信息融为一体、共同成为移动网络上的一个节点，这就对社会既有架构带来了变革，且每个节点之间更容易形成精准快捷的信息交互，更好更便捷地满足人们的信息需求。

（1）LBS+生活信息服务——让信息获取更方便快捷

生活信息服务一般都有一定的区域性（同城、同区、同地点），传统的生活

服务网站的信息架构为：信息类别＞同城＞同区＞同地点＞生活信息。生活服务与LBS结合可以打破传统的信息结构，自动识别地理位置，完全按地点展示信息即可。让用户获取信息更简单，更容易锁定目标。比如：你到某地去看房，当你到达此地时觉得还不错，于是打开预先安装在你手机上房屋中介提供的信息服务软件，通过手机定位功能，马上房屋中介就知道你所在的区域，并把附近有出租或者出售的房子全部列在你的手机上，包括价格、面积等，还有照片。这对于用户是非常方便的，不需要在家里就能看到信息。

（2）LBS+点评模式——建立口碑改善服务

人们去商家消费时，可以对其服务进行实时点评，并通过建立好、中和差等级或者评分制度，让其他人能更简单地理解商家服务的好坏。建立热点图，在地图上直观显示不同评价的程度，比如红色越深表示好评最多，黑色越深表示差评越多。这种评价的最大好处是及时性，人们对一件事是有一定热度的，这热度随时间变长热度逐渐下降，慢慢失去兴趣。通过手机发点评可以保持这种新鲜度，立即表达出对商家服务看法。这种基于LBS的实时评价也可以给徘徊在周围的人以消费参考。看看哪些值得去消费，哪些不值得。这种点评模式可以鞭策商家不断地提高服务质量，建立良好口碑，满足消费者需求。

（3）LBS+优惠券模式——驱动消费

此模式可以直接驱动移动中的消费者消费行为。使用者通过签到或把此信息推荐给好友等方式可获得优惠券的使用权，到商家处消费时，只要展示给商家已获得的消费券就可以得到优惠服务。

（4）LBS+酒店预订

过去酒店基本上采取的是老一套的管理方式，接受预订或等客上门。但消费者却不知道酒店目前的情况，比如有没有房间、房间的价格是多少、有没有优惠、周边情况如何等。采用LBS营销模式之后，消费者只要打开LBS就可实时看到酒店是否有剩余房间、价格是多少，还能看到附近的配套设施等，从而给消费者最直观最方便的选择。

2.移动虚拟购物与手机支付

随着电子商务新技术的快速发展移动购买将成为新的消费模式，而这种随时可实行的购买行为，也有望在今后成为电子商务新的成长点。欧洲零售业巨头乐购旗下的 HomePlus 在韩国推出了一种新型的电子虚拟商店，这种设在地铁站内的虚拟购物商店，可以提供商品的图像供顾客挑选，顾客在等地铁时可像逛实体店一样浏览并选择商品，每个商品的图片都有一个快速响应码，方形图片的编码数据是产品名称及其价格。只要打开手机的摄像头对准编码进行扫描，该项商品将自动进入网络购物车。然后顾客在跳上列车去工作前用手机进行支付。结算后超市会将所购产品按时送到家中。虚拟商店最主要的特点就是方便快捷。那些没有时间购物的白领一族，在等地铁的时候就可以利用虚拟商店购物。这种新的购物模式具有巨大的增长潜力，可以预计今后还将涌现出各种不同形式的虚拟商店。到时消费者将真真切切地感受到这种全新购物模式的好处，他们可以享受更愉快、更快捷的购物体验。

移动互联网时代，随时随地实现信息共享已经渗透到了我们工作和生活的各个方面。人们已经从过去的信息和数据的拥有者变成信息数据中的一部分，这使得企业可以通过用户的位置信息、机型、时间信息并结合用户个人习惯信息，再现用户状态、分析用户需求，为企业提供一幅轮廓清晰的消费者素描画像，帮助企业找到互动、精准营销的钥匙。今后随着各种技术和应用的不断发展未来移动互联网将会有更广阔的发展空间。

第七章 移动（新媒体）营销

第一节 移动营销概述

一、移动营销的概念与分类

移动营销指面向移动终端（手机或平板电脑）用户，在移动终端上直接向受众目标精确地传递个性化即时信息，通过与消费者的信息互动达到市场营销目标的行为。移动营销是在强大的云端服务支持下，利用移动终端获取云端营销内容，实现把个性化即时信息精确有效地传递给消费者个人，达到"一对一"的互动营销目的。移动营销是互联网营销的一部分，它融合了现代网络经济中的"网络营销"和"数据库营销"理论，亦为经典市场营销的派生，为各种营销方法中最具潜力的部分。

移动营销包括多种形式，有移动广告营销、短信营销、微博营销、微信营销、企业 APP 营销和 WAP 网站营销等。目前，移动营销正处于快速发展阶段，营销的类型、展现形式、交互形式等都伴随着无线技术与移动设备的发展，正经历着不断地创新与变革。

移动营销的模式，可以用"4I 模型"来概括，即 Individual Identification（分众识别）、Instant Message（即时信息）Interactive Communication（互动沟通）和 I（我的个性化）。

① Individual Identification（分众识别）移动营销基于手机进行一对一的沟通。由于每一部手机及其使用者的身份都具有唯一对应的关系，并且可以利用技术手段进行识别，所以能与消费者建立确切的互动关系，能够确认消费者是谁、在哪里等问题。

② Instant Message（即时信息）——移动营销传递信息的即时性，为企

业获得动态反馈和互动跟踪提供了可能。当企业对消费者的消费习惯有所觉察时，可以在消费者最有可能产生购买行为的时间发布产品信息。

③Interactive Communication(互动沟通)移动营销"一对一"的互动特性，可以使企业与消费者形成一种互动、互求、互需的关系。这种互动特性可以甄别关系营销的深度和层次，针对不同需求识别出不同的分众，使企业的营销资源有的放矢。

④I(我的个性化)——手机的属性是个性化、私人化、功能复合化和时尚化的，人们对于个性化的需求比以往任何时候都更加强烈。利用手机进行移动营销也具有强烈的个性化色彩，所传递的信息也具有鲜明的个性化。

二、新媒体环境下移动营销发展状况

产品信息日益透明，内容营销渐成主流。新媒体的广泛应用大大提高了产品信息的透明度，以往的价格竞争优势已经逐步消退，移动智能终端帮助企业实现了精准的信息分发，使其突破了时间和空间的限制，最终成功吸引特定消费群体的主动关注，达到营销目标；在数字化、碎片化的媒介环境下，移动端消费者期望获得高效、便捷的服务，企业需要采用多种媒体资源组合的形式，持续提供有价值的内容，借助内容分享满足消费者的真实需求，进而建立起消费者的信任感和依赖感，优质的营销内容能够吸引更多的流量，恰当的营销策略是将流量变现的主要方式。

移动平台广泛应用，营销方式持续丰富。作为各大企业持续深耕的重要平台，微信和微博拥有完善的营销功能，能够为企业决策提供强大的智能数据分析，当前娱乐化和多媒体化是移动营销推广的热门方向，直播平台、短视频平台和音频平台为移动端消费者创造了搜索、关注、购物、地点等多种互动场景，是企业需要努力抢占并强化的阵地，此外，自媒体平台、问答平台、百科平台、团购平台等产生的流量也不可小觑，这些平台的社交性、移动性和本地性特征也更为明显，有助于企业为消费者提供个性化和智能化的整合移动营销策略；新媒体环境下企业的营销方式日益丰富，知识营销、情感营销、口碑营销、饥饿营销等层出不穷，营销内容从单向传递转变为交互传递。不同的平台具有不同的特色，聚集着不同类型的消费者，因而在营销活动方面也存在着差异化的表现。

有效需求不断增强，节点营销成效明显。为增强新媒体传播效果，激发消费者潜在的物质需求和情感需求，各大平台推出了多种类型的节点营销策略，包括综合型促销、特定主题促销、具体品类促销等。在移动营销渠道选择方面，越来越多的企业着力加强短视频平台和直播平台的应用。充满趣味性和创意性的节点营销策略使消费者能够更加直观地理解优惠活动，进而增强其对折扣力度的感知度，多元化和差异化的促销节日已逐渐成为消费者关注的日常。消费规模逐步扩大，消费体验得到重视。企业开展移动营销的目的不仅在于打造盈利的产品，而且要使消费者产生强烈的情感共鸣以及独特的参与感和体验感。消费者期望获得具有切实价值的信息，因此企业在进行产品宣传时应贴近消费者的日常生活，结合消费者在移动终端上留下的各种信息痕迹，为其匹配适合的产品和人性化的服务。移动营销将消费者、产品和商家从线下迁移到移动终端，消费者从获取产品信息到下单购买的全过程都可以在移动终端上实现，愉悦的购物体验有助于提升消费者的活跃度，使其自觉成为企业口碑的传播者。移动营销将消费者体验上升到前所未有的高度，企业能否真正地站在消费者的角度思考问题，设身处地为消费者解决问题，将会对消费者的品牌认同感产生直接影响。

三、新媒体环境下移动营销的发展趋势

品牌营销力度进一步加强。在移动营销的发展进程中，新媒体的推广和普及使消费者与品牌的沟通方式持续发生变化，消费者由最初被动地接收品牌信息转变为主动地参与品牌之间的双向交流，企业品牌的成长将越来越依赖于移动端消费者产生的内容，一个强有力的品牌能在激烈的市场竞争中脱颖而出，很大程度上是由于目标消费者喜爱品牌并信任品牌带来的优越感。因此，企业需要不断更新消费者对品牌的已有认知，逐步消除移动营销活动中品牌宣传局限、品牌定位不清等负面影响，树立优质的品牌形象。只有通过品牌与目标消费者建立起深厚的情感联系，企业才能与其建立稳固的合作关系。

构建大数据技术核心引擎。作为企业重要的战略资源，大数据将成为移动营销领域关键的效益推动点，企业应用大数据技术能够对消费者行为做出更加科学

合理的判断，准确分析市场走向、精准匹配供求信息、消费者偏好预测、个性化推荐、页面优化等都是大数据技术应用的优势所在。常见的大数据分析与展现平台包括 Quick BI、Smartbi、火山引擎等，企业也可通过各大新媒体平台的分析工具实时获取有价值的信息。在大数据赋能下，企业需要形成数据化营销思维，根据移动端消费者的完整行为特征提炼用户画像，借助智能算法实现需求信息的自动化呈现，通过对海量数据的专业化处理，企业能够及时调整移动营销策略，进而为消费者提供更加全面的服务。

消费者自助服务模式创新。在消费者参与的互动环境下，消费者通过移动终端即可实现产品的自定义处理，企业也能够实时接收到消费者的反馈和互动，并根据其需求动向及时调整产品布局。随着移动营销的发展与大众消费习惯的改变，无人自助咖啡机、榨汁机、智能冰柜等纷纷涌现在商场、地铁站、写字楼等人流密集的场所，消费者在购买产品时需要使用移动终端进行扫码支付，整个过程中操作步骤简单，等待时间较短。作为移动营销新模式，多元化的营销渠道将有助于消费者更直观地了解和熟悉品牌，企业应充分考虑产品特性与消费者需求之间的关系，巧妙搭配满足主力消费群体需求的产品。

线上线下实现一体化融合。移动营销使消费者与企业之间的关系更加互动融合，越来越多的实体店将新媒体平台作为拓宽业务范围与增加销售量的重要工具，线上线下联动的新模式不仅突破了时空限制，有助于满足消费者的新鲜感和体验感，而且能够使企业在复杂多变的市场环境中保持健康稳定的发展。为了实现线上与线下营销活动的无缝衔接，天猫、考拉、网易严选等除了在线上构建App、直播、自媒体平台等新媒体矩阵，还在线下布局体验店、专业店、网红店等，从而为消费者提供了无界化的服务体验，充分体现了移动营销的示范导向作用。

四、新媒体环境下移动营销发展的策略建议

以内容为本，精准对接消费者消费价值。产品同质化为消费者提供了更多不确定的选择，而追求个性化和沉浸感将成为消费者的常态需求，因而移动营销的关键在于内容与关系。在内容表达方面，企业需要开展深度的市场调研，明确目标消费群体的消费价值诉求，确保产品传递的价值效用与其高度契合，只

有这样才能精准地迎合移动端消费者的价值需求，从而更好地促进消费者与新媒体平台的积极互动，通过内容驱动消费者的兴趣、接受与传播；在表达形式方面，企业需要开发优势信息资源，并通过文字、图片、音频、视频等多种方式进行集中体现，为消费者提供具有个性化的产品和定制化的服务，在恰当的时机成功地将内容转化为实质性交易。

以研发为基，构建智能服务网络系统。移动端消费者的购买行为可以发生在多样化的地理环境中，不同的环境类型以及消费者位置移动产生的环境切换均将对其实际行为产生直接影响。因此，为了在现有新媒体平台下尽可能地提高移动营销效果，企业应遵循安全、精准、简洁、有趣的原则，着力打造精致消费，借助 LBS 技术细分消费市场，实现消费者标签化和产品特色化。通过不同的移动终端，LBS 技术能够实时获取消费者的物理坐标和地理特征信息，进而大大缩短消费者的搜索时间，持续追踪和强化服务效果。

以服务为先，拓展企业移动营销渠道。作为一种跨渠道、跨流程、跨触点的营销模式，移动营销不能单纯地聚集在某一个新媒体平台，企业需要综合利用不同推广平台的优势，充分掌握各大平台积累的用户群体特征，在整体营销方案上推陈出新，在营销功能层面实现多元化，尝试从不同维度增强消费者对企业产品的认知，为消费者带来基本服务以外的惊喜和感动。例如，喜马拉雅 App 利用自身的流量优势，赋予星巴克系列产品全新的听觉体验，从而使企业发布的移动广告成功打动消费者，由此产生的裂变效应使产品销量得到显著提升。

以体验为重，打造个人专属体验机制。技术的变革必然推动营销方式的变化，新媒体时代优质的移动端体验能够促使消费者产生兴趣并进行互动，然后产生购买行为并进行分享。普及 VR/AR 技术在新媒体平台的有效运用，有助于满足消费者目标化和现代化的体验需求。此外，企业可以尝试通过视频投影技术、裸眼 3D 技术、虚拟成像技术等为潜在消费者提供基于个体信息的模拟模型，并使其能够依据自身需求改变产品或服务的试用情况，不断丰富其在移动场景中的互动体验。

第二节 移动广告营销

一、移动广告的概念与分类

移动广告是指基于无线通信技术，以移动设备为载体的一种广告形式，是移动营销的重要组成部分。

移动广告行业的主体参与者主要为广告主、移动媒体以及服务于两者的中间机构。在广告主端主要涉及移动广告的投放方式（即选择何种媒体进行投放、如何投放）、购买方式（即采用非程序化还是程序化的手段进行广告购买），在媒体端主要涉及移动广告的展现方式（即广告以何种形式展现、在何种设备上展现等）和计费方式，由此可将移动广告从不同的视角分为多种类别。目前，移动广告正处于快速发展阶段，广告的类型、展现形式、交互形式等都伴随着广告技术与移动设备的发展，正经历着不断地创新与变革。

根据不同的分类依据，移动广告可以被分成多种类别。如按广告形式分，移动广告可大致分为展示类与搜索类；按是否有激励，可分为激励广告与无激励广告；按移动媒体，可分为移动网页广告和应用内广告。

二、移动广告计费模式

①Cost Per Mille（CPM）。按每千次展示计价。CPM适用于新产品暴露的场景，适合在产品生命周期早期采用，是CPT（Cost Per Time）和CPD（Cost Per Day）方式的演化，广告形式如轮播等。

②Cost Per View（CPV）。按观看计费。这种计费模式适用于视频广告。广告主仅为完整看完广告视频的用户付费。在移动端，这种方式较有可能受到视频加载错误、缓冲失败的影响。

③Cost Per Click（CPC）。按点击计价。易于被广告主接受，适用于测试不同流量来源的点击率情况。与CPM的计费方式可相互转化。CPM=CTR（点击率）×CPC×1000。

④Cost Per Install（CPI）按实际安装计价。主要被用于应用推广，是前期获取用户的有效方式。在没有激励的情况下，下载率难以保证。但在激励条件下获得的用户，忠诚度难以评估。

⑤Cost Per Action（CPA）。按行为计价。行为可以是注册、提交表单等，类似的计费方式有CPE（Cost Per Engagement，即按互动计价，互动可以是转发、加关注等）、CPS（Cost Per Sales，按销售量计费），这是获得高质量、忠诚用户的较好方式。

三、移动广告可呈现展现形态与交互形式的多样化组合

移动广告的不同展现形式与计费模式相互组合形成了多种不同的广告产品与服务。同时由于对移动终端感应器、GPS定位等技术的应用，移动广告在不同的展现形式下又能具备多种交互形式，如电话直拨、预约登记、优惠券下载、地图导航、重力感应、SNS分享、应用下载、视频播放、音乐播放、摇一摇/吹一吹/刮一刮、增强现实等。艾瑞分析认为，移动广告的展现形式与交互形式相互组合可形成多种广告产品与体验，这一方面说明不同的展现形态能呈现不同的广告创意，给广告主带来更多丰富的选择，另一方面，移动广告形式的多样化也说明行业仍处于发展阶段，远未达到成熟。相对成熟的横幅广告、积分墙广告面临着形态的创新与变化，新颖的广告形态还未得到广告主的认可与大量使用。移动广告行业的产品形态标准未确立，使得行业市场规模化增长难度增大。

四、移动互联网广告产业模式分析

（一）广告产业环境分析

1. 互联网巨头加快布局移动互联网广告产业

对于国内移动互联网广告产业来看，移动互联网广告产业已经越来越受互联网巨头的影响，当前市场上已经有一些优秀营销案例，大都是大型企业广告主与市场应用广泛的智能移动APP合作，如NBA与新浪微博的合作，空中网与百度的战略合作，金融行业、汽车行业与网购产业如阿里的商业合作，这些大型

公司与移动互联网商业巨头的合作在一定程度上促进了各个资源的有力组合和资源配置，促进了移动互联网广告行业的产业融合。

随着阿里、百度等互联网巨头在移动互联网终端的产业布局，移动互联网广告产业成为他们下一个必争之地，移动广告产业尤其是移动互联网广告平台现在几乎都有互联网巨头的战略身影。百度移动搜索广告营收规模的扩大、移动互联网广告联盟产品的流量价值不断提升、轻应用和基于地理位置营销（LBS）产品的移动商业化路径、无线淘宝直通车、"电商墙"等产品基本都是互联网巨头的营销利器。这些互联网巨头通过高端的技术，精准的移动营销，为移动广告主"私人订制"更具创意、更深入的广告营销。

2. 短视频广告和社交平台成集中营销阵地

在传统媒体的营销中，视频广告在广告主的营销比重中占据了重要的地位，视频广告能更好的传达广告主的产品品牌信息或者广告服务，但是在当今这个"快速阅读时代"，视频广告似乎已经跟不上时代的步伐，尤其是手机端的移动广告营销，移动用户不会把自己的注意力过度集中在某一个视频上，他们往往快速浏览自己所需要或者感兴趣的东西，注意力转化的时间也越来越短，尤其是移动用户需要观看视频的时候，一般需要有WIFI的情况下才能观看，因此视频或者长视频广告营销明显不适应移动端的营销。因此短视频广告应运而生，它们往往是几秒或者十几秒，这种广告形式内容极具创意或者震撼力，往往承载的内容比长视频更加独特性和"信息感"而且短视频广告也不会因为移动用户没有WIFI而不能观看，根据国外的调研报告显示，在短视频社交平台上，更多的广告产品或服务"粉丝"会和品牌发布的内容与用户进行良性互动。

另一方面，社交平台成为移动广告主青睐的重要营销平台，例如微信朋友圈的信息流广告，新浪微博中的原生广告，这些广告展示平台通过"社交"这一法宝传递给众多移动用户。出现这个问题的原因是移动用户中的大部分年轻人在社交平台上花费的时间越来越多，并且这种信息流广告不会对用户的用户体验产生不好的影响，相反，如果该广告内容合乎移动用户的兴趣，他们往往自带评论并转发，这种自身转发有利于移动广告主产品或服务的进一步传播。

3. 移动程序化购买推动移动广告盈利模式多样化

从 20 世纪初开始，移动程序化购买进入移动互联网广告领域，不仅有效补充了传统媒介购买的不足，而且使移动互联网广告产业链条更丰富，更加国际化、规范化。移动程序化购买改变了以前传统方式的购买，以前传统的方式上的购买主要是广告主对广告媒体的购买，而程序化购买主要是对目标消费群体的购买，购买的方式主要在广告平台上进行网络购买，这样就把传统的线下购买转移到线上，购买的方式也越来越多样化，简单化，更能适应有移动端营销需求的广告主的青睐，在盈利方式也变成"长尾效应"，但是从目前来看，移动端的程序化购买还没有兴盛，购买的比例在广告主的广告份额中占的比较小，而且在程序化购买过程中如果不加以监管容易造成虚假购买和虚假数据，所在要尽早建立健全关于程序化购买广告的第三方数据监测机构，形成一个良好的运作产业链，从而推动整个移动互联网广告产业的发展。

（二）移动互联网用户分析

伴随着移动互联网广告产业的飞速发展，不论是业界还是学界，国内还是国外，对移动用户的研究成为一项越来越重要的话题。一般来说，受众指的是广告信息的接受者，广告受众的概念属于传播学的范畴，移动互联网的广告受众指的是移动广告主通过移动端进行广告信息传播的目标客户，移动用户通过移动终端接受广告营销，移动互联网广告的受众也叫移动用户，他们在一定程度上切合一般受众的概念，同时又有自己的消费方式和消费心理。

目前业内人士已经承认移动网络如智能手机、平板电脑作为"第五媒体"的存在，更多的用户普遍使用智能媒体浏览信息，据统计，2022 年截至 12 月，我国网民规模达 6.49 亿，全年共计新增网民 3117 万人。互联网普及率为 47.9%，较底提升了 2.1 个百分点，移动互联网广告受众的覆盖面要远远高于电脑 PC 端和四大传统广告投放媒体的用户数量，移动端的广告营销会越来越受广告主的青睐和欢迎，随着对移动用户点击心理和消费心理的深入探测，移动互联网广告营销会迎来发展的小高峰。

（三）移动互联网广告产业链分析

1. 传统广告产业链特点

传统媒体时代，广告活动首先从广告主的营销需求出发，通过广告代理商来选择适合本公司营销的广告媒体，通过广告媒体设计广告创意，制作广告内容，再到广告媒介平台发布广告并最终到达目标消费群体，因此这是一个线性传播过程。其中涉及到的产业链上游公司的广告主，产业链中游的广告公司，产业链下游的广告媒体、最终的路径是针对广告受众，传播结构较为简单，传播方式较为单一，受众被动的接受广告，所以属于线性传播，广告效果并不太好，与受众并没有深入互动。

2. 移动互联网广告产业链探究

从广告主的角度进行分析，移动端广告主更需要有效地去触及受众和准确分析消费需求，与移动用户进行良好的线上互动沟通交流。在移动互联网广告营销过程中，移动广告主或移动广告代理公司应该转变成为对移动用户的传统购买方式，为了发现目标受众，首先需要对移动用户进行大数据分析，再购买其满足自身需求的所浏览的移动广告位。由此看来，广告主更注意能否精准找到目标用户而不是广告出现的位置。

从移动终端媒体来看，通过广告媒介的购买方式的改变即从过去的广告代理转向如今的移动广告平台，更加方便快捷地销售自己的产品，跟以往的传统广告相比，媒体不再把产品资源推销给媒介代理商，让其去与广告主和广告代理商去进行交涉。在现如今的移动互联网时代里，媒介代理公司在整个广告交易平台的过程中逐步消退。各种各样的资源都出现了井喷现象，使得媒体拥有的资源种类数量都相继增加，变得越来越多元化。在移动程序化购买的广告产业链中，媒体库存广告的价值要想的到更大的发挥作用就要通过和品质优秀的资源进行捆绑式销售。

从移动用户角度分析，移动互联网时代发展越来越变得智能化和移动化。在虚拟的互联网络中，把具有相同喜好，行为习惯等移动受众群体聚集在一起，逐步形成"群落化"网络。新媒体通过网络，为移动用户群体归属提供了支持保障，例如微信，QQ 这些社交网站和即时通讯工具等成为了当今社会人们日常生活的不可缺少的一部分。移动互联网用户的消费心理也从碎片化向"标签化"逐步转变，这种"碎片化"一方面是由整个移动互联网产业的消费环境引起的，另一方面与新的营销技术、移动广告平台的创新也有较大的关系，碎片化渗透到社会各个角落。移动用户的大众消费心理逐步的转变为分众，直至特定群体归属的变化便是重聚的形成，同时各种各样的新技术不断地发展起来，把用户这种"移动化"表现得淋漓尽致。

（四）移动互联网广告运营模式分析

1. 移动互联网的两种盈利模式探究

随着国内移动应用开发市场日渐火爆，各色各样的移动应用越来越多，投放在移动终端上的移动互联网广告也开始丰富多彩，在移动应用市场繁荣的背后，移动广告行业的从业者及应用开发商也对目前移动端上的广告盈利模式感到焦虑。到目前为止，移动互联网广告大多采用两种方式获取盈利：一种是移动应用加增值服务，另一种盈利模式是通过在移动应用中嵌入广告。

通过免费下载积攒移动用户量是移动互联网的增值服务之一，当客户开始对应用产生依赖性时，就会有部分功能需要额外收费，但是这种方式只被更深层次需求的用户接受。通过对现在市场的调查显示，这种盈利模式对移动应用本身的要求较高，多数移动互联网广告很难实现这几点的原因很大一部分是因为他们没有足够的用户量，并且应用中的功能并不能对用户有很强的吸引力，进而无法使用户通过购买增值服务来达到其想要的需求。这也就是为什么厂商难以在这条路上得到发展的原因。

所以，另外一种模式是现在采用最多的，相对而言也比较成熟，它在移动用户在完全免费试用 APP 的过程中嵌入广告，当用户浏览和点击广告时，产生收益。这种内嵌广告比起传统媒体广告以及 PC 互联网广告更具针对性和精准性。为使移动用户视觉冲击更大，每次屏幕中最多只会显示一条广告。根据移动互联网终端的特征，应用开发者通过用户终端信息，定向投放某个区域、某些机型，甚至依据用户浏览偏好等更具针对性的用户条件筛选，尽可能地把广告呈现在潜在客户眼前，避免一些无效展示与点击。这种精确营销行为成了智能手机广告的一大特色，使得这种方式就成了大多数智能手机广告主的最佳选择。

2. 移动互联网广告的广告投放机制

移动互联网广告的运营模式一方面是对盈利方式的关注，另一方面便是广告营运过程的发展和改善。在移动互联网广告投放机制发展中我们可以很清楚地看出移动广告主、代理商和移动应用设备之间的关系网络不断的发生着变化。

在早期的移动互联网投放模式中，广告主、代理商和移动应用设备之间简单传统，现代服务业发展处于初期阶段，主要的购买投放方式还是人工完成，但是移动互联网的快速发展，广告主通过代理公司或者营销部门直接想移动媒体购买流量进行广告投放的方式已经不能满足广告主的投放需求，也不能保证移动媒体的填充率。如下图7-1。

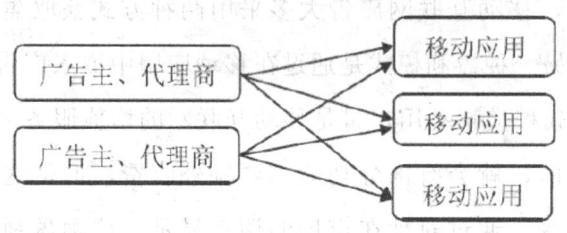

图 7-1　早期移动互联网广告的投放模式

移动互联网时代带动着移动应用设备的不断发展，移动应用不断增多，广告主、代理商和移动应用之间开始出现了移动广告网络。移动广告网络成为广告主、代理商购买投放的主体，但是，这个时期的移动广告网络较为封闭，网络之间没有密切联系，然而广告主却需要更多的宣传展示平台，于是便出现了广告主和多个移动广告网络合作的现象，与此同时，移动端又存在大量的长尾应用，这样的模式使广告的投放变得分散导致资源没必要的消耗，造成浪费。如下图7-2。

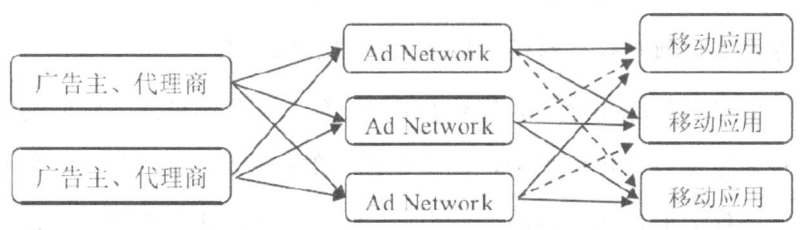

图 7-2　移动广告网络时期的广告投放模式

为了避免资源分散浪费，于是程序化的移动互联网广告投放模式开始出现在人们的视线中，在这种模式下，移动互联网广告交易平台在广告主、代理商和移动终端之间起主导作用，各大移动互联网 DSP 通过广告交易平台产生交易，各种各样的媒体资源都聚集在广告交易平台，海量的长尾流量通过这个中介平台进行交易，它对购买方式进行了程序化规整，购买方式更加科学，投放也更加精准，不仅达到了广告主的流量采购需求，而且众多的开发者也找到了新的盈利的方法。如下图 7-3。

图 7-3　程序化购买时期的广告投放模式

综上所述，移动互联网广告的投放模式不断适应着现代化移动互联网的发展，这并不意味着三种投放模式更替取代，而是相互补充。比如长尾流量大都通过移动广告交易平台进行广告投放，而对于某些优势资源，则可以直接对广告主或者移动广告网络进行广告的投放和管理，不同的情况下为广告主选取不同的方案，不但资源得到充分的利用，更能达到高效率高效益。

3. **移动互联网广告盈利模式新突破："手机屏媒"**

"手机屏煤"是被众多学者所认可的一种广告盈利模式。它们为了减少用户在等待接通电话时的焦躁烦闷，在电话接通的前后 10 秒左右，通在手机屏幕上展示各种各样的嵌入式广告的 LOGO 或者有关广告信息的个性化主题等，不但简单方便易操作，而且流量耗损极少，还有更吸引用户的一点，就是它的永久免费性。移动用户也因为这种精简化的与广告信息进行互动，逐渐在互联网上从传统的沟通模式转向移动社交应用的便捷化和实用化发展方向。

不同于其他的应用，它把企业与用户之间作为自己的盈利点，如同企业彩铃一样的营运模式，当企业和用户使用通话功能时，在这个过程里添加自己企业的相关信息，使用户在等待通话的过程中就能了解到企业的产品信息，服务内容以及企业形象等，既没有对移动用户造成困扰，也没有被移动用户当作垃圾信息处理，更重要的是，还让移动用户感受到了企业信息。这种盈利模式正是利益上的双赢：手机屏媒介入存在于移动用户和移动广告主之间的沟通优化升级空间中，不仅使企业广告有了宣传机会，而且升级了用户的体验。

手机屏媒如同灯塔般出现，为不知所措的移动 APP 开发商指明了一条发展道路，当下的移动互联网广告模式应该充分发挥应用功能本身，综合考虑移动用户、广告主和开发商之间的利益关系和产业链的健康发展，绝不能望梅止渴、自挖坟墓切断发展的后路。广大移动 APP 开发商煞费苦心地在这个新兴市场竞争时，可以开发一个自成一统的 APP 应用发展生态链，去探索自己在这个市场成功的条件。对绝大多数接受免费服务的移动用户来说，尽量减少对其打扰，移动用户也会配合浏览一些自身感兴趣的移动互联网广告。

第三节　微博营销

一、微博营销含义

微博营销是指通过微博平台为商家、个人等创造价值而执行的一种营销方式，也是指商家或个人通过微博平台发现并满足用户的各类需求的商业行为方式。微博营销以微博作为营销平台，每一个听众（粉丝）都是潜在的营销对象，企业利用更新自己的微型博客向网友传播企业信息、产品信息，树立良好的企业形象和产品形象。每天更新内容就可以跟大家交流互动，或者发布大家感兴趣的话题，这样来达到营销的目的，这样的方式就是新兴推出的微博营销。

该营销方式注重价值的传递、内容的互动、系统的布局、准确的定位，微博的火热发展也使得其营销效果尤为显著。微博营销涉及的范围包括认证、有效粉丝、朋友、话题、名博、开放平台、整体运营等。

二、微博营销特点

（一）成本

发布门槛低，成本远小于广告，效果却不差。140 个字发布信息，远比博客发布容易，对于同样效果的广告则更加经济。与传统的大众媒体（报纸，流媒体，电视等）相比受众同样广泛，前期一次投入，后期维护成本低廉。

（二）传播范围

传播效果好，速度快，覆盖广。微博信息支持各种平台，包括手机、平板等移动媒介和电脑及其他传统媒体。同时传播方式多样性，转发非常方便。利用名人效应能够使事件的传播量呈几何级放大。

（三）效果

针对性强，有效利用后期维护及反馈。微博营销是投资少见效快的一种新型的网络营销模式，其营销方式和模式可以在短期内获得最大的收益。

（四）手段使用上——多样化，人性化

从技术上，微博营销可以同时方便地利用文字、图片、视频等多种展现形式。从人性化角度上，企业品牌的微博本身就可以将自己拟人化，更具亲和力。

（五）开放性

微博几乎是什么话题都可以进行探讨，而且没有什么拘束的，微博就是要最大化地开放给客户。

（六）互动性

在微博上面，美国总统可以和平民点对点交谈，政府可以和民众一起探讨，明星可以和粉丝们互动，微博其实就是在拉近距离，及时获得对方或者客户的反馈。

（七）便捷性

信息发布便捷。一条微博，最多 140 个字，只需要简单的构思，就可以完成一条信息的发布。这点就要比博客要方便得多。毕竟构思一篇好博文，需要花费很多的时间与精力。

三、主要形式

（一）借助微博平台的营销活动

通过微博平台投放硬性广告，如网页横幅广告、推荐类广告、热门话题榜、基于搜索引擎的关联类广告等；或相对隐蔽地植入传播，如模板植入、APP 植入、微博链接植入等。这种方式主要是利用微博平台庞大的用户群体和强大的精准掌控能力，实现其良好的营销传播效果。

（二）企业或品牌官方微博传播

开通官方微博，在微博上展示自己的产品、品牌，这是最为简单、基础、直接的营销方式，同时又具营销传播系统性和深入性的操作方法。

企业微博定位专一很重要，但是专业更重要。同场竞技，只有专业才可能超越对手，持续吸引关注目光，专业是一个企业微博重要的竞争力指标。微博不是企业的装饰品，如果不能做到专业，只是流于平庸，倒不如不去建设企业微博，因为，作为一个"零距离"接触的交流平台，负面的信息与不良的用户体验很容易迅速传播开，并为企业带来不利的影响。

（三）第三方个人微博传播

微博圈中不乏拥有庞大粉丝团的草根微博红人、明星、名人或行业专家等，他们在特定领域掌握着强大话语权，时刻在潜意识中影响着数以万计的围观群众，通过他们的一个微博就可能产生巨大的蝴蝶效应。因此，借力微博圈中的意见领袖是企业实现微博营销的主要方式之一。

四、技巧

（一）注重微博个性化

微博的特点是"关系""互动"，因此，虽然是企业微博，但也切忌仅是一个官方发布消息的窗口那种冷冰冰的模式。要给人感觉像一个人，有感情，有思考，有回应，有自己的特点与个性。

一个浏览者觉得你的微博和其他微博差不多，或是别的微博可以替代你，都是不成功的。这和品牌与商品的定位一样，必须塑造个性。这样的微博具有很高的黏性，可以持续积累粉丝与专注，因为此时的你有了不可替代性与独特的魅力。

（二）注重发布的连续性

微博就像一本随时更新的电子杂志，要注重定时、定量、定向发布内容，让大家养成观看习惯。当其登录微博后，能够想着看看你的微博有什么新动态，这无疑是成功的最高境界，虽很难达到，但我们需要尽可能出现在他们面前，先成为他们思想中的一个习惯。

（三）注重互动性加强

微博的魅力在于互动，拥有一群不说话的粉丝是很危险的，因为他们慢慢会变成不看你内容的粉丝，最后更可能是离开。因此，互动性是使微博持续发展的关键。第一个应该注意的问题就是，企业宣传信息不能超过微博信息的10%，最佳比例是3%～5%。更多的信息应该融入粉丝感兴趣的内容之中。

"活动内容＋奖品＋关注（转发／评论）"的活动形式一直是微博互动的主要方式，但实质上奖品比你那个企业所想宣传的内容更吸引粉丝的眼球，相较赠送奖品，你的微博能认真回复留言，用心感受粉丝的思想，才能换取情感的认同。如果情感与"利益"（奖品）共存，那就更完美了。

（四）注重系统性布局

任何一个营销活动，想要取得持续而巨大的成功，都不能脱离了系统性，单纯当作一个点子来运作，很难持续取得成功。微博营销虽然看起来很简单，对大多企业来说效果也很有限，从而被很多企业当作可有可无的网络营销小玩意儿。其实，微博这种全新形态的互动形式，它的潜力又有多少人能看清，发挥出的作用很小的原因是你本身投入的精力与重视程度本就不高。

企业想要微博发挥更大的效果就要将其纳入整体营销规划中来，这样微博才有机会发挥更多的作用。

（五）注重准确的定位

微博粉丝众多当然是好事儿，但是，对于企业微博来说，粉丝质量更重要。因为企业微博最终的商业价值，或许就需要这些有价值的粉丝。这涉及微博定位的问题，很多企业抱怨：微博人数都过万了，可转载、留言的人很少，宣传效果不明显。这其中一个很重要的原因就是定位不准确。假设自己为玩具行业，那么就围绕一些产品目标顾客关注的相关信息来发布，吸引目标顾客的关注，而非是只考虑吸引眼球，导致吸引来的都不是潜在消费群体。在起步阶段很多企业博客陷入这个误区当中，完全以吸引大量粉丝为目的，却忽视了粉丝是否是目标消费群体这个重要问题。

（六）企业微博专业化

企业微博定位专一很重要，但是专业更重要。同场竞技，只有专业才可能超越对手，持续吸引关注目光，专业是一个企业微博重要的竞争力指标。

微博不是企业的装饰品，如果不能做到专业，只是流于平庸，倒不如不去建设企业微博，因为，作为一个"零距离"接触的交流平台，负面的信息与不良的用户体验很容易迅速传播开，并为企业带来不利的影响。

（七）注重控制的有效性

微博不会飞，但是速度却快得惊人，当极高的传播速度结合传递规模，所创造出惊人的力量有可能是正面的，也可能是负面的。因此，必须有效管控企业微博这把双刃剑。

（八）注重方法与技巧

很多把微博定位成短信，然后随笔、唠嗑。的确如此，但是对于一个企业微博来说，就不能如此。企业不是明星大牌，也不是普通百姓，企业开设微博不是为了消遣娱乐，创造企业的价值是己任。

想把企业微博变得有声有色，持续发展，单纯在内容上传递价值还不够，必须讲求一些技巧与方法。比如，微博话题的设定，表达方法就很重要。如果你的博文是提问性的，或是带有悬念的，引导粉丝思考与参与，那么浏览和回复的人自然就多，也容易给人留下印象。反之带来新闻稿一样的博文，会让粉丝想参与都无从下手。

第四节 微信营销

微信营销是网络经济时代企业或个人营销模式的一种，是伴随着微信的火热而兴起的一种网络营销方式。微信不存在距离的限制，用户注册微信后，可与周围同样注册的"朋友"形成一种联系，订阅自己所需的信息，商家通过提供用户需要的信息，推广自己的产品，从而实现点对点的营销。

微信营销主要体现在以安卓系统、苹果系统的手机或者平板电脑中的移动客户端进行的区域定位营销。商家通过微信公众平台，结合转介率微信会员管理系统展示商家微官网、微会员、微推送、微支付、微活动，已经形成了一种主流的线上线下微信互动营销方式。

一、微信营销含义

微信营销，一个新型的互联网方式应运而生，并且不少的企业和个人都从中尝到了不少的甜头，发展前景也非常值得期待，那么相对于一些传统的互联网，微信营销又有着哪些优势呢。

庞大的腾讯用户基数，据可靠的数据资料显示，在微信营销后的一年多时间内，微信的用户数量就达到了庞大的一亿，发展空间堪称恐怖。毫无疑问，微信已经成了当下最火热的互联网聊天工具，而且根据腾讯QQ的发展轨迹看，我们有理由相信微信的用户量并不仅仅限于一亿这个数量，发展空间仍然很广阔。

随着智能手机越来越普及，微信已经慢慢从高收入群体走向大众化，几年之后，或许会出现这样的一个场景，中国智能手机软件市场上微信已然成了霸主，就类似于如今电脑聊天工具中QQ的地位一样，无法撼动。

信息交流的互动性更加突出，虽然前些年火热的博客营销也有和粉丝的互动，但是并不及时，除非你能天天守在电脑面前，而微信就不一样了，微信具有很强的互动及时性，无论在哪里，只要带着手机，就能够很轻松同未来客户进行很好的互动。

能够获取更加真实的客户群，博客的粉丝中存在着太多的无关粉丝，并不能够真真实实地带来几个客户，但是微信就不一样了，微信的用户却一定是真实的、私密的、有价值的，也难怪有的媒体会这样比喻"微信1万个听众相当于新浪微博的100万粉丝"，虽然有夸张成分，但却有一定的依据性。

很多企业把微信当作移动微博，总是一味地在向客户传达信息，而没有认真关注客户的反馈。有互动功能的，也只是在微信后台设置好一些快捷回复的方案，但这种缺乏人性化的沟通方式，极大地损害了用户体验，就如同风靡一时的电子宠物无法长久流行的原因一样。当客户的咨询无法得到满意回复后，他们唯一的选择就是取消关注。而人工微信客服的核心优势，就在于实现了人与人的实时沟通，此时客户所面对的是一个个专业、服务质量优秀的客服人员，对于客户的咨询可以给出满意的回复。

二、微信营销特点

（一）点对点精准营销

微信拥有庞大的用户群，借助移动终端、天然的社交和位置定位等优势，每个信息都是可以推送的，能够让每个个体都有机会接收到这个信息，继而帮助商家实现点对点精准化营销。

（二）形式灵活多样漂流瓶

用户可以发布语音或者文字然后投入大海中，如果有其他用户"捞"到则可以展开对话，如：招商银行的"爱心漂流瓶"用户互动活动就是个典型案例。

（三）位置签名

商家可以利用"用户签名档"这个免费的广告位为自己做宣传，附近的微信用户就能看到商家的信息，如：饿的神、K5 便利店等就采用了微信签名档的营销方式。

（四）二维码

用户可以通过扫描识别二维码身份来添加朋友、关注企业账号；企业则可以设定自己品牌的二维码，用折扣和优惠来吸引用户关注，开拓 O2O 的营销模式。

（五）开放平台

通过微信开放平台，应用开发者可以接入第三方应用，还可以将应用的 LOGO 放入微信附件栏，使用户可以方便地在会话中调用第三方应用进行内容选择与分享。如，美丽说的用户可以将自己在美丽说中的内容分享到微信中，可以使一件美丽说的商品得到不断的传播，进而实现口碑营销。

（六）强关系的机遇

微信的点对点产品形态注定了其能够通过互动的形式将普通关系发展成强关系，从而产生更大的价值。通过互动的形式与用户建立联系，互动就是聊天，可以解答疑惑、可以讲故事甚至可以"卖萌"，用一切形式让企业与消费者形成朋友的关系。

三、运作

（一）模式分析

1. 草根广告式——查看附近的人

产品描述：微信中基于 LBS 的功能插件"查看附近的人"便可以使更多陌生人看到这种强制性广告。

功能模式：用户点击"查看附近的人"后，可以根据自己的地理位置查找到周围的微信用户。在这些附近的微信用户中，除了显示用户姓名等基本信息外，还会显示用户签名档的内容。所以用户可以利用这个免费的广告位为自己的产品打广告。

营销方式：营销人员在人流最旺盛的地方后台 24 小时运行微信，如果"查看附近的人"使用者足够多，这个广告效果也会随着微信用户数量的上升，可能这个简单的签名栏也许会变成移动的"黄金广告位"。

2. 品牌活动式——漂流瓶

产品描述：移植到微信上后，漂流瓶的功能基本保留了原始简单易上手的风格。

功能模式：漂流瓶有两个简单功能：①"扔一个"，用户可以选择发布语音或者文字然后投入大海中；②"捡一个"，"捞"大海中无数个用户投放的漂流瓶，"捞"到后也可以和对方展开对话但每个用户每天只有 20 次机会。

营销方式：微信官方可以对漂流瓶的参数进行更改，使得合作商家推广的活动在某一时间段内抛出的"漂流瓶"数量大增，普通用户"捞"到的频率也会增加。加上"漂流瓶"模式本身可以发送不同的文字内容甚至语音小游戏等，如果营销得当，也能产生不错的营销效果。而这种语音的模式，也让用户觉得更加真实。但是如果只是纯粹的广告语，是会引起用户反感的。

3.O2O 折扣式扫一扫

产品描述：二维码发展至今其商业用途越来越多，所以微信也就顺应潮流结合 O2O 展开商业活动。

功能模式：将二维码图案置于取景框内，就可以获得成员折扣、商家优惠抑或是一些新闻资讯。

营销方式：移动应用中加入二维码扫描这种 O2O 方式早已普及开来，坐拥上亿用户且活跃度足够高的微信，价值不言而喻。

4. 互动营销式——微信公众平台

产品描述：对于大众化媒体、明星以及企业而言，如果微信开放平台 + 朋友圈的社交分享功能的开放，已经使得微信作为一种移动互联网上不可忽视的营销渠道，那么微信公众平台的上线，则使这种营销渠道更加细化和直接。

5. 微信开店

这里的微信开店（微信商城）并非微信"精选商品"频道升级后的腾讯自营平台，而是由商户申请获得微信支付权限并开设微信店铺的平台，截至 2013 年底公众号要申请微信支付权限需要具备两个条件：第一必须是服务号；第二还需要申请微信认证，以获得微信高级接口权限。商户申请了微信支付后，才能进一步利用微信的开放资源搭建微信店铺。下面以餐饮店为例进行介绍。

（1）大小号助推加粉

很多商家在尝试做微信营销的时候都是采用小号，修改签名为广告语，然后再寻找附近的人进行推广的方式。作为一种新兴的营销方式，商家完全可以借用微信打造自己的品牌和 CRM。因此建议采用注册公众账号，在粉丝达到 500 之后申请认证的方式进行营销更有利于商家品牌的建设，也方便商家推送信息和解答消费者的疑问，更重要的是可以借此免费搭建一个订餐平台。小号则可以通过主动寻找附近的消费者来推送大号的引粉信息，以此将粉丝导入到大号中统一管理。

（2）打造品牌公众账号

注册公众账号时首先得有一个 QQ 号码，然后登录公众平台网站注册即可。

申请了公众账号之后在设置页面对公众账号的头像进行更换，建议更换为店铺的招牌或者 LOGO，大小以不变形可正常辨认为准。此外，微信用户信息填写店铺的相关介绍。回复设置的添加分为添加自动回复、用户消息回复、自定义回复三种，商家可以根据自身的需要进行添加。同时建议商家需要对每天群发的信息做一个安排表，准备好文字素材和图片素材。一般推送的信息可以是最新的菜式推荐、饮食文化、优惠打折方面的内容。粉丝的分类管理可以针对新老顾客推送不同的信息，同时也方便回复新老顾客的提问。一旦这种人性化的贴心服务受到顾客的欢迎，触发顾客使用微信分享自己的就餐体验进而形成口碑效应，对提升商家品牌的知名度和美誉度效果极佳。

（3）实体店面同步营销

店面也是充分发挥微信营销优势的重要场地。在菜单的设计中添加二维码并采用会员制或者优惠的方式，鼓励到店消费的顾客使用手机扫描。一来可以为公众账号增加精准的粉丝，二来也积累了一大批实际消费群体，对后期微信营销的顺利开展至关重要。店面能够使用到的宣传推广材料都可以附上二维码，当然也可以独立制作展架、海报、DM 传单等材料进行宣传。

（4）签到打折活动

微信营销比较常用的就是以活动的方式吸引目标消费者参与，从而达到预期的推广目的。如何根据自身情况策划一场成功的活动，前提在于商家愿不愿意为此投入一定的经费。当然，餐饮类商家借助线下店面的平台优势开展活动，所需的广告耗材成本和人力成本相对来说并不是达到不可接受的地步，相反有了缜密的计划和预算之后完全可以以小成本打造一场效果显著的活动。以签到打折活动为例，商家只需制作附有二维码和微信号的宣传海报和展架，配置专门的营销人员现场指导到店消费者使用手机扫描二维码。消费者扫描二维码并关注商家公众账号即可收到一条确认信息，在此之前商家需要提前设置好被添加自动回复。凭借信息在埋单的时候享受优惠。为防止顾客消费之后就取消关注的情况出现，商家还可以在第一条确认信息中说明后续的优惠活动，使得顾客能够持续关注并且经常光顾。

（二）销售平台

1. 功能

①商品管理，商城后台具备商品上传、分类管理、订单处理等与网上店铺都具有的设置功能。

②自动智能答复，卖家可以在系统自定义设置回复内容，当用户首次关注你的商城时，可自动发送此消息给客户，还可设置关键词回复；当用户回复指定关键词的时候，系统将自动回复相应设置好的内容，让客户第一时间收到想要的消息。

③支付功能，支持支付宝，还支持财付通及货到汇款的传统支付方式。

④促销功能，积分赠送、会员优惠等。

2. 成功因素

第一条因素：赠送其有价值有特色的服务或产品。在所有的广告当中，最强大的词就是免费，当年的360、Hotmail 都是这么做起来的。

第二条因素：如何让传播更加方便快捷。在当今社会化媒体的时代，百度分享、移动网络的分享通通要用上。必须要精简营销信息，让用户便于传播，一定要是文本格式的，才能像火一样迅速燃烧起来。

第三条因素：找到共同的动机。一定要搞清楚别人为什么要复制自己的信息，传播自己的信息能带动他人的什么欲望？一定要把营销策略搞清楚，并建立在共同的动机上面！

第四条因素：利用现有的人脉和圈子。据研究资料表明，每个人都有50个高质量的人脉可以利用，只要你喜欢社交，你的50个人脉当中又能延伸出很多个有效人脉。所以说世界是很小的。要学会把信息传播给亲朋好友，就能加快信息传播的速度。

第五条因素：提前准备相当的服务器，因为病毒营销式的背后会给你带来很多的流量，可能将挤垮你的服务器，那时候流量就白白丢失了。

第六条因素：病毒式营销要学会借刀杀人，利用别人的资源达到自己的目的。写一些新闻投稿到大型的网站上，一则新闻就能引起数百家媒体和网站的转载，并造就成千上万的读者。

（三）公众平台

1. 简介

微信公众平台是腾讯公司在微信的基础上新增的功能模块，通过这一平台，个人和企业都可以打造一个微信的公众号，并实现和特定群体的文字、图片、语音的全方位沟通、互动。

不同于微博的微信，作为纯粹的沟通工具，商家、媒体和明星与用户之间的对话是私密性的，不需要公之于众的，所以亲密度更高，完全可以做一些真正满足需求和个性化的内容推送。

随着腾讯推出微信公众平台，那么微信的营销又将怎样变化呢？

在具体说明之前，我们应该看看微信营销到底有怎样的逻辑基础。

不建议企业将微信作为销售平台，不缺渠道，开个网店再容易不过了。企业缺的是品牌，缺的是信任，如果用户不接受你的品牌，不信任你，你的销售只会让用户反感。

企业应该将微信作为品牌的根据地，要吸引更多人成为关注你的普通粉丝，再通过内容和沟通将普通粉丝转化为忠实粉丝，当粉丝认可品牌，建立信任，他自然会成为你的顾客。

营销上有一个著名的"鱼塘理论"，微信公众平台就相当于这个鱼塘。

2. 活体广告板

微信中基于 LBS 的功能插件"查看附近的人"可以使更多陌生人看到这种强制性广告。

那么，我们可以假设，如果营销人员在人流最旺盛的地方后台 24 小时运行微信，随着微信用户数量的上升，可能这个简单的签名栏会也许变成不错的移动广告位，让腾讯帮你打广告，貌似是一个不错的选择。

3. 细化营销渠道

通过一对一的关注和推送，公众平台方可以向"粉丝"推送包括新闻资讯、产品消息、最新活动等消息，甚至能够完成包括咨询、客服等功能。

可以肯定的是微信，在信息的用户推送与粉丝的 CRM 管理方面要优于微博。尤其是微信立足于移动互联网，更使得微信成为尤为重要的营销渠道。微信公众平台的 CRM 特点明显，管理上可以借鉴传统的 CRM 管理，每天实时收集反馈和回复，整理登记。

虽然有人称微信为营销利器，但是精细化、个性化、一对一的营销无疑是在增加成功率的同时也会增加成本，至于何去何从，那就要看企业的选择了。

4. 延伸的行业应用：公众账号的接口应用

随着微信的不断发展，未来延伸的地方还有很多。比如医院的微信营销。有条件的医院可以开发一个微信的接口应用，比如自助挂号、查阅电子病例等功能，把公众账号打造成工具。先让部分用户体验，养成使用习惯，最终推广开来，达到取代病患使用电话和到场办理业务的目的。

（四）人工客服

1. 介绍

当越来越多的企业开始微信营销的同时，企业会在微信账号后台设置好一些快捷回复，而人工微信客服则是实现了真正的人与人在线实时沟通、传送活动、优惠信息等。而就微信自身的特点而言，微信是一个维系老客户的重要渠道，因此微信的咨询受理成为重点。

2. 需求

微信作为一个点对点沟通的平台，是很好的客户关系维护渠道，但是很多商家只是把微信简单地当作信息推送群发工具，而消费者其实并不希望收到传单。

人工微信客服的核心优势，就在于实现了人与人的实时沟通，此时客户所面对的是专业、服务质量优秀的客服人员，对于客户的咨询可以给出满意的回复。

（五）注意事项

1. 独特的语音优势

在大街上、餐厅、公园等公众地方看见有人把手机当成对讲机用的时候，你却不知道那是微信，那么你绝对 out 了。微信不仅支持文字、图片、表情符号的传达，还支持语音发送。如果你疲惫于打字发信息，那么就可以直接通过微信发语音信息。每一个人都可以用一个手机号打造本人的一个微信的大众号，并在微信平台上完成和特定集体的文字、图片、语音的全方位交流、互动。

但同时，如果把微信当成一种营销方式的话，直接的语音信息的传达既是优势也有可能成为一大失误的地方。因为语音的发送既要求传达者声音甜美，也要求有特定知识的积累。

2. 定位功能

微信也加载了 LBS 功能，在微信的"查看附近的人"的插件中，用户可以查找本人地点地理方位邻近的微信用户。体系除了显现邻近用户的名字等基本信息外，还会显现用户签名档的内容。商家也可以运用这个免费的广告位为本人做宣传，乃至打广告。当你在某餐厅用餐的时候，突然传来朋友的微信，说附近某某商场在促销，或者附近有什么好活动正在进行，是不是感觉很好呢。

同时，微信便利的定位系统也暴露了你的具体位置，很有可能使一些不法分子有机可乘。

3. 稳定的人际关系

"有这样一种说法。微信 1 万个听众相当于新浪微博的 100 万粉丝。这种说法有点夸大，但仍然有一定代表性。在新浪微博中，无关粉丝很多，而微信的用户却一定是真实的、有价值的。"《创业家》新媒体业务负责人表示：微信关注的是人，人与人之间的交流才是这个平台的价值所在。微信基于朋友圈的营销，能够使营销转化率更高。

但微信基于隐私的保护，会使你看不见朋友的朋友与他的谈话，而"查看附近的人"这个功能会使自己的相册暴露在任何一个陌生人面前，因为没有取消可见这个功能。熟人社区和陌生人交友，这两个极端的关系链混合在一起，让朋友圈这个产品的定位变成一个艰难的决定。

4. 移动客户端

用微信的用户主要集中在安卓系统和苹果系统，都属于智能系统。以转介率科技为首的软件研发机构推出基于移动客户端安卓系统和苹果系统安装的微信营销软件，可以全国任意位置附近人自动打招呼、添加好友、添加通讯录、通讯录群发广告信息、摇一摇等智能营销功能，大大提升了企业移动营销的能力。微信从诞生的第一天起，就只有移动互联这一个方向，腾讯的技术平台能力以及腾讯在电商、团购等领域的经验也有助于其快速整合。

5. 方便的信息推送

微信大众账号可以经过后台的用户分组和地域操控，完成精准的音讯推送。一般大众账号，可以群发文字、图片、语音三个类别的内容。认证的账号则有更高的权限，不仅能推送单条图文信息，还能推送专题信息。目前，在推送的打扰方面，最新版别的推送已经悉数撤销声响提示，以便把私家信息和内容音讯区别。

值得注意的是，微信的信息推送服务难免会步微博的后尘，使用户反感繁多的垃圾信息。

四、评价

（一）优势

微信一对一的互动交流方式具有良好的互动性，精准推送信息的同时更能形成一种朋友关系。基于微信的种种优势，借助微信平台开展客户服务营销也成为继微博之后的又一新兴营销渠道。

微博的天然特性更适合品牌传播，作为一个自媒体平台，微博的传播广度和速度惊人，但是传播深度及互动深度不及微信。

1. 高到达率

营销效果很大程度上取决于信息的到达率，这也是所有营销工具最关注的地方。与手机短信群发和邮件群发被大量过滤不同，微信公众账号所群发的每一条信息都能完整无误地发送到终端手机，到达率高达100%。

2. 高曝光率

曝光率是衡量信息发布效果的另外一个指标，信息曝光率和到达率完全是两码事，与微博相比，微信信息拥有更高的曝光率。在微博营销过程中，除了少数一些技巧性非常强的文案和关注度比较高的事件被大量转发后获得较高曝光率之外，直接发布的广告微博很快就淹没在了微博滚动的动态中了，除非你是刷屏发广告或者用户刷屏看微博。

而微信是由移动即时通信工具衍生而来，天生具有很强的提醒力度，比如铃声、通知中心消息停驻、角标等，随时提醒用户收到未阅读的信息，曝光率高达100%。

3. 高接受率

正如上文提到的，微信用户已达3亿之众，微信已经成为或者超过类似手机短信和电子邮件的主流信息接收工具，其广泛和普及性成为营销的基础。君不见那些微信大号动辄数万甚至十数万粉丝？除此之外，由于公众账号的粉丝都是主动订阅而来，信息也是主动获取，完全不存在垃圾信息招致抵触的情况。

4. 高精准度

事实上，那些粉丝数量庞大且用户群体高度集中的垂直行业微信账号，才是真正炙手可热的营销资源和推广渠道。比如酒类行业知名媒体佳酿网旗下的酒水招商公众账号，拥有近万名由酒厂、酒类营销机构和酒类经销商构成的粉丝团，这些精准用户粉丝相当于一个盛大的在线糖酒会，每一个粉丝都是潜在客户。

5. 高便利性

移动终端的便利性再次增加了微信营销的高效性。相对于PC电脑而言，未来的智能手机不仅能够拥有PC电脑所能拥有的任何功能，而且携带方便，用户可以随时随地获取信息，而这会给商家的营销带来极大的方便。

（二）缺点

微信营销所基于的强关系网络，如果不顾用户的感受，强行推送各种不吸引人的广告信息，会引来用户的反感。凡事理性而为，善用微信这一时下最流行的互动工具，让商家与客户回归最真诚的人际沟通，才是微信营销真正的王道。

第五节 APP营销

一、APP营销含义

APP营销指的是应用程序营销，这里的APP就是应用程序（application）的意思。APP营销是通过特制手机、社区、SNS等平台上运行的应用程序来开展营销活动。

APP是英文application的简称，由于iPhone等智能手机的流行，APP指智能手机的第三方应用程序。

一开始APP只是作为一种第三方应用的合作形式参与到互联网商业活动中去的，随着互联网越来越开放化，APP作为一种萌生于iPhone的盈利模式开始被更多的互联网商业大亨看重，如淘宝开放平台、腾讯的微博开发平台、百度的百度应用平台都是APP思想的具体表现，一方面可以积聚各种不同类型的网络受众，另一方面借助APP平台获取流量，其中包括大众流量和定向流量。

二、APP营销特点

（一）成本低

APP营销的模式，费用相对于电视、报纸甚至是网络都要低得很多，只要开发一个适合于本品牌的应用就可以了，可能还会有一点的推广费用，而且这种营销模式和营销效果是电视、报纸和网络所不能代替的。

（二）信息全面

全面展示信息，能够刺激用户的购买欲望，移动应用能够全面展现产品的信息，让用户在没有购买产品之前就已经感受到了产品的魅力了，降低了对产品的抵抗情绪，通过对产品信息的了解刺激用户的购买欲望。

（三）品牌建设

提升品牌实力，形成竞争优势，移动应用可以提高企业的品牌形象，让用户了解品牌，进而提升品牌实力。良好的品牌实力是企业的无形资产，为企业形成竞争优势。

（四）即时性

用户可以网上订购，通过移动应用对产品信息进了解，可以及时在移动应用上下单或者是链接移动网站进行下单。顾客交流和反馈，利用手机和网络，易于开展由制造商与个别客人之间的交流。客人的喜爱与厌恶的样式、格调和品位，也容易被品牌一一掌握。这对产品大小、样式设计、定价、推广方式、服务安排等，均有重要意义。

（五）跨时空

营销的最终目的是占有市场份额。互联网具有超越时间约束和空间限制进行信息交换的特点，使得脱离时空限制达成交易成为可能，企业能有更多的时间和更多的空间进行营销，可每周 7 天每天 24 小时随时随地提供全球的营销服务。

（六）精准营销

通过可量化的精确的市场定位技术突破传统营销定位只能定性的局限，借助先进的数据库技术、网络通信技术及现代高度分散物流等手段保障和顾客的长期个性化沟通，使营销达到可度量、可调控等精准要求。摆脱了传统广告沟通的高成本束缚，使企业低成本快速增长成为可能，保持了企业和客户的密切互动沟通，从而不断满足客户个性需求，建立稳定的企业忠实顾客群，实现客户链式反应增殖，从而达到企业的长期稳定高速发展的需求。移动应用本身具有很强的实用价值，手机应用程序本身就是一种实用性很强工具，用户通过应用程序可以帮助手机用户提供生活、学习、工作，是手机的必备功能，每一款手机都或多或少有一些应用。

（七）互动性强

这种营销效果是电视、报纸和网络所不能代替的。将时下最受年轻人欢迎的手机位置化"签到"与APP互动小游戏相结合，融入各种营销活动。例如目前流行的签到类游戏，消费者接受"签到玩游戏"等任务后，通过手机在活动现场和户外广告投放地点签到，就可获得相应的勋章并赢得抽奖机会。

（八）用户黏性

APP本身具有很强的实用价值，用户通过应用程序可以帮助让手机成为一个生活、学习、工作上的好帮手，是手机的必备功能，每一款手机都或多或少的有一些应用。APP营销的黏性在于一旦用户将应用下载到手机，应用中的各类任务和趣味性的竞猜会吸引用户，形成用户黏性。

三、营销模式

不同的应用类别需要不同的模式，主要的营销模式有广告模式、APP植入模式、用户营销模式、移植营销模式和内容营销模式。

（一）广告营销

在众多的功能性应用和游戏应用中，植入广告是最基本的模式。广告主通过植入动态广告栏链接进行广告植入，当用户点击广告栏的时候就会进入指定的界面或链接，可以了解广告主详情或者是参与活动，这种模式操作简单，适用范围广，只要将广告投放到那些热门的、与自己产品受众相关的应用上就能达到良好的传播效果。

1. 推广目标

提高品牌知名度和吸引更多用户注册。

2. 流程

①获取受众，采用"铺面"+"打点"的形式，通过内容定向"铺面"和机

型定向"打点"来进行受众定位。

②吸引受众，手机上的"震撼"，高冲击动态广告栏，吸引受众眼球，引起受众好奇心理。

③转化受众，"即点击，即注册"，用户点击广告栏，进入 WAP 网站了解详情，注册参与活动，广告主实时手机用户数据。

（二）APP 植入

1.APP 植入之内容植入

现流行的"疯狂猜图"就是很好的内容植入的成功案例。该游戏融入广告品牌营销，把 Nike，IKEA 之类的品牌的作为关键词，既达到了广告宣传效果，又不影响用户玩游戏的乐趣，而且因为融入了用户的互动，广告效果更好。所以企业最好是接与自己应用用户群贴近的广告主，这样广告既能给用户创造价值，不会引起用户反感，而且点击率会比较高，因此能获得较高的收益。

2.APP 植入之道具植入

比如在人人网开发的人人餐厅这款 APP 游戏中，将伊利舒化奶作为游戏的一个道具植入其中，让消费者在游戏的同时对伊利舒化奶产品产生独特诉求认知与记忆，提升品牌或产品知名度，在消费者心中树立企业的品牌形象。同时 APP 的受众群体较多，这样的直接的道具植入有利于提升企业品牌的偏好度。

3.APP 植入之背景植入——奖励广告

在这款抢车位游戏中，一眼看去，最突出的就是 MOTO 手机广告，将 MOTO 的手机广告作为停车位的一个背景图标，给消费者无形中植入了 MOTO 的品牌形象。游戏中还提到"用 MOTO 手机车位背景，每天可得 100 金钱"，这样的奖励广告，驱使游戏玩家使用该背景，这些奖励当然是真的，但这确实是企业的广告。

（三）用户营销

用户模式的主要应用类型是网站移植类和品牌应用类，企业把符合自己定位的应用发布到应用商店内，供智能手机用户下载，用户利用这种应用可以很直观地了解企业的信息，用户是应用的使用者，手机应用成为用户的一种工具，能够为用户的生活提供便利性。这种营销模式具有很强的实验价值，让用户了解产品，增强产品信心，提升品牌美誉度。不断强化对品牌的印象，商家也可以通过该 APP 发布信息给精准的潜在客户。

相比植入广告模式，具有软性广告效应，客户在满足自己需要的同时，获取品牌信息，商品资讯。如《潮州玩家》，在给目标客户提供有用的资讯的同时，渗透自身的商品信息，并且提供订购。

从费用的角度来说，植入广告模式采用按次收费的模式，而用户参与模式则主要由客户自己投资制作 APP 实现，相比之下，首次投资较大，但无后续费用。而营销效果取决 APP 内容的策划，而非投资额的大小。

（四）移植营销

商家开发自己的产品的 APP，然后将其投放到各大应用商店以及网站上，供用户免费下载实用。该模式基本上是基于互联网上购物网站，将购物网站移植到手机上面去，用户可以随时随地浏览网站获取所需商品信息、促销信息，进行下单。这种模式相对于手机购物网站的优势是快速便捷，内容丰富，而且这类应用一般具有很多优惠措施。

四、营销策略

互联网时代的迅猛发展使移动终端用户数量剧增，智能手机平板电脑已经变成了人们工作、生活随身携带的重要物件之一，而移动 APP 应用程序以移动终端为载体，给人们的衣、食、住、行提供了极大的便利，人们已经渐渐离不开 APP，因此利用 APP 营销已经成为当下最主流的营销手段，只有合理利用相关资源才能使移动 APP 的应用得到长远的发展。APP 的营销策略主要分为以下几个方面。

（一）关注用户体验

移动 APP 营销的开展，需要围绕着用户的需求，时刻关注用户体验。企业开展 APP 营销活动，需要对企业的目标客户进行细分与定位，确定 APP 营销的目标。

企业应当及时更新用户体验，对 APP 功能进行整合，提升用户黏度。由于当前 APP 营销活动传播速度快，企业开展 APP 营销需要不断地创新，丰富用户体验，及时更新 APP 营销推广的内容。

（二）注重提高与维护用户的黏度

企业利用 APP 营销，不仅仅是通过 APP 进行品牌、产品的宣传推广，更重要的是利用移动 APP 互动的优势，维护客户关系，建立企业与客户之间的信任机制，及时沟通与传达。这种方式，可以减少用户的流失，并且维护用户对 APP 的依赖感，提高用户的黏度。

（三）选择关联度和热门高的 APP 互推

如果企业开展 APP 营销，单枪匹马在当前庞大的移动互联网中打拼，难以受到用户的关注。企业应当考虑在手机应用软件中，与企业关联度较强的 APP 或者是热门度高的 APP 中进行互推。关联度高的软件容易吸引目标客户，而热门度高的 APP 能够获得较高的点击率。企业在 APP 营销中，要考虑到用户的体验，综合考虑关联度与热门的 APP 互推。

（四）个性化精准投放

由于移动 APP 营销方式受到用户偏好的影响因素较为深远，因此，企业推出 APP 营销，需要做到个性化、精准投放。个性化体现了企业的品牌、产品优势，精准体现了营销理念准确传达到 APP 营销对象。如，当前使用地图定位与 APP 关联的软件越来越多，大众消费习惯也越来越依赖这种方式，假设用户到达陌生城市，只需要通过位置定位，即可获得餐饮、住宿、购物等信息提示，企业抓住用户需求的时机，就能够做到个性化精准投放。

（五）增强 APP 广告的创意和互动

移动 APP 具有较强的互动性，企业增强 APP 广告的创意与感染力，吸引用户对广告的关注与认同。当前，互联网信息泛滥，单一的、直白的广告宣传，反而遭到用户的反感。APP 营销的广告互动性强，能够将用户拉近企业交流，更多融入产品、品牌的宣传。

（六）将产品体验做出互动游戏

很多 APP 产品都可以将体验形式开发成小游戏，如服装可以试衣服大小和搭配颜色，饮料可以自己酿造，家居 APP 可以自定义家居布局并分享。对线下实体店来说，APP 往往不是最好的销售工具，但是能弥补线下体验的短板，通过 APP 能打通会员营销、体验与服务体系。

（七）线上线下联动

通过 APP 的二维码扫描功能可以实现与线下的活动、广告、促销等形成联动，往往是线下活动、展示，线上抽奖、派送等。这种形式可以解决线下活跃度不足的问题，吸引力也是相当大的。

第八章 社群营销

第一节 社群的构建与运营

一、社群的内涵

（一）社群的概念

社群是在社区成员之间的关系得到进一步强化的基础上形成的稳定群体。就没有地缘优势的虚拟网络社区而言，如果进化不到社群这个阶段，其生命必定不会长久。一旦社区成员的新鲜感过去，或社区不能带来价值，该社区很快就会成为"死群"，直至解散。因此，相对于社区，社群的着力点在于提供价值，例如某类技术群，定期放送计算机使用技巧、软件教程等，或者是某明星的粉丝群，能够不断地放送一些偶像的"独家私密信息"、照片等，这样才能留住成员。

（二）社群营销的优点

社群营销集宣传、推广、体验于一身，深入消费者内部，有着其他营销方式无法比拟的优势，这主要体现在以下几方面。

1. 氛围好

社群营销由于贴近消费者的生活，很容易引发消费者的共鸣，配合社区内长期的宣传推广、优惠活动等，可以显著提升消费者的购买欲望。在消费者尝试产品后，可以提供优质的售后服务，培养消费者的品牌忠诚度，甚至是培养或改变消费者的消费观念。

2. 针对性强

由于同一社区内的人们往往有着相同之处，或者相似的生活习惯、认知和消费意识等，因此社群营销有很强的针对性，可以根据产品和社区内消费者的特点进行集中重点的宣传，使营销更具穿透力和杀伤力。

3. 口碑宣传比例高

社群营销形式直接，消费者能够现场体验，可信度较高，而且消费人群密度高，为口碑扩散提供了有利条件。同时，社区内消费者有着相似的认知，相互之间有较高的信任感，这些都能使口碑宣传的效果更加明显，提高产品的转化率。

4. 培养典型消费者

社群营销的运作范围相对较小，因此可以集中有限的资源和精力向群成员做推荐，做跟踪，了解消费者的使用感受，提高产品的试用率。社群营销直接面向消费者，双方容易建立信任和情感纽带，使消费者成为产品或品牌的"粉丝"，这些消费者能够使产品在社区内的影响力迅速扩大。

5. 投入少，见效快

社群营销由于范围固定，而且主要依托于社区内的宣传媒介，因此并不需要很高的资金投入。社群营销能够直接接触消费者，了解到消费者的实际需求，省略了一切中间环节也不需要苦苦等待消费者前来，往往能够更快地取得成效。

6. 快速掌握反馈信息

社群营销能够近距离、多频次地接触到消费者，因此能够更快、更容易地掌握到消费者对于产品、价格、活动的意见建议，保证了信息的及时性和准确性。企业和商家可以根据消费者的具体需求及时调整产品策略和活动内容，改善营销方案，同时也为社群营销战略提供了可靠的信息支持。

移动互联网时代的社群营销几乎已经是企业推广的标配，它在结合网络的应用过程中也在原有的基础上有了一些新的优势。

二、社群的构建

（一）建立社群的目的

做社群绝对不可以在没有充分思考的情况下就运营，还没有想清楚到底能做什么的时候千万不要着急地去推广，在开始运营后再改变社群基调是一件十分困难的事情。一般来说，建群的常见目的有以下几种。

1. 销售产品

这类社群成立的目的是为了能够更好地售卖自己的产品。如有一个人通过建群来分享绣花经验，分享完了就可以推销其淘宝小店。这种基于经济目标维护的群反而更有可能生存下去，因为做好群员的口碑，就可以源源不断获得老用户的满意度和追加购买。

2. 拓展人脉

对于职场人士来说，构建和维护一定人脉关系十分关键，这可能是为了扩展业务关系，也可能是基于兴趣。人脉型社群尤其要明确定位，因为很容易找不到自己的圆心。每个人的需求是不同的，如果做社群找不到圆心，是非常容易失败的。

3. 提供服务

这类社群成立的目的是向群成员提供某种服务。如在线教育要组织大量的学员群进行答疑服务，还可以通过微课在线分享知识；有的企业建立社群搭建与客户之间的连接，以提供一些咨询服务。

4. 聚集兴趣

这类社群成立的目的是聚集有相同兴趣的人。这类社群可以基于各种共同爱好，如读书、学习、跑步、书法、音乐等，这类社群的主要目的是吸引一批人共同维持兴趣，构建一个共同爱好者的小圈子。尤其成长是需要同伴效应的，没有这个同伴圈，很多人就难以坚持，他们需要在一起相互打气、相互激励，很多考研群就是这样的。

5. 树立影响力

利用群的模式如果能快速裂变复制的话，可以借助这种方式更快树立影响力。因为网络缺乏一定的真实接触，这种影响力往往能让新入群的成员相信或夸大群主的能量，形成对群主的某种崇拜，然后群主通过分享干货、激励成员、组织一些有新意的挑战活动鼓励大家认同某种群体身份，最终借助群员的规模和他们的影响力去获得商业回报。

6.打造品牌

这类社群成立的目的是打造品牌。这类社群旨在和用户建立更紧密的关系，并且并非简单的交易关系，而是实现在交易之外的情感连接。社群的规模大了，传播性就可以增强，对于品牌宣传就能起到积极作用。

但需要注意的是，并不是所有品牌都适合通过建立社群的方式提升与用户的关联度，也就是说并不是所有品牌都容易和用户建立产品之外的情感连接，这决定于品牌品类以及沉淀。如消费者不会觉得用一个洗手液就代表什么生活方式，因为其功能性太强；而如手机，作为有潮流度、时尚度、高频度的产品，用户对手机的关注度极高，可以讨论的话题较多，那么，社群就可以快速建立。还有一些并没有在消费者群体中建立起口碑的品牌，也就是说这些品牌并没有品牌沉淀，构建社群是比较困难的。

（二）社群的成员结构

1.创建者

创建者，顾名思义，就是指创建社群的人。作为社群的创建者，通常会具有一些特质，如很强的专业能力、吸引人的人格魅力等。除此之外，他还要具备一定的威信，能够吸引一批人加入社群，还能对社群的定位、壮大、持续、未来成长等都有长远而且正确的考虑。比如秋叶老师正是由于其在PPT领域的影响力才聚集了其核心群的成员，后来一起做课程、建学员群也都是按照他的规划一步步实施的。

2.管理者

管理者的职责就是科学的管理社群。作为社群的管理者，需要具备良好的自我管理能力，要在群众中起到模范作用，率先遵守群规；有责任心和耐心，恪守群管职责；遇事从容淡定，顾全大局，团结友爱，决策果断；要赏罚分明，能够针对成员的行为进行评估并运用平台工具实施不同的奖惩。

相较线下管理，社群管理并不轻松，在一些环节上反而需要花费更多的时间和精力。管理的道理其实是相通的，线上还会经常遇到一些新的情况、新的问题，这就要考验社群管理者的随机应变能力。管理者还要能挖掘与培养核心社群成员，组建一个核心管理团队，遇到困难，想到一些主意，可以先放到核心群进行头脑风暴，各种天马行空的主意就像火花一样碰撞，然后再推广到普通群解决实施。

3. 参与者

社群的参与者并不一定要步调一致，参与者可以是多元化的，多元连接才能更大程度上提升社群的活跃度，从而提升参与度，建立一个生命力持久的社群，需要每一位成员的深度参与。

在参与者中，建议分成三个维度，分别是：高势能、中势能和普通势能。在比例上，高势能者占 5%，中势能者占 15%，普通势能者占 80%。从某种意义上来说，前两种角色共计 20%，但基本上决定了该群的 80% 的质量和能量，这也是遵循了二八定律。

4. 开拓者

人是社群的主体、核心和资源，必须充分发挥资源，也就是人的作用，才能真正发挥出社群的潜力。所以开拓者要能够深挖社群的潜能，在不同的平台对社群进行宣传与扩散，尤其要能在加入不同的社群后促成各种合作的达成。因此，要求开拓者具备懂连接、善交流、能谈判的特质。

5. 分化者

分化者的学习能力都很强，他们能够深刻理解社群文化，参与过社群的构建，熟悉所有细节。分化者是未来大规模社群复制时的超级种子用户，是复制社群规模的基础。

6. 合作者

社群实现持续发展的一个途径就是拓展合作者，这样可以更好地进行资源互换，不同社群间相互分享，通过跨界合作的方式也可以为双方带来好处，可以提升社群的活跃度，可以共同提升影响力，延长生命周期。在这一过程中，要求社群的合作者认同社群理念，同时具备比较匹配的资源。

7.付费者

社群的运营与维护是需要成本的，不论是时间还是物质资料，都可以看作成本的消耗。所以社群的运作离不开付费者的支持。付费的原因可以是基于某种原因的赞助、购买相关产品、社群协作的产出等。

（三）构建社群的五大要素

构建社群必然需要重视一些必要要素，为了更直观地认识和评估一个社群，从社群运营的实践过程中我们可以总结出构成完整社群的5个要素，分别为同好、结构、输出、运营和复制。

1.同好

同好是构成社群的第一要素，只有存在同好才可能形成社群。同好是对某种事物的共同认可或行为。一群人聚集起来可能是乌合之众，也可能成就一番雄图大业，最重要的是和什么人一起干什么。任何事物，没有价值就没有存在的必要，社群也是这样。可以使同类聚集在一起的原因有很多。基于某种产品，比如小米手机、锤子手机、苹果手机；基于某种行为，比如爱旅游的驴友群、爱阅读的读书交流会；基于某种标签，比如星座群、某明星的粉丝群；基于某种空间，比如某生活小区的业主群；基于某种情感，比如班级群、老乡会校友群，等等。由此可以看出，人们集聚的原因有很多。

2.结构

结构对社群的存活有决定作用。只有对社群结构做出有效规划，才能保证一个社群的长期存在并保持一定活跃度，这个结构包括组成成员、交流平台、加入原则、管理规范。这四个组成结构做得越好，社群活得越长C

（1）组成成员

发现、号召起同好抱团形成环形结构或者金字塔结构c最初的一批成员会对以后的社群产生巨大影响。

（2）交流平台

找到人之后，要有一个聚集地作为日常交流的大本营，目前常见的有QQ、微信等。

（3）加入原则

有了元老成员，也建好了平台，慢慢会有更多的人慕名而来，那么就得设立一定的筛选机制作为门槛，一来会让加入者由于加入不易而格外珍惜这个社群，二来也可以保证进群人的质量。

（4）管理规范

人越来越多，就必须有管理，不然大量的小程序、广告与灌水会让很多人选择屏蔽。所以，一要设立管理员，二要不断完善群规。

3. 输出

输出是构建社群的要素，它决定了社群的价值。保持社群生命力的一个重要指标就是保持有价值内容的持续输出。

在一个社群刚刚成立的时候，通常都会有一定的活跃度，但是如果不能实现有价值内容的持续输出，活跃度就会逐渐下降，慢慢地就沦为广告群或者隐形群。没有足够价值的社群迟早会成为"鸡肋"，群员和群主就会选择退群或者解散群。也有一些人会再去加入一个新的"好"群或选择创建一个新群。还有一种情况是群员并不退群，继续留在这个群里，他会看一看这个群能不能给他带来价值，如果观察一段时间以后，发现这个群完全不能给他带来想要的东西，他就会在里面捣乱，因为他已经不在乎会不会被踢出这个群，发些广告也许还能拿回一点沉没的时间成本。因此，想要构建高质量社群就必须为群成员提供稳定的服务输出，也就是要为成员加入和留在社群提供一定价值。

4. 运营

运营是决定社群寿命的关键性构成要素。只有科学有效的运营管理才能保证社群有比较长的生命周期，通常来说，运营要建立"四感"。

第一，仪式感。比如，加入要通过申请、入群要接受群规、行为要接受奖惩等，以此保证社群规范。

第二，参与感。比如，通过有组织的讨论、分享等，以此保证群内有话说、有事做、有收获的社群质量。

第三，组织感。比如，通过对某主题事物的分工、协作、执行等，以此保证社群战斗力。

第四，归属感。比如，通过线上线下的互助、活动等，以此保证社群凝聚力。

一个社群通过科学运营，切实打造社群的"四感"，从而加强了社群的凝聚力和战斗力，当然会有效地延长社群的生命周期。

5. 复制

复制是决定社群规模的要素。由于社群的核心是价值认同和情感归宿，那么社群越大，情感分裂的可能性就越大，能够做到规模巨大还能情感趋同的，好像只有宗教了。对于社群的"复制"要素，需要思考两个重要问题。

第一，判断是否需要通过复制扩大社群规模。对于社群存在一个常见性误区，认为没有几万人的社群并不能称为社群。其实，经过前面四个维度考验的群，完全可以称为社群了，小而美也是一种存在方式，而且大多活得还比较久。在构建社群时应该思考一下，如果进入一个人数规模庞大的社群，是不是会屏蔽消息，因为遴选信息的成本高，人员相互认知成本高。与此相反，小圈子里，人员较少，大家相对话题集中，所以小圈子里人人都容易活跃起来。从QQ群、微信群等社群的大数据中发现，90%的用户在不足20个人的小群里活跃。人人都想组建人多的大社群，但是许多大社群却非常不活跃，人人都在小圈子里活跃。因此，要以社群的成长阶段作为基础，思考是否要通过复制实现社群规模的扩大，每个社群都有一定的成长周期，应该根据阶段不同而控制扩大节奏。

第二，判断是否有能力维护大规模的社群。通过复制扩大社群规模是一件需要经过深思熟虑才能决定的事情，急于扩大规模却没有考虑自身的实际能力，反而会造成不好的结果。扩大规模时必须充分考虑社群的综合人力、精力、物力、财力等，之后再做出扩大与否的决定。

三、社群活跃度的维持方法

（一）充分发挥社群的领袖作用

保持社群活跃度的一个重要核心是社群领袖，社群领袖一般具有极强的煽动力，具有活跃组内成员参与社群的作用。对于企业和商家，最关键的就是如何能够有效动员社群领袖为自己服务。当然，作为信息的发起者和源头，企业和商家要掌握发动社群领袖的基本原则——明确传递信息、坚定立场、反复强调以及进行传染性传播。在数字化社群中，我们接触的信息实在是太多了。将某一信息植入大脑中是非常不容易的，而要想实现这一目标，传播的信息就必须做到简单而有力量。

对于商家而言，抱着尝试的态度往往会引起不好的结果，必须在信息输出前明确输出的核心内容；但是也不能过于复杂，当前人们的生活节奏都很快，并没有时间听你长篇大论，一定要抓准最重要的输出核心，点到为止。

（二）确定好的社群主题

主题的设定会直接影响社群的活跃度，它是群体成员进行互动的共同指向。主题通常可以划分为普遍性主题和小众主题。好的主题首先要考虑社群成员的需求；其次则是提出者对该主题的熟悉程度。主题本身没有优劣好坏之分，它的评判标准在于是否能够激发社群成员的参与热情，提高活跃度。抛出问题、活动策划都有可能成为好主题。由于参与成本低、问题针对性强、反应效率高，通常是蜕变为好主题的最佳材料。例如，知乎每周都会发布本周知乎热词，还会发布年度最热话题。

（三）增加社群的专业分享

专业分享，是社群信息的有效更新。在社群里，信息可以没有很多，但如果每天推送即时有效信息，该社群的生命力就不会弱。

输入和输出是社群的必要构成要素，其中输入决定了社群输出的质量和成效。只有优质的输入才能为社群带来有效的输出，两者才可能形成互补的闭环结构，维持社群的生命力。专业分享本身类似于闭环结构，它既属于输入，也属于输出。对于社群管理者来说，专业分享是为了诱导社群成员输入各自的知识和见解；对于社群成员来说，专业分享是切磋、交流，是在学习了社群分享的专业知识后一起讨论、共同进步的输出。无论专业分享由何方发出，都会对双方产生巨大影响。

第二节 社群运营团队建设

一、科学合理地扩大运营团队

（一）对形势进行正确的判断

1. 行业趋势

随着社区的成长，必然需要企业壮大自己的小运营团队，而这需要通过理性判断，看清当前形势。这就要求企业充分掌握以下问题。

①判断自身的成长阶段，是处于成长期、壮年期还是夕阳期。

②如果是成长期，需要考虑迎接风口需要哪些准备？这个风口是不是一定会到来？如果到来，团队该怎么运营？如果长时

间不到来，团队该怎么运营？

③如果是壮年期，存在红利，那红利周期大概会是多久？自己是否可以抓住红利？可以利用的资源有哪些？如果抓住困难，那团队要做哪些努力才能追上？

④如果是夕阳期，寿命大概有多久？能否转型？如果需要转型，该做哪些准备？

当然，除了以上问题外企业还需要综合其他情况，而判断自身的成长阶段，选择合适策略是扩大团队的基础。

2. 竞争对手

企业在壮大自身的社群营销团队时，要时刻关注竞争对手的动向，具体包括以下几个方面。

①确定自己的实际主要竞争对手有多少有哪些，以及自己的潜在竞争对手有多少有哪些。

②了解自己的主要竞争对手的主要情况，与自己相比是处于强势还是弱势，要对其进行具体分析。

③掌握竞争对手的优势和劣势，并弄清可以学习借鉴甚至复制创新的部分。

④预测竞争对手的未来发展方向，判断其与自身发展方向是否一致。

3.核心能力

企业必须明确自身的自己核心竞争力。并且还要判断自己能否凭借核心竞争力占据市场并且迅速发展起来。

（二）学会适当放权

对于运营团队管理来说，放权是一件十分重要的事情，但是一些管理者即使知道如此却不懂放权，主要原因有以下三点。

第一，本能厌恶。人本能对风险的厌恶。放权后，可能因为其他人办事不妥当，反而惹出更多事让你善后，甚至错过机会或者降低效率。那么，很多人就不想冒这个风险，也担不起这个机会成本。

第二，替代成本。有些关键职能短期内换人无法替代，有些关键性的职能岗位，替代成本高，短期内也很难找到高度匹配的人。

第三，没有章法。也就是不知道哪些能放权和该怎么放权。

随着团队的壮大，需要处理的问题也会随之增多，管理者会越来越觉得力不从心，而这就要求管理者必须学会正确的放权。权力越大，需要处理的事情越多，而管理者的时间却是恒定的，要求也就越高。抓大放小、学会放权是管理者进化路上的必修课。因此，要从小权开始放，逐步增强群员的办事能力。对于正确授权，需要注意以下几个方面。

1.明确授权对象

在准备授权时，首先要确定给什么样的人授权，根据对象相关的时、事、地、因等条件的不同采取相应的方法、范围、权限大小等。在社群运营的过程中，事物都有不同的"合适"的人，未必就是最"资深"的那个人。为一个任务选择一个合适的人，要比改造一个原本就选错的人容易得多。因为所指定的被授权人，如果经验多但对于该项任务不擅长或意愿不高，未必就会比经验尚浅但有心学习而跃跃欲试的人适合。

2. 确定授权内容

团队管理者需要明确需要授权的内容。从实际运营工作中衡量，只要是分散核心成员精力的事务工作以及因人因事而产生的机动权力都可以考虑下授。即当社群核心成员列出每天自己要花时间做的事，根据"不可取代性"以及"重要性"，删去"非自己做不可"的事项，剩下的就是"可授权事项清单"了。

3. 不能重复授权

管理者在授权时，必须保证内容的明确具体，重复授权、内容模糊都是不可取的。例如，派给 A 一个关于社群调查的任务，随后又把同样的任务交给了 B，这样就造成 A、B 之间的猜疑，各自怀疑自己的能力不行，于是积极性也因此下降。

有时候可能在无意间发生重复授权，因为社群运营并不像企业那样层层严格，有时难免是在口头上的授权，但团队成员就会在语意不明确的情况下，都以为这是交给自己的任务，于是就会出现双头马车的现象，造成团队资源的浪费，甚至引起核心成员之间的不团结，所以一定要注意。

4. 授权时要对对方保持信任

既然决定授权，管理者就必须对被授权人有足够的信任，这样才会使被授权者充满信心，不会使团队成员丧失动力。缺乏信任，往往会降低工作效率，甚至产生反抗、厌烦等不良的抵触情绪。正所谓"用人不疑，疑人不用"，信任具有强大的激励效应，能够比较好地满足团队成员内心的热情，因信任而自信，工作积极性骤增。

5. 授权和授责同时进行

运营团队管理者，需要将权力和责任一起授权给执行人。如果只有权利而没有责任，可能会出现滥用权利的现象，增加社群团队管理的难度。而如果只有责任而没有权利，则不利于激发工作热情，即使处理职责范围内的问题也需不断请示，这势必造成压抑情绪。

6. 有控制和反馈

授权不是不加监控的授权，在授权的同时应附以一些适当的控制与反馈措施，掌握进展信息，选择积极的反馈方式，对偏离目标的行为要及时进行引导和纠正，这样才能使授权发挥更好的作用。

（三）重视成本和营收

必须重视营收，即使一个社群并没有商业化运营也是如此。对于公益性社群来说，同样需要考虑持续的现金流营收，长期依靠非持续性的赞助或者志愿者贴补很难坚持下去。

如果一个社群开始商业化的运营，就更应该重视营收状况了。发展得越好，越想做大做强，资金需求的缺口可能性就越大。

二、留住团队的优秀人才

（一）社群核心团队成员流失的主要因素

每个社群都有自己的核心成员，他们是社群的管理者和运营者。核心成员熟悉社群的流程和制度，是社群运营日常工作的参与者，维系社群的正常运转，他们参与程度高，对社群的归属感、成就感会比普通成员更强，对社群贡献大，他们的存在是社群良性发展的重要条件。但核心团队成员离开社群仍然会贯穿社群发展的整个时期。核心团队成员出走有以下几大常见的原因。

1. 缺乏认同感

当前有很多社群成立之初并不是以公司的形式运营，这就导致它们面临经费有限甚至没有经费运营的情况，通常会采用志愿者模式或兼职打赏模式，核心团队成员付出和收获比例落差大。

社群管理者如果没有科学合理地管理社群，没有找准社群定位和发展方向，一味地让人埋头干活，既没有让他们在社群中得到应有的回报，也没有重视他们在社群中的价值，当出现了其他的发展平台，同样的时间，同样的精力，他们预期自己会有更大的回报，那么离开也是意料之中的事了。

2. 工作量过大

当一个社群刚形成时，各种机制并不健全，这个从 0 到 1 的建设过程需要社群核心成员投入大量的时间和精力，也就是说会为他们带来较大的工作负担。

当社群形成规模后，机构庞大，沟通变得更为复杂，各方的合作和事务的数量也会跟着增加。如果没有合理的平衡，高强度的工作会影响到核心团队成员的日常生活，引发核心团队成员的不满，很容易造成人员流失。

3. 心理逃离

社群中有一部分人在社群发展初期势头很足，能够挑起社群中的大任，但是在社群发展的过程中，有时会失去后劲，没有跟上社群发展的脚步，无法在社群中继续找到自己的位置。

核心成员如果对自己的期望很高，社群对他们的期待也很高，那么自己的发展停滞很可能导致他们出现一定心理落差，就会开始对自己的能力产生怀疑，开始质疑自己，对无法再回馈社群而产生逃避，会加速他们离开社群的步伐。

4. 存在外界诱惑

经过社群发展活跃期后，整个社群的活力下降，用户黏性变弱，平台开始走下坡路，核心团队成员看不到社群的未来。觉得继续留着也无力回天，只能另寻出路。或者社群自身力量过于弱小，遇到有其他更有资源的社群来挖墙脚，就直接人往高处走，离开原有的社群。

5. 缺乏凝聚力

人是社群的主体，社群是由不同的个体组成的，某一领域或不同领域的出色人才聚合在一起就会产生化学反应。如果团队缺乏凝聚力，而是存在不停的争论，那么团队便不是团队，而只是一盘散沙。工作氛围差，彼此不理解、不沟通、不包容，会耗尽核心团队成员的精力和时间，还有继续留在社群的耐心。

（二）留住社群核心成员的方法

一个社群如果在运营流程建设、内部沟通文化、团队组织分工、运营绩效评定、商业收益转化几个维度做好工作，社群核心成员有畅快的工作心情、有默契的工作氛围、有合理的工作回报、有可控的投入时间，那么愿意坚持下来的概率就大大增加。因此，在社群在运营过程中，应该重点关注以下工作。

1. 不断完善社群运营流程

实现工作的标准化，这样可以使核心成员花费更少的时间和精力在一些运营琐事上，提升运营效率。例如，秋叶 PPT 团队，一直强化社群核心成员工作事务的标准化，一开始，课程开发，内容运营，产品推广和客户服务都集中在两个人身上，随着社群规模成 10 倍增加，就需要细致总结一些工作的方法，变成可以标准化操作的流程，这样就可以把一些非核心业务外包给社群成员完成，这样既可以解放核心成员的精力，也可以控制运营工作的质量，这个运营标准化梳理工作会一直伴随着社群的扩大而不断持续进化。

2. 追求小而精的运营规模

对于管理而言，最重要的是将正确的人放在正确的位置，实现管理人员的合理分工，尽量让成员做自己擅长的事情，对于社群运营来说也是如此。但要特别注意的是，社群核心成员并不需要全部扎堆在一起，都在一个群或加入全部在线聊天群，这样会给核心群员极大的信息过载负担，容易引起疲劳，所以更提倡"核心群 + 多讨论组"运营模式。

3. 设置有弹性的组织架构

目前有很多社群的核心团队成员是以兼职或志愿者的形式参与社社群运营工作的，当这些成员面临较大的学习或本职工作压力时就只能选择退出运营团队。如果采用弹性的组织架构，本职工作忙的时候就在社群组织架构的休息区，不忙的时候就在组织架构的高速运转区，这样就能让成员有一个回旋的余地，而不是一忙起来就只能选择离开。

例如，BetterMe 大本营社群就建立了有弹性的组织架构，整体上可以分为 3 个部分，即 CPU、咖啡厅、实习区。一般核心成员都在 CPU 里，但是如果核心成员在现实生活中有段时间特别忙，就可以申请到咖啡厅休息一段时间，等忙过了这一阵再申请调回 CPU，这样既保证了社群持续有节奏地运转，也让暂时没时间投入社群工作的核心团队成员能有退路。

4. 建立紧密的情感联系

社群核心团队成员经常在一起，彼此熟悉后知道对方的生日，鼓励大家互相通过网络祝福、发红包等方式，逐步建立社群核心成员的情感联系。另外当社群核心成员遇到困难时，要及时发现，私下沟通，发动社群资源帮助其解决困难，有些事情你一个人面对是困境，但是一群人和你一起面对就有很多新的解决办法了。

如在秋叶 PPT 团队中，如果有核心社群成员在毕业求职上遇到困难，那么秋叶老师就会尽量为他们寻找内推机会，为他们联系可能的企业，或者在企业咨询社群成员能力时提供详细的推荐，所有的情感连接都建立在关注对方真正的关切点之上。

5. 及时清理团队成员

管理者必须给予社群核心成员足够的信任和尊重，只有这样才能真正调动核心人员发挥自己的主观能动性，增强在社群的参与感。但是对于加入社群后开始表现积极，但是并没有真正认同社群核心价值观的人，或者加入社群更多是为谋取个人名利，链接个人需求的人，要及时清理，因为留下一个不同频的人，就是伤害大部分志同道合的人，及时清理不同频的人，把内部矛盾从源头上肃清，使社群保持一致的价值观，反而能提高团队的含金量。

但是一些成员被清理出群后，会因为自身的负面情绪而在外面散布一些谣言，以自己曾经是社群内部人员的身份发布一些不实信息，这可能会一时迷惑一些旁观者，但无伤大雅。因为总的来看，这样的谣言的存在反而会刺激社群内部核心成员的凝聚力，把工作做得更好，核心团队要用好的工作进行反击，而不是用言论去回击情绪。

6. 构建科学的回报机制

核心成员作为社群的一员，希望从社团中寻求一定回报，因此要为社群的核心成员制定一个清晰的未来发展规划，让他们不断有机会去学习，进行自我提升，能让其获得技能、专业知识和管理能力等方面的提升。

社群成立初期，需要通过提高成就感的方式留住核心成员，精神上的回报要高于物质回报，要让核心人员觉得自己的存在是有必要的，他所做的事情是有价值的，而且在组织里能够找到自己的定位，产生归属感。

社团运营比较成熟后，核心成员开始深度参与社群运营，他们会见证社群的成长，这时候社群对于他们来说就不仅仅是一个平台，更像是互相陪伴的朋友和自己完成的作品。只要建立了深厚感情，就不会轻易割舍，他们对社群会付出情感。

7.提升社群的品牌影响力

想要获得持续发展，社群就必须创设并不断提升自身平台的品牌影响力，这样会自然而然地留住社群的核心成员，因为离开该平台反而会使他们失去一些发展和连接的机会。努力运营好社群，不断让社群可以连接更高能量的资源和平台，反而能让核心团队成员慎重考虑自己每一次的决定，从而保持社群健康发展的节奏。

成长的团队会使成员更想留下，在一个成长的团队中，成员也会不断成长。一些社群中会集聚一大群人才，每个人都各有所长，每个人每天都在逐渐变强大，连在里面潜水都能学到很多东西，核心成员们就会很珍惜留在里面的机会。

第三节 社群营销的实现途径

一、社群营销的注意事项

（一）制定整体性规划

社群营销相对来说，是一个具有完整性的系统，从前期进行的市场调查、产品选择，到中期的具体方案策划、活动开展，再到后期的跟踪反馈、修正改善，所进行的每一步都需要企业或商家提前进行一个全面、系统的规划。如果毫无计划性，那么社群营销就很难取得好的效果。

（二）做到持之以恒

通常来看，许多企业和商家在做社群营销时总是过于的急功近利，迫切追求达到一种轰动效应，希望能够"一口吃成个大胖子"。虽然社群营销在快速启动局部市场方面的确具备一定的优势，但是这并不意味着仅仅通过举办一次活动，几篇引流的文案，几天的推广就一定能够取得较为显著的成效。

其实，进行社群营销的门槛是相对较低的，但是，由于它的营销手法简单直接，所以从一定程度上来说，很容易被竞争对手模仿跟进。如果只是将社群营销作为一种短期行为，"打一枪换一个地方"，没能坚持到培养起消费者的品牌忠诚度前就放弃，市场就会很快被竞争对手侵蚀，最终前功尽弃。

（三）明确社群营销推广的目的性

在正式开展社群营销之前，必须要先建立一个非常明确的目标，确定开展这次活动的具体目的仅仅是为了做宣传推广，使知名度得到一定的提高，还是要使销售额得到一个直接的提升，或者是两者兼顾。这些都是要提前进行设想和明确规划的。只有对最终的目的性进行明确，才能合理制订相关具有针对性的活动方案，让活动的计划执行顺利，让活动的执行过程变得"有的放矢"，使社群营销的效果得到最大化。

（四）明确产品及企业的特性

通常而言，有些产品在做社群营销时能够立即取得立竿见影的效果，销量飞速地提升，而有些产品却看的人多买的人少，销量停滞不前。之所以能够造成这种差别，可能不是营销活动的优劣或者组织人员的能力水平，而归根到底是产品的特性所决定的。

所以，根据产品自身具有的特性，企业和商家在进行社群营销时，需要做出全面的判断，不能仅从现场销量就判断活动的有效性，还要结合产品的特性。销量高，并不代表活动方案完美无缺，销量低，也不代表活动完全没有效果。

（五）切忌单打独斗

互联网时代，跨界已经不再是一个崭新的名词，比如锤子手机的成功就是一个很好的证明。所以，企业在进行开展具体的社群营销时，也要有确切的跨界思维。那些认为只要建立一个类型的社群，然后笼络住这部分用户，就可以获得社群营销成果的人想法过于简单。

对于企业而言，只依赖一个大社群，那么很难获得长期的营销成果，因为在这个多元化的互联网世界中，社群也应该是具有多元化的。虽然互联网社群是以价值观聚合而成的，但是社群与社群之间并非一种封闭性的存在，而是一个相互融合的状态。

因此，如果一个企业不进行跨界合作，不懂得社群之间的相互通融，仅仅靠单打独斗是很难长久生存下去的。企业不仅要注重社群之间的相互融合，与不同社群之间的合作也是有很大必要的。

二、社群营销的具体步骤

（一）定位

1. 目标客户定位

社群营销需要做好目标客户的定位、需要进行一一的分析。并不是从每一个客户那里都能够赚钱，仔细分析目前的客户，可以发现很多客户是不赚钱的，而且还会伴随一定的麻烦，所以第一个关键就是要选对有购买力、有消费需求的客户，定制好客户标准。

2. 主打产品定位

很多公司都希望把自己的每一个产品推广到极致，但是，处于移动互联网的时代，这种做法只会加速失败的进程。一个主要的原因在于目前很多产品存在同质化过于严重的问题，消费者不知道我们的产品究竟具有什么特色。

这就需要针对一个产品进行主推，把这个主推产品打造到一种极致，做到让用户刮目相看。传统的大而全的产品推广方式已经难以适应当下的情形，就像诺基亚的手机品牌非常多，但是最终被苹果公司的一款机型打败了。

（二）运营

1.学会先付出

进行社群运营，就要学会先付出。任何一个人决定购买产品的时候，都只是一个具体的行为，而在行为背后一定是有一个情感做具体支撑的，我们需要找到这个具体的支撑点，围绕这个支撑点找到一种我们可以为顾客免费提供服务的机会，通过免费降低顾客与我们接触的成本，进一步提高我们与顾客之间的信任度，增进与顾客之间紧密的联系，这样一来，就不再是一种传统的生硬销售。

2.互动

传统的销售，过于单一，没有贴心的服务，这样只会让顾客感觉自己和企业心里的距离都很遥远，不够贴心，而造成这个情况的主要原因是没有正确的沟通方式，但是移动互联网时代下，手机、微信、QQ、微博等可以让我们直接面对终端客户，不断听取来自他们的意见，让顾客感觉到企业不再离自己很遥远。

（三）推广进行推广的时候要找到适合自己的推广渠道。

"社群营销"最终要的就是通过社交媒体进行具体的营销。目前，通常的社交媒体就是微信、微博、QQ等。这些渠道每一种都有自己的特点。

通常来讲，我们就是通过这些渠道不断分享对目标客户有帮助的知识加上频繁的互动，不断加强我们与目标客户的联系，了解客户的实际需求，最终实现销售。

三、社群营销的方法

（一）意见领袖是基本动力

社群不同于粉丝经济，过度的依赖个人，但是它依旧需要一个意见领袖对其进行相关引导，而且这个领袖不能随便找人充当，必须是某一领域的专家或者权威人士，这样才能进一步推动社群成员之间的互动、交流，进而树立起社群成员对企业的信任感，从而传递有用的价值。

（二）优质的产品是关键

无论是处在工业时代，还是在移动互联网的时代，产品都是销售的一个核心所在。如今，企业做社群营销的关键依旧是围绕产品进行，如果没有一个有创意、有卖点的产品，那么再好的营销策略也得不到消费者的青睐。

（三）提供优质的服务

企业通过进行社群营销，可以在一定程度上提供实体产品或某种具体的服务，从而满足社群个体的具体需求。

提供服务是社群中一种最普遍的行为，比如得到某种服务、进入某个群得到某位专家提供的咨询服务、招收会员等，能够吸引不少人群的注意力。

（四）选对开展方式

社群营销的开展方式并不是单一的，而是多种多样的。比如，企业自己通过建立社群，做好线上、线下的交流活动；与目标客户进行合作，支持或赞助社群进行活动；与部分社群领袖合作开展一些相关的活动。

总之，企业必须在开展社群营销方面多下功夫，才能达到良好的社群营销效果。

（五）宣传到位

一旦具有好的产品，接下来就要看企业以什么样的方式来展现出来，这显得尤为重要。

在这个移动互联网时代，社群营销可谓是一种再好不过的选择了，这种社群成员之间的口碑传播，就像一条锁链一样，环环相套，有着较强的信任感，比较容易扩散且能量巨大。只要社群的宣传有成效，会为企业带来可观的利润收益。

四、社群营销常用的营销技巧

（一）情感营销

情感营销，主要指将消费者个人的情感差异和需求作为营销的具体核心，通过情感广告、情感口碑、情感包装、情感促销、情感设计等策略进行营销，从而激起消费者的情感需求，进一步诱导消费者心灵上的共鸣，寓情感于营销之中，最终实现企业的经营目标。

采用情感营销之所以有效，首先是因为对于消费者而言，很多时候，消费者购买商品时所看重的并不是数量多少、质量好坏以及价钱高低，而是为了得到一种心理上的认同和感情上的满足；其次，则是因为相比于不断以各种说服教育、比较强硬地催促用户购买产品来说，情感营销是用更加温柔的情感，更加细腻的言语，使用户主动要求购买产品。

此外，通过情感营销，获得的消费用户，往往都是有效的用户，甚至可能是铁杆粉丝，这些用户一般与社群的黏性比较强，更容易产生反复购买的行为，因此，在提高消费量方面更加有效。

要想使情感营销能够成功进行，就需要用户对于社群的价值观有明确的认可，或者迎合一部分用户的价值观，如文化、个性化、品位、笑点、痛点等。具体如下。

1. 文化

用情感进行营销就需要对文化适当地借助，而文化主要源于情感。随着消费观念的不断变化和消费水平的逐步提高，人们购买商品不单为了满足生活的基本需求，还需要获得精神上的享受，对产品的需要不仅停留在功能多、结实耐用上，更需求消费的档次和品位，要求产品能给人以美感和遐想，即"文化味"要浓，最好能集实用、装饰、情感、艺术、欣赏于一体。这就进一步要求商品应该拥有精神内涵和文化底蕴，归根结底就是要求商品要有一定的情感因素在其中，从而进一步刺激消费者的购买欲望。

例如，杜康酒因为"杜康"而闻名。杜康相传是黄帝的一位大臣，因为善于酿酒，号称"酒祖"。杜康的大名对于中国用户来说，相对比较容易形成品牌效应，信任杜康酒，甚至认为杜康酒应该会"名不虚传"。并且，杜康所带来的丰饶的文化底蕴，也具有十分丰富的宣传价值。

2. 个性化

一件产品有时候除了能够给人们提供一种物质利益，还能充分满足心理需求的精神利益。精神利益可以使消费者找到感情的寄托、心灵的归宿，用当代人最流行的一句话来说，可以叫作"花钱买感觉"。对于以90后、00后为主流的消费者群体来说，个性化往往是一个重要的消费因素，人们更多时候会因为彰显个性而去消费。

例如，万宝路就曾以美国西部牛仔作为其个性的表现形象，以充满原始西部风情的画面衬托着矫健的奔马、粗犷的牛仔，充分地突出了男子汉放荡不羁、坚韧不拔的性格而尽显硬汉本色。其中，正好反映了人们一种厌倦紧张忙碌、枯燥乏味的都市生活，希望能达到对世俗尘嚣的某种排遣和解脱，怀念并试图获取那种无拘无束、自由自在的情感补偿。

3. 时尚和浪漫

时尚与浪漫这两者永远不缺少追随者。例如，当人们走进肯德基、麦当劳的时候，也许觉得它本身的味道并不怎么样，或者价格太贵，但是即便如此也没有拒绝肯德基、麦当劳。那是因为，肯德基和麦当劳作为一种时髦的消费地点，使人们从中得到的更多的是来自心理上的满足。

无论是哪个时代，都会有一部分人站在时尚的最前列，引领时尚的风向标，并且他们自身具有很强的感染力和传播力。这部分人利用对于文化及社会风俗的新潮流具有敏锐的感知能力和接受能力，吸引追求时尚的人跟随其中，从而形成一种消费潮流。

例如，世界著名十大香水品牌之一的Poison（毒药）由法国克里斯汀迪奥公司推出。对于有猎奇心理的新潮女性来说，这个神秘、脱俗，甚至有点吓人的名字本身就带有着一种无穷的诱惑力。另外，该公司的另一品牌香水Dune（沙丘），与沙丘相关联的瞬间、回忆、梦等便会吸引众多浪漫多情的女士和男士。

4.品位和艺术

一般而言，品位和艺术总会意味着具体的格调与阶级。知乎曾有一个想要成为贵族的必备条件的问题， 位知乎网友给出的答案比较好：在一代又一代高品质的生活中产生的一种高品位和艺术敏感度，往往是贵族的必备条件之一。用户在进一步消费产品的时候，有时往往不只是产品本身，还在于其所具有的一种品位、情调和艺术性，这些看似无形，但在有些情况下，很可能就是一种无价之宝。

如瑞典"纯粹伏特加"最初曾因价格过于昂贵、造型非常丑陋、斟酒费劲、没有品位等原因强烈引起美国消费者的反感，销路不是很顺畅。后来，经过商家在品位上大做文章，从感性上寻求一定的突破，不惜重金聘请了优秀的摄影师、画家在酒瓶上创立了一幅富有感染力、诱惑力和审美价值的印刷广告，通过质朴的画面、精湛的艺术，塑造了一个自信、神秘、高雅、智慧的品牌形象，赋予消费者一种自信、自如、高雅的感觉。这样不仅使该酒的品位和艺术形象得到了有效的提高，还使之成为美国消费者借以显示身份和地位的一种名酒，在很大程度上满足了那些追求品位的高消费者的情感需求。

5.特殊事件

特殊事件，主要指代的是一种具有深刻的社会影响力，并受到社会广泛关注和跟踪的一些具体热点事件。这些事件，往往针对人们心中的笑点、泪点、痛点等进行激发，从而引起情感层面的波动。情感营销经常会使用到的特殊事件有社会事件、历史事件、节日等。

情感是一种极其微妙的东西，如果社群想要通过情感诉求去打动消费者的心，那么首先就得了解当前消费者最关注的点，掌握什么容易触动消费者的心弦。在此基础上，结合新闻、热点、引人注目的社会动态等进行情感的诉求，这样会比较容易引起消费者的注意和感情触动。

（二）奖励营销

奖励营销，具体是指在用户接受营销信息的同时还可以获得相应的奖励。通常包括购物奖励、推荐奖励及将营销信息附加在赠品上的营销方式等。

1.购物奖励

购物奖励指在购买产品的同时，可以有机会获得一些额外的奖励。例如，一款火热的游戏《地下城与勇士》（DNF）官网就推出了相应的幸运购物活动，玩家只要在商城里购买任意一种道具，就可以在购买成功的弹窗里获得相应幸运购物活动的抽奖机会，这种奖励比较实用，如无期限普通、高级、稀有装扮兑换券。

2.推荐奖励

推荐奖励，通常是指在推荐其他用户进行参与活动的同时，自身还可以获得一定量的提成。这种奖励方式，比较常用于一些投资、金融理财方面。如积金汇采取推荐提成活动，推荐好友投资，即可获得好友投资的提成，享有两级高收益提成，另外可获得一级客户投资收益的10%和二级客户投资收益的2%作为提成；成功推荐有效投资用户，按照推荐人数奖励现金。

3.将营销信息附加在赠品上

将营销信息附加在赠品上的这种营销方式，其中最典型的就是手机流量奖励营销，即向用户赠送手机流量的同时，附着上想要宣传的产品信息。如凯迪拉克就通过利用流量对新款凯迪拉克 ATS-L 进行宣传。与购物奖励相比较而言，将营销信息附加在赠品上的营销方式，更具有一定的优越性。"购物奖励"一般都需要面临范围较小、传播有限、奖励众口难调的局限性。而将营销信息附加在赠品上的营销方式则不同，它的覆盖面相对较广，活动周期也比较长，并且手机流量一般都是大众需要的东西，因此，不会出现有众口难调的相关问题。

（三）内容营销

内容营销主要在于打造内容性的产品，让产品成为社交的具体诱因。一般来说，内容营销从产品端开始就要做足功夫，最大程度为产品注入"内容基因"，打造全新的"内容性产品"，从而形成一种自营销模式，使产品具有独特的风格。

通常来看，"内容性产品"主要包括有以下三个明显的特点，分别是：一是赋予目标用户一种较为强烈的身份标签，使他们在一定程度上具有社群归属感和认同感；二是用户在进一步选择购买该产品时，已经产生了某种情绪共鸣，能够理解并且接受产品自带的相关内容；三是当内容植入产品，产品成为一种实体化的社交工具。当用户使用该社交工具时，首先会和产品产生最直接的第一次互动，然后会与同样适用该产品的用户，碰撞出各种故事。

1.好内容应该是具有一定的相关性的，要与特定群体的具体需要和期望具有高度的关联性

如 Nike 跑步广告片——Last，向最后一名马拉松运动员致敬。该广告的视频主要是以马拉松为主题，大致讲述了这样一个场景：一场马拉松比赛即将结束的时候，工作人员已经开始清理现场，但是，仍有一个参赛的女孩，虽然落在了最后，但是没有放弃，仍在坚持跑步。

2.内容应被易于进行阅读和理解

用户看社群的相关宣传视频、文字、海报，并不是为了做脑筋急转弯，去反衬社群运营者的聪明。用户之所以愿意花时间去看的一个前提，是该内容易于进行阅读，能够在短时间内抓住主题和重点。因此，好的内容应该有着明确的主题、并且内容通俗易懂。

当然，进行明确指导的前提就是为了能够为相应的产品做一定程度的宣传。

3.视觉上能够吸引人的内容，能够在第一时间内得到来自用户的关注

网络空间具有的灵活性，促使营销者们在视觉上也是煞费苦心。如通过采用富有一定冲击力的图像。号称视觉营销利器的 Cinemagraph，或许可以为内容营销增添一定的光彩。Cinemagraph 是介于视频和图像之间的一种新形态 GIF 图片，它可以将数张静态画面组合在一起成为一张 GIF 的动态画面，除了局部能够进行持续变化之外，图像的其余部分都是一个静止的状态。它可以向观者展示静止时空的魔法，能够让凝固的画面与变动的画面进行交相呼应，从而突出想表达和表现的主题。

再有就是以丰富的表情符号，进一步来带给用户一种视觉冲击力。如 Emoji 表情。荷兰宜家出品的一套 IKEA Emoji 比较有特色，一是洞察一些家常话。IKEA Emoji 是一个比日常语言更加能进行传递爱与理解的语言工具，能减少伴侣之间的言语摩擦；二是这款宜家出品的 Emoji，有一系列大家耳熟能详的宜家产品，例如宜家餐厅的瑞典肉丸，从而很巧妙地运用表情实现营销。

4.好内容具有一种良好的互动性，从而成为一种与用户的真实对话

内容营销绝对不是一种单向的内容灌输，而应该是双向的互动交流，从而成为一种与用户的真实对话。例如GE的"Emoji科学实验"就是GE号召粉丝们在Snapchat上发送一个自己最喜欢的Emoji，GE用科学实验的方式，将该Emoji生动的演绎出来，并制作成短视频送给粉丝。例如一个粉丝最喜欢"心碎"的Emoji，GE就发给他以下实验：在圆柱形玻璃瓶中放置小苏打和醋酸溶液，并在瓶口处套一个爱心型气球，不停摇晃瓶身，小苏打和醋酸溶液发生化学反应后，产生的二氧化碳气体越来越多，让爱心气球膨胀，最后爆炸了。

第九章 大数据营销

第一节 大数据的价值和机遇

一、大数据的价值

（一）形成商业营销模式

1. 租售数据模式

这种商业模式是指，将广泛收集、精心过滤、时效性强的数据进行出租或售卖，从中获得利润。根据不同的销售对象，可以将这种租售数据模式分为客户增值服务和客户数据有偿提供。第一种是对购买商品或服务的消费者提供附加的数据服务，例如消费者购买导航仪，同时可以得到导航仪公司提供的即时交通信息服务；第二种是指一些公司将客户信息提供给第三方，并从中收取费用，例如证券交易所就属于这种租售数据模式，把股票交易行情数据授权给一些做行情软件的公司。

2. 数字媒体模式

这个模式具有极为丰沃的土壤，全球广告市场空间是 5000 亿美元，在这样的背景下数字媒体企业更易发展和成长。这类企业在数据方面的核心价值是获取实时的海量数据，企业通过数据处理技术对这些数据进行深度分析，利用经过处理的信息进行精准营销和信息聚合。对于当前的全球市场来说，数字媒体行业是十分生机盎然的行业，也是很好地体现了大数据价值的一个行业。

3. 租售信息模式

租售的信息是经过加工的数据集合，这些信息还具有一定的行业特征。在不同的行业和领域一般会出现一个或几个租售信息的霸主企业。信息需要将某一行业的大量数据进行广泛收集，之后对这些数据进行深度整合处理，最后将有价值的信息进行提取集合。

4. 数据使能模式

这类业务依仗于海量数据以及科学有效的数据分析技术。目前有很多企业都通过数据分析技术提供这类业务，例如阿里金融提供的小额信贷业务，就是通过强大的数据分析能力为企业提供贷款服务的。这类金融服务的原理是，通过对企业的交易数据和财务数据进行在线分析，根据结果计算可以提供给这些企业的贷款金额以及时间等，通过数据分析技术，可以将贷款风险降到最低。

5. 大数据技术提供商

在所有的数据中，非结构化数据是结构化数据的 5 倍以上，所以各个领域都需要提供相应的数据处理提供商。随着目前图像、语音、视频、语义领域对数据处理技术的需求，这些技术提供企业都会进入快速成长阶段。

6. 数据空间运营模式

传统的互联网数据中心（IDC）就是这种运营模式，许多互联网企业都提供这项服务。随着全球企业注意到了大数据带来的巨大商机，各家企业都开始利用各项技术和资源抢占大数据市场，例如 Dropbox、微盘、百度云盘都属于这种运营模式。对于这类公司来说，随着大数据与数据处理技术的不断发展，可以成长为数据聚合平台，其获取利益的方式也会变得不再单一。

（二）创造新业务与服务

大数据带来的经济效益不只是体现在目前现有的行业和领域中，在开发新业务的方面其蕴含着极大价值。下面通过几个实例对大数据在新领域中的作用进行阐述。

1. 健康领域

美国旧金山的 SeeChange 公司应用大数据技术建立了一套新的健康保险模式。公司可以通过技术支持对客户的个人健康记录、医疗报销记录以及药店的数据进行分析，通过分析结果判断客户是否是慢性病的易感人群，以此为基础判断是否可以向客户推荐定制化的康复套餐。同时，以大数据技术为基础公司还设计了健康计划，鼓励客户完成健康计划中的内容，对于完成相应活动的客户会予以奖励。

2. 能源行业

美国一家软件运营公司 Opower，通过数据技术提高消费用电的能效。Opower 与多家电力公司合作，收集并分析客户的家庭用电情况，将统计和分析结果按照报告的模式提供给客户，客户可以通过报告得知自家用电在整个区域或全美类似家庭所处位置，通过这种排位和对比的方式帮助客户更好地理解自己的用电情况，以此鼓励他们采取节电活动。

3. 零售领域

创业公司 Retention Science 设计了一个电子平台，并向电子商务公司提供服务，电子商务公司可以通过平台的数据分析功能加强用户黏性或是进行市场策略设计。这一平台是具有自学功能的，可以通过使用算法和统计模型来设计优化用户黏性的策略。这个平台会实时收集并分析相关客户数据，保证分析结果具有时效性，这样实时动态的分析预测可以为商家提供较为精准的促销策略。

可以看出，大数据的出现的确为我们带来了很多机会，这也正是它的意义和价值所在。不论是对已有的业务和领域，还是对新业务和领域的开发，大数据都帮我们打开新的局面，帮助我们更好地为客户提供更科学、更具个性化的产品和服务。

（三）开发新的客户

企业不仅可以用数据来挖掘存量用户的价值，还可以通过数据来更高效地获得新用户。

1. 社交网络信息挖掘

通过社交网络信息的挖掘，可以让企业取得共赢的结果。如银行和航空公司可以从用户的微博信息中，发现他们是否正在考虑换银行或订机票的需求。企业可以从自然语言中抓取类似于"有人可以推荐房屋贷款的银行吗？""去XX最便宜的机票在哪里订？"等信息，并通过回复这样的问题，推送给用户友好的产品／机票信息，既满足了用户的需求，也一并获得了市场的回报。

2.实时竞拍数字广告

使用新的数据技术，如中国的Uniqlick公司正在数字广告行业中探索新的商业模式。通过了解互联网用户在网络的搜索、浏览等行为，这些公司可以为广告主提供最有可能对其商品感兴趣的用户群，从而进行精准营销；更长期的趋势是，将广告投放给最有可能购买的用户群。这样的做法对于广告主来说，可以获得更高的转换率，而对于发布广告的网站来说，也提高了广告位的价值。

二、大数据给营销带来的机遇

（一）挖掘大数据的营销价值

企业在运行与经营中，到处都充满了各种数据，尤其是在当今这个时代，海量数据充斥在我们周围。不论在金融、医疗、零售、餐饮、制造还是其他行业，数据都是以几何级进行增长的。在这种海量数据中，有许多机遇与挑战。

大数据为各个行业带来了全新的机遇，对未来的发展方向进行展望，可以看出大数据在所有领域的重要地位。并且有调查表明，应用大数据技术的企业与没有应用大数据技术的企业相比，其未来的财务状况会有很大差别。在目前这个大背景下，企业应该对大数据技术的应用，开始着手尝试或是进行完善，建立和完善系统详细的、具有可实行性的方案进行大数据管理。

大数据本身蕴含着丰富的商业价值，无论是在什么领域、什么平台，都可以利用大数据获取相应的利益。目前的微博、微信、淘宝等，都有十分庞大的用户流量，这一庞大的数据蕴含着极大的商业价值。对于目前的企业来说，最大的问题就是如何将这些大数据加以运用，如何将商业价值挖掘出来并充分利用。

1.分析消费者的行为特征

在全渠道零售模式下，消费者在进行购物活动时会留下相关数据，商家可以通过对消费者的购物数据进行收集和分析，掌握消费者的消费习惯和偏好，这很大程度上为商家进行具有针对性的营销提供了基础。尤其是在当前这个时间碎片化、需求多样化的时代，具有针对性的营销是商家提高销售的关键。同时，这些信息还可以帮助商家提高消费者黏性，避免或减少消费者的流失。

例如，1号店会通过大数据技术对消费者数据进行挖掘和分析，以此了解消费者状况，避免或减少消费者的流失，如果发现一些有流失趋势的消费者会采取相应的刺激手段，以此挽留消费者。根据消费者填写的个人信息，还会在其生日时发送祝福信息，加深消费者对消费平台的印象。

2. 实现个性化精准推送信息

传统的市场营销缺乏针对性，开展营销活动时面向的一般都是广大群众，其中有目标客户，但也有很大部分不是目标客户，这就导致营销效率低，还会造成广告投入费用的浪费。而在大数据技术的支持下，市场营销会变得更具针对性，对消费者消费数据的分析就是商家进行营销的开始。通过对消费者数据的整理和分析，可以精准地对消费者的潜在需求进行判断，根据这个判断向消费者个性化地推送营销信息，实现精准营销。

现在很多商家和购物平台都具有大数据分析能力，可以根据消费者购买偏好和习惯进行个性化的信息推送，这不仅方便了消费者，同时可以实现更高效率的产品营销。

3. 有利于改善消费者体验

消费者会在自媒体平台对其购买的商品或服务进行评价，商家可以收集并分析这些数据，通过分析结果了解消费者的诉求和愿望，根据这些诉求商家可以对自己的产品和服务进行改进和升级，以便促成更好的用户体验，这样可以提高老顾客的黏性，同时还可以吸引新的消费者。

"三只松鼠"拥有一套基于互联网技术的大数据系统，这个系统可以帮助企业对客户评价进行关键词筛选。通过对关键词筛选分析，企业可以对客户的诉求更加明确，以此为基础进行产品和服务的改进可以有效地改善用户体验。例如，不论是对产品的口味、口感，还是产品的包装和物流等方面，都可以通过数据挖掘和分析制定改进策略，从而改善消费者体验。

4. 预测趋势，为企业提供决策支持

大数据分析可以帮助企业对社会、经济和市场等方面的发展趋势做出预测，根据预测结果企业可以更为科学、合理地进行决策。

大数据的预测能力是很精准的，所以商家可以利用该技术预测市场，在此技术上推出新产品。基于消费者消费需求，符合市场未来发展状况的商品，很大程度上保证了销量。意识到大数据技术在商品前景预测方面的能力后，很多商家都开始利用大数据分析进行预测再决定商品推出。

影视领域也可以利用大数据分析技术，例如，影视剧《纸牌屋》就利用了大数据分析来编写剧情走向。制作组通过对观众观看影片时的进度调停、放时间来判断观众对内容的喜好厌恶，在这个数据分析的基础上编写和优化剧本，以此保证收视率。

亚马逊通过大数据分析进行预测实现了"预判发货"，这是基于大数据挖掘和分析才得以实现的一项技术。"预判发货"是指在消费者还未下单时，就将消费者可能购买的商品进行打包并寄出，商品可能会直接寄给消费者，或者寄到离消费者最近的仓库中，这样可以大大缩短消费者获得商品的时间。这种技术的实质是通过大数据的挖掘和分析，对消费者行为进行预测，将发货过程交给"算法"处理，实现大数据处理的智能化。

5. 监测和防范品牌危机，维护品牌形象

互联网具有自由度高、开放度大的特点，人们可以在互联网上自由地发表个人观点，互联网上的信息是公开透明的，并且信息的传播速度也很快，这就导致所有信息都可以在很短的时间内大范围地传播开来。在这种情况下，企业应该对品牌形象和口碑进行监控，防止一些负面消息在网络上肆意蔓延，品牌形象是维持品牌生命的重要环节，所以一定要对其加以重视。

通过大数据技术对网上有关企业的信息进行实时监控，发现不良信息及时采取相应的公关措施，防止信息传播，将损失降到最低，同时可以及时发现数据来源并进行跟踪，可以找到消息的源头和关键节点。为了品牌的生命，通过大数据技术对品牌口碑和形象进行维护是必不可少的。

6. 监测竞争对手的行为

知己知彼百战不殆，在激烈的市场竞争中，想要长期生存下去，不仅需要对自身不断地改进提高，还要对竞争对手进行充分了解。企业会对市场中的竞争企业的动向进行追踪和了解，通过数据分析判断对方的战略，从而对自己的战略方针进行制定和调整。通过互联网可以获取海量数据，这就为企业利用大数据技术分析对方企业的行为提供了基础，可以帮助企业更好地在竞争中生存。

（二）大数据已进入 5G 时代

1G 是指第一代移动通信技术，随着移动通信技术的飞速发展，中国早已经正式进入 5G 时代，即第五代移动通信技术时代。每个发展阶段的移动通信技术都具有不同的特征。

1. 1G 模拟蜂窝网络

第一代移动通信技术使用了多重蜂窝基站，允许用户在通话期间自由移动并在相邻基站之间无缝传输通话。

2. 2G 数字网络

第二代移动通信技术区别于前一代，使用了数字传输取代模拟，并提高了电话寻找网络的效率。这一时期手机用户数量急速增长，预付费电话流行。这一时期短信功能首先在 GSM 平台应用，后来扩展到所有手机制式。铃声等付费内容成为新的利润增长点。全世界最流行的移动通信标准制式。由于内部兼容，国际漫游变得更容易。全球 2G 网络中 80% 为 GSM 制式，覆盖 212 个国家／地区的 30 亿人口。

3. 3G 高速 P 数据网络

第三代移动通信技术的最大特点是在数据传输中使用分组交换取代了电路交换。几年前，用于在计算机上访问移动互联网的 USB 加密狗问世。电路交换使手机与手机之间进行语音等数据传输；分组交换则将语音等转换为数字格式，通过互联网进行包括语音、视频和其它多媒体内容在内的数据包传输。

4.4G 全 P 数据网络

到第四代 4G 时代，电路交换将完全消失。所有语音通话将通过数字转换，以 VoIP 形式进行。因此在 4G 网络进行通话，将可以依靠有线或无线网络而不一定需要移动信号覆盖。4G 是 TD-LTE 网络。国家工信部网刚刚正式发放 4G 牌照。4G 目前来说是所有网络中最快的，理论上下行峰值能达到 100Mbps。

5.5G 无线网络

5G 网络作为第五代移动通信网络，其峰值理论传输速度可达每秒数十 Gb，这比 4G 网络的传输速度快数百倍，整部超高画质电影可在 1 秒之内下载完成。5G 网络的主要目标是让终端用户始终处于联网状态。5G 网络将来支持的设备远远不止是智能手机，它还要支持智能手表、健身腕带、智能家庭设备如鸟巢式室内恒温器等。5G 网络将是 4G 网络的真正升级版，它的基本要求并不同于今天的无线网络。

移动通信技术的发展使得人们开启了全新的上网体验，网速的大幅提升，提高了人们的上网体验，随之而来的还有各类全新的应用和服务。5G 时代为人们的移动互联网活动带来了更广阔的想象空间，新型应用也相继而来。

第一，网络基础设施的建设会加快，进一步推进信息高速公路的建设，与之相关的通信设备厂商之间的竞争也会发生改变，呈现出全新的竞争格局。

第二，促进终端设备市场的发展，推动其采购和销售。随着终端设备市场的发展，可以推动该行业进军国际 5G 市场。

第三，5G 业务开展后，电信运营会得到一定的助力，有助于运营商转型创新。

第四，随着 5G 网络的搭建和不断完善，还有不断发展的 5G 业务和应用相继开发，手机用户将越来越多使用移动互联网，大范围地将移动互联网代替电脑终端互联网的使用，这就直接促进了用户对建移动流量和数字内容的消费。

5G 技术有助于大数据的采集和传输，数据的规模也会不断增加，这就会推进大数据存储、计算和分析技术的革新。而这些方方面面的变化也带来了大数据产业链上的商机，大数据技术行业也会越来越繁荣。

第二节 价值数据的挖掘

随着互联网和数字技术的飞速发展，数据已经成为了当今社会最重要的资源之一。然而，数据本身并没有任何意义，只有经过数据分析之后才能成为可以被利用的价值信息。数据分析是一个庞大而复杂的领域，既包括数据收集、存储和处理，也包括数据清洗、挖掘和可视化等多个环节。

一、数据挖掘的定义

数据挖掘就是从大量的、不完全的、有噪声的、模糊的、随机的实际应用数据中，提取隐含在其中但又是潜在有用的信息和知识的过程。与数据挖掘含义相似的词有数据融合、数据分析和决策支持等。该定义包括以下几层含义：

第一，数据源必须是真实的、大量的、含噪声的。

第二，发现的是用户感兴趣的知识。

第三，发现的知识要可接受、可理解、可运用。

第四，并不要求发现放之四海皆准的知识，仅支持特定的发现问题。

这里有必要对知识进行讲解。从广义上理解，数据、信息也是知识的表现形式，但是人们更把概念、规则、模式、规律和约束等看作知识，把数据看作形成知识的源泉，好像从矿石中采矿或淘金一样。

原始数据可以是结构化的，如关系数据库中的数据；也可以是半结构化的，如文本、图形和图像数据；甚至是分布在网络上的异构型数据。发现知识的方法可以是数学的，也可以是非数学的；可以是演绎的，也可以是归纳的。发现的知识可以被用于信息管理、查询优化、决策支持和过程控制等，还可以用于数据自身的维护。

因此来看，数据挖掘是一门交叉学科、它把人们对数据的应用从低层次的简单查询，提升到从数据中挖掘知识，提供决策支持。在这种需求牵引下，汇聚了不同领域的研究者，尤其是数据库技术、人工智能技术、数理统计、可视化技术、并行计算等方面的学者和工程技术人员，一并投身到数据挖掘这一新兴的研究领域，形成新的技术热点。

二、数据挖掘的过程

数据挖掘是数据库知识发现中的一个重要步骤，这是指通过算法在大量数据中搜索有效信息的过程。数据挖掘需要对每个数据进行分析，并通过分析探索其中的规律，是一项十分重要的数据技术。

数据的挖掘过程是指对所得到的经过转换的数据进行挖掘，其一般流程如表9-1所示。

表 9-1　数据挖掘过程的流程

挖掘步骤	具体内容
第一步：建模	在建模阶段，可以选择一个或几个模型进行测试，并确定最佳数值。一般情况下，同一类的数据挖掘可以使用相同的模型技术。有些时候，一些技术在数据形成上有特殊要求，因此需要经常跳回到数据准备阶段。
第二步：评估	经过模型建立阶段，应该已经建立了一个高质量显示的模型。在这个阶段，需要对建立好的模型进行评估，检查构造模型的步骤，确保模型可以完成业务目标。通过详细认真的模型评估，检测是否有被遗忘的部分没有进行充分考虑。经过这个阶段后，一个数据挖掘结果使用的决定必须达成。
第三步：部署	经过模型的创建和评估不意味着项目结束，最后还要进行部署。模型的作用是从数据中找到信息，获得的信息需要以便于用户使用的方式重新组织和展现。根据不同要求，在这个阶段可以生成简单的报告，或者是实现一个复杂的挖掘过程。同时，数据部署很多时候都是通过顾客进行的。

商家想要创造最大的价值，就需要把握客户生命周期中的不同阶段中的不同事件。数据挖掘技术就可以帮助商家更好地处理客户关系，可以在争取客户、维护客户关系、保持或是创造更多客户价值等，通过数据挖掘对客户关系进行管理是十分有效的。

三、挖掘数据的价值

（一）数据收集和存储

数据分析的第一步是收集和存储数据。数据可以来自于多个渠道，如社交媒体、互联网搜索、传感器、机器学习模型等等。不同的数据源具有不同的特点和质量，需要针对不同的数据源采用不同的方法进行数据收集和清洗。与此同时，在存储数据时需要考虑到数据的性质，如数据的类型、大小、格式、访问频率等等因素，以保证数据在后续的分析中可以被有效地利用。目前，数据存储的主流方式包括传统的关系型数据库和新兴的非关系型数据库。

（二）数据清洗

由于数据采集的不同来源、采集方式和存储方式等因素，数据中常常包含许多杂乱无章的信息，如缺失值、异常值、重复值等等。这些错误数据会影响后续的数据分析结果，因此数据清洗是数据分析过程中不可或缺的一步。数据清洗需要针对不同的数据类型和特点采用不同的方法进行，如使用统计方法、机器学习算法等等。在数据清洗过程中，需要保留尽可能多的信息，同时确保数据的准确性和可靠性。

（三）数据挖掘

数据挖掘是数据分析的重要环节之一，是从海量数据中发掘出有用的信息和模式。数据挖掘涉及到多个任务，如分类、聚类、关联规则挖掘、异常检测等等。数据挖掘需要用到多种算法和方法，如决策树、神经网络、支持向量机等等。在数据挖掘过程中，需要对数据进行预处理，选择合适的算法和模型，以及评估模型的性能等等。

（四）数据可视化

数据可视化是将分析结果以图形的形式呈现出来，使得人类可以更加直观、轻松地理解和掌握数据的信息和规律。数据可视化需要结合数据本身的特点和分析目的进行设计，如选择合适的图表类型、颜色、标签、图例等等。在数据可视化过程中，还需要考虑到用户的需求和偏好，以及设计美学和信息传递效果等等。

总之，数据分析是一个多层次、多环节的过程，需要综合运用多种技术和方法。数据分析可以帮助企业做出更加科学的决策，从而推动社会经济的发展。同时，数据分析也面临着众多的挑战和机遇，如数据隐私保护、模型解释性、人工智能优化等等。未来，数据分析将继续发挥着重要的作用，在各个领域都将展现出越来越广泛的应用和价值。

四、从网络中挖掘营销价值

随着互联网高速发展，它已经成为现代人们生活的一部分。互联网实际上就是一个庞大的数据库，其中蕴含了海量数据，这些数据涉及各个行业和领域。下面通过一些案例，对数据挖掘技术在互联网上的应用进行介绍。

（一）邮件数据挖掘分析工具 Immersion

麻省理工学院媒体实验室的一个团队开发了一款 Web 应用 Immersion，这个应用可以通过邮件挖掘其中的数据。根据挖掘这些用户邮件信息，就可以建立一张以个人为中心形成的巨大的"邮件联系网络"。

Immersion 能够挖掘用户通过接收和发送邮件产生的数据，通过对这些数据进行挖掘和分析从而得到个人关系网。Immersion 包含了自我反思、艺术、隐私和策略四层含义，它不仅仅只是进行简单的数据挖掘而已。它使人们了解到邮件中包含的巨大数据，让人们了解我们日常生活中的一个小举动所产生的数据。

Immersion 可以利用 Gmail 的 MetaData，在短时间内搜索出某人的社交关系。该应用可以监控到邮件的发送和接收情况，并可以通过图像将人际邮件交往关系进行体现。

Immersion 只对邮件涉及的个体和时间进行分析，并不会涉及邮件内容，这种方式有利于保护个人隐私，但同时也导致其提供的信息价值仅限于单纯的联络关系。

（二）利用身体中的大数据进行营销

目前，大范围地进行基于基因数据营销的时机还不成熟，但是很可能会基于基因数据产生全新的行业和领域。阻碍基因营销发展的一个重要原因就是基因测序的成本问题，过高的成本使这项技术还没有普及，但随着测序技术的不断进步，以及测序市场的不断成熟，在未来基因测序的成本也会降低到人们可以轻易接受的程度，那样就会为基因营销提供基础。美国创业公司 Miinome 开展基因测序计划，提出若用户愿意把自己的 DNA 数据用作市场营销的话，可以免费为该用户提供一次基因测序机会。

与之相应的，网络广告模式也应同步更新，也许需要一种全新的广告模式帮助分析用户数据进行精准定位。Miinome 的数据专家认为，类似亚马逊、Twitter 这样的消费级互联网企业，具有专业的服务器运算能力、软件技术支持、数据挖掘和算法等资源，将会成为其主要客户。

以现在的科学研究水平，以及基因市场状况来说，基于基因数据进行大规模营销还比较遥远，但是对广告公司来说这是十分可行的。如果可以通过基因数据分析精准的定位客户需求，那么基因数据的价值会被很多公司看中，进而成为各家公司争抢的数据资源。

（三）Facebook 在北极圈建立数据中心

Facebook 将其开源试验中心建立在北极圈以南 100 公里的瑞典吕勒奥镇边沿的森林中，它由数以千计的矩形金属板组成，看起来就像一个外表不规则的飞船。

数据中心的选址与系统的效率有很大的关系。瑞典拥有非常多水电大坝，这可以为数据中心提供大量廉价且可靠的电力能源。同时，该地区大部分时间温度都在零下 50 度以下，Facebook 的这个数据中心经过设计后可以充分利用这种寒冷的天气。他们将外部的冷空气通过巨型风扇抽入为服务器散热，这样可以提高 10% 的效率，同时可以减少将近 40% 的用电。

第三节 大数据的商业智能和发展趋势

一、大数据的商业智能

大数据为人们的生活带了无限的可能，智能商业随着大数据时代的来临应运而生。智能商业正在人们的身边不停发展，在不知不觉中它已经为人们的生活带来了越来越多的便利。

（一）商业智能的发展前景

总体讲，商业智能的发展具有实时、操作型、与业务流程的集成、主动以及跨越企业边界等特征。商业智能的实时性可以帮助企业快速地进行数据处理，保证数据是最新的，以此保证处理结果的时效性，这样才能向客户提供及时、有效的决策。

商业智能为商业带来了巨大的转变，在商业分析、企业绩效管理、企业绩效优化等方面都起到了很大作用。但目前商业智能还处于不断发展的阶段，关于其发展趋势可以由表 9-2 看出。

表 9-2　商业智能的发展前景

发展前景	趋势预测
内存分析	内存技术是一项关键技术，随着不断扩大的数据规模，内存分析的数据快速分析能力是必不可少的。将来企业会越来越多地采用 HANA 和 Exalytics 这类高端应用，但一般客户还会继续使用 QlikTech、Microsoft 及 Tableau 等供应商提供的灵活的内存解决方案，或者使用 MicroStrategy 等使用方法之类的纯软件解决方案。
数据可视化	数据可视化技术是商业智能一个重要的发展方向，这是指将大型数据集中的数据以图形图像形式表示，这需要更高级的技术才能实现。虽然在一些行业，会将可视化与内存技术混同，但实际上这两者是不同的。不少可视化发现工具也内置了内存引擎。

续表

大数据	庞大的数据规模会影响硬盘的读取速度，为了改进这一点，就需要一个快速到让用户感觉不到卡顿的平台，同时还要保证该平台可以简单地让业务人员投入使用。大数据让更灵活的框架和拥有灵活数据挖掘算法的商业智能解决方案，拥有了更广阔的发展空间。
移动 BI	随着移动互联网的不断发展，移动 BI 的性能也会不断提高为了适应移动互联网时代，BI 供应商会对相关产品和应用进行调整，一次适应移动 BI，会提供安全性更高、功能更齐全的移动 BI。
云计算 BI	云计算 BI 是为了应对大数据时代的一项有效技术，它可以帮助减少内存消耗，可以在计算高峰时期提供灵活的数据解决方案
协作型商务智能	从数据出发，可以在供应商、企业内部和客户之间共享分析的结果，来预测某些行动可能会产生的风险

（二）大数据为商业智能构建基础

数据是商业智能的基础。商业智能是一种数据处理的工具，它可以对企业中的数据进行有效分析，将分析结果提供给企业，帮助决策者在数据分析结果的基础上做出正确的判断和决策。商业智能可以帮助企业更快速、更有效地进行数据处理，从而提高决策的质量，是一种十分实用的商业工具。

大数据 BI 有别于传统 BI，它是对大数据进行分析的 BI 软件，可以进行 TB级别数据的实时分析。大数据 BI 的应用，可以通过阿里巴巴的"双十一"活动进行分析。阿里巴巴看到了资源共享与数据互通创造出的商业价值，将云计算作为基础，为"双十一"活动提供了大数据服务，对亿万消费者的需求信息进行捕捉，并根据实时动态进行销售决策调整。

当前来看，信息技术的更新速度十分快，技术更新不断地刷新着信息市场，也不断地对 BI 市场环境进行改变。技术的革新带来了更多应用和服务，例如微博、云计算、物联网、移动互联网等，这又带来了信息爆炸，这就为 BI 的发展提供了丰富的数据土壤，让其能够蓬勃发展。

大数据为 BI 带来了丰沃的数据土壤。对数据挖掘来说，大数据量要更容易对比，这就加速了 BI 效率和整合性能力的提升。可以看出、与大数据相关的 BI 分析将会进入高速发展期，这将会是一个重要的发展方向。

（三）商业智能成就行业价值机会

Howard Dresner 首次提出了商业智能的概念，这一概念已经提出就引起了广泛关注，不久后就被人们广泛获悉。当时将商业智能是指集合了数据仓库、查询报表、数据分析、数据挖掘、数据备份和恢复等，以帮助企业决策为目的的技术及其应用。

在大数据时代，企业需要足够的能力才能抢占大数据市场，而这就需要对大数据具有一定的分析和应用能力。对于企业来说，报表的呈现和简单分析只能说明技术具有商业性，却不能体现智能性。想要体现智能性，就要求技术或是应用具有结合环境进行数据分析的能力，不是单纯地对数据进行简单的统计和分析，而是结合目前的社会、市场和行业等环境的状况，对数据进行有效分析，并根据分析结果提供有价值的信息的建议。想最大限度地发挥出 BI 的智能性，就要尽量的挖掘范围更广、深度更大的数据，并以此为基础建立起更为科学有效的分析模型。

商业智能与大数据两者是有区别的，大数据通过对商业智能工具的应用对大容量数据和非结构化数据进行处理。相较于传统的数据仓库系统，大数据分析对数据的分析和处理具有一定延展性，不仅关注结构化的历史数据，而且倾向于对 Web、社交网络等非结构化数据进行分析和处理。大数据可以向商业智能没有触及的领域进行伸展，它是商业智能的一项补充。

如在 21 世纪初，民航旅客量突破 1 亿人次。对于 1 亿人次带来的海量数据，航信团队意识到了数据挖掘的必要性。为了更好地对这些数据进行收集、分析和处理，航信团队在数据仓库平台方面做了早期的挖掘。在随后的调查研究中，IT 团队利用专业的商业软件对此进行科学部署，通过一系列活动为客户带来了更多价值。

随着商业智能的发展，许多大企业都将其作为强有力的掘金石，与信息化建设有机结合、无缝连接，对数据进行分析、处理，随后通过 BI 提供相应的解决方案，这已经成为企业信息化发展的基本流程。但对于一些中小型企业，关于 BI 的开发和使用还存在一些难点，这需要他们加深对 BI 的了解，并通过加大投资积极开发。

据 Gartner 的研究，BI 市场正在以很快的增长速度进行发展，目前，已经有很多企业将 BI 融入他们的生产经营中，这也为他们带了更多的便利、创造了更多的价值。

二、大数据推动时代变迁

移动互联网高速发展，很大程度上人们使用移动互联的时间和频率比传统互联网的长和高。随着智能移动设备的推广和普及，带来了海量数据的爆发。在这种背景下，人们都在讨论什么是大数据，又该如何正确地利用大数据创造价值。

从实质来看，大数据是数据云，将其科学合理的营运到日常的生产经营中是企业应该追求的效果。将实时感知、分析、对话、服务能力作为基础，让数据流成为商业、营销活动的核心。为了更好地利用大数据，应该明确大数据时代的业界生态。

（一）互联网生态结构发生转变

庞大的智能手机用户群，象征着目前移动互联网的发展蓬勃。随着移动数据的爆发式增长，对于移动数据挖掘和利用的需求愈加明显。移动互联网高速发展的节点，为实现大数据提供了前提。

据数据统计显示，2023 年 1 月至 5 月，移动互联网接入流量消费累计达 1100 亿 GB，同比增长 14.2%。从统计数据中可以看出，目前我国移动互联网的发展规模极其庞大，这就导致互联网的生态结构发生了转变，传统的计算机终端互联网开始向移动互联网转化，移动互联网为大数据提供了大量数据来源。

（二）数据方式转变

随着互联网生态结构的转变，人们在工作和生活中产生越来越多的数据。随着科技的发展，人们将会产生更多数据，对于这些海量数据的应用也将更加科学合理和多样化。如果将这些越来越多的海量数据进行单纯的储存，那将无法将这些数据的价值发挥出来，也就不能达到应用大数据技术的目的。大数据的市场增速惊人，同时也可以预见大数据带来的巨大商机。但问题的关键是，企业该如何合理的利用大数据创造价值，放在那里的数据是没有价值的，只有找到合适的应用方法才能发挥其效力。

（三）互联网营销方式产生变化

目前数据结构正在发生转变，从单一转向多样，文字、图像和视频占了很大比例。在大量的用户信息数据的基础上，互联网营销也会开始向个性化转变。在人们的日常生活和工作活动中，都在不停地制造大数据，例如用户发送微博、通过百度进行搜索、在购物网站进行买卖等，这些行为都会生成大量数据，而企业需要做的就是利用这些数据进行个性化的网络营销，通过对数据进行收集和分析，提升服务质量，进而增强营销的效果。

截至 2023 年 5 月，我国网民规模为 10.67 亿，5G 移动电话用户数超 6.5 亿。网络基础设施建设成效显著，网络架构持续优化，建成全球规模最大、技术先进的 5G 网络，IPV6 活跃用户数超 7.6 亿。数据显示，1-5 月规模以上互联网和相关服务企业完成业务收入 5310 亿元，实现利润同比增长 43%，成为赋能经济增长、稳定市场信心的重要支撑。我国手机支付的发展十分迅速，很多人养成了用移动互联网进行购物和支付的消费习惯。因为人们在消费时开始倾向于网络消费，所以我国在广告投放方面也要发生转变，开始转向个性化营销，从流量购买转向人群购买。商家想要占据市场上的有利地位，就需要主动迎合用户需求，这就需要利用大数据技术来分析数据，再利用数据。

第四节 新环境下的大数据营销策略

一、通过大数据对客户形象进行描画

市场变化要求传统零售企业必须转型，而不同的企业根据自身情况会选择不

同的转型模式。一些企业选择全渠道经营模式，同时开展实体店、网上商城和移动端的多渠道经营；一些企业选择与第三方电商平台进行合作，通过合作共同开发线上线下项目；一些企业选择O2O模式，专注于本地市场，通过O2O模式开展社区式经营等。但是不论传统零售企业选择哪种转型模式，其核心都是以客户为中心，尽可能满足客户的消费需求。

需要注意的是，由于网络购物使消费者的购物需求越来越个性化，在零售业的上游，已经在一定程度上实现了生产方式的转型。例如，青岛红领集团对其过去十多年所积累的超过200万名的客户个性化定制版型数据进行整理，以此为基础建立了自身的量体数据、西服版型和尺寸的数据库，而利用庞大的数据和相应的技术，红领集团可以通过计算机3D软件平台对西服的版型进行科学高效的自动设计。

市场环境已经发生了重大改变，传统零售企业想要生存和发展就必须在这样的形势下寻求出路，要进一步充分发挥大数据的作用，通过大数据描画客户的立体形象，以此为基础对客户进行具有针对性的营销。

如上海大悦城利用大数据在万圣节开展了一次营销活动，在开展这次"鬼屋"活动之前，上海大悦城利用大数据按照一定条件描绘出客户群像。第一个条件为女性，因为女性对本次活动主题以及购物更感兴趣，并且女性客户还会很大机率带来男性客户；第二个条件是该客户曾在商城消费过，但是在近一个月内并没有再次消费。在设定条件后，按照条件筛选出12万商场会员中的1824人，最终实际兑换的人数128人，转化率为7%。与上海同期的零售业同类促销活动相比，这组数据十分喜人。

上海大悦城的万圣节"鬼屋"主题营销是一次成功的精准营销，充分利用大数据来打造专属的定向营销活动，可以有效地帮助企业节约营销成本，同时通过成功的营销还可以为企业带来更多的利润。零售企业在利用大数据进行差异化营销时，可以从以下几个方面着手。

（一）对数据进行正确分类

零售企业在进行营销时，对某个方面进行分析时需要某一群组的数据，而对其他行为进行分析时，则需要与之前不同的另一群组数据结合。因此，为了更好地开展营销活动，零售企业必须对数据进行科学、正确的分类，对数据进行分类的方法如图9-1所示。

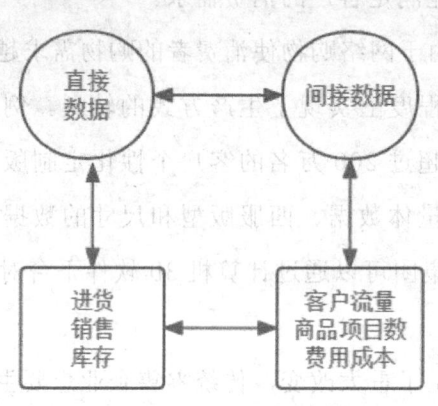

图9-1 数据分类方法

一般来说，直接数据是指可以直接反映商业行为表象的大数据，如进货数据、销售数据、库存数据等；间接数据是指间接反映商业行为的数据，如客户流量、费用成本等数据。在对数据进行大致分类后，零售企业不可以仅对直接数据进行分析，同时还要对其他分类的数据进行分析，因为在对数据进行分类和分析时，数据越广泛，数据的质量越容易提高。

（二）对数据进行专业分析

很多零售企业认为，大数据业务部门只是技术部门的一个下属部门，通常在部门设置上也这样实行，有一些零售企业并没有设置专门的大数据部门，而是在技术部门对企业经营信息进行管理时，开展一些大数据研究工作。但是大数据分析是一项复杂、系统的工作，并不可以通过这种附带形式进行。

大型零售企业应该设置专门的大数据团队或部门进行大数据分析的相关工作，并且要求这些工作直接向企业副总级别汇报。在大数据分析专业团队中，不仅需要IT技术人员，同时还应配备经济学、数学、统计学、市场调研等方面的相关专业人员，并保证这些人员可以紧密沟通联系。通过建立大数据分析团队，能够紧密联系市场部门，以此对客户的消费行动和趋势的相关数据进行统计和分析，还可以紧密联系技术部门，通过大数据分析且协助技术部门进行企业内部的经营管理。在这样的架构运作下，大型零售企业可以在较高层面下对大数据进行应用。

（三）加大对预测性销售分析的投入

虽然大数据分析对于零售企业具有重要作用，但是在这个方面不断地投入资金并不实际，因此，零售企业应该有选择性的进行投入，将资金大部分投入在预测性销售分析方面。通过预测性分析可以帮助企业锁定营销对象，可以有针对性地将销售力量集中在最有可能最终消费的客户上。

目前来看，有一些预测性销售软件可以通过数据分析做到这一点，但是对于零售企业而言，可以对不同渠道的数据分别进行分析，深挖数据分析出有效信息。通过深层次的分析，可以帮助企业获得有价值的信息，并以此为基础开展有针对性的营销，锁定营销对象开展工作。通过科学有效的大数据分析，可以很大程度上简化购物体验和售前服务的过程。

二、积极开展大数据分析

（一）财务数据分析

财务数据分析是一项企业财务部门的基本工作，财务部门会对企业的资产流动性、现金流动性、负债水平、资金周转状况等财务数据进行分析，以此保证企业的正常运营。在财务数据分析中，应该着重强调对企业部门、人员、商品、供应商和时间等各个维度上财务数据进行分析，具体包括成本、利润、库存、销售数量、销售金额、盈亏平衡点和市场占有率等。

（二）商品数据分析

商品数据的主要来源是商品基础信息和商品销售信息，具体来说，商品分析主要是对商品的类别结构、品牌结构、价格结构、毛利结构、结算方式和产地结构等进行分析，对商品指标进行科学分析，可以帮助企业了解商品情况，以便及时调整企业的商品结构，以此优化商品配置，提高商品竞争能力。

（三）销售数据分析

销售数据主要是指企业的各项销售指标，如商品毛利、毛利率，以及企业的交叉比、销进比、同比和环比等。通过对企业的销售数据进行分析可以了解具体的销售情况，还可以在不同的维度深挖数据的深层含义。例如，可以从销售的管理架构、类别品牌、日期、时间段等维度对销售数据进行分析。

（四）客户数据分析

客户分析的对象是客户群体的购买行为，通过对客户指标进行分析，可以了解客户基本信息、消费习惯等，以便更有针对性地开展商品营销。基本数据包括客户的家庭组成、年龄性别、支付能力等。从整体商圈的层面进行分析，还包括客单量、购物高峰时间等，通过对这些数据进行分析可以为该商圈的营销方案提供支持。

（五）人员数据分析

零售企业通过对人员指标进行分析，可以了解企业人员的工作情况，还可以以此为依据激励员工提高业绩。主要包括对销售指标、毛利指标、采购员指标等进行数据分析。在人员分析中，主要会对企业的人员构成、销售人员平均销售额、不同管理架构的平均销售额等指标进行分析研究。

（六）供应商数据分析

在大数据分析实践中，对于大型零售企业而言，供应商数据分析具有十分重要的作用。企业对供应商在特定时间段内的不同指标进行分析，可以为零售企业对供应商的引进、储备、淘汰提供科学依据，同时还可以提示零售企业处理供应商库存商品。供应商数据分析的具体项目主要包括订货量、库存量、退换量、销售量等数据的分析。

三、通过数据分析和管理唤醒老客户

（一）零售定价进一步个性化

在传统零售时代，已经有企业做过个性化定价的尝试，不少超市曾经在产品货架上贴出标签，并以图形和文字示意哪些商品比竞争对手便宜。这样的定价理念曾经产生过强大的影响力，然而，在互联网覆盖下的今天，还需要进行充分的升级和发展。

为了做到定价个性化，零售商在为商品进行定价之前，应该充分了解商品能够为客户带来怎样的价值，同时参考周边竞争对手的定价，这种传统定价模式能够很好地满足供需之间的平衡。

具体而言，为了留住那些能够随时在互联网上进行比价的客户，零售上应该对不同的客户进行评估，了解他们根据自身的心理和需求，对产品给出怎样的价值评定。随后，企业可以对这些商品给出不同的价格优惠。另外，零售企业还应该充分了解主要客户群体的消费模式和潜在购买能力，并收集他们在其他零售商那里消费的信息。

虽然做到上述目标还有更长的努力过程，但企业必须认识到，对商品进行个性化定价，是零售企业未来为客户进行立体画像式营销的必由之路。

（二）为消费者提供个性化知识

社会分工日益精细化、专业化，即使只是日常生活用品的购买，也经常有可能让大多数消费者感到茫然。这是因为他们并不一定具备足够的专业知识，也难以对产品进行有效鉴别和评估。但越是如此客户越是希望能够获取和商品相关的信息和知识，否则其购买过程中个人体验到的风险感将会不断上升。

由于对单向式的营销沟通感到不信任，因此，客户需要在购买之前，主动通过不同途径获取和商品有关的知识和信息。即使这些知识和信息并不一定充分、准确，但他们依然能够从中获得心理平衡。为此，零售企业可以根据不同消费者群体的心理需求，在他们所习惯的渠道中开辟信息来源，为他们提供个性化的服务。

企业应该针对不同对象的消费特点进行服务。如那些工作压力较大、紧张度比较高的消费者，他们通常追求购物的方便性，而相应缺少对日常生活消费品知识的了解。因此，企业可以抓住这些人群生活习惯特点，从其集中的移动网络平台如白领QQ群、同城交友论坛等方向入手，为他们普及日常生活消费品的常识，并引导他们去门店消费。而对于一些自由职业者、家庭主妇或老年人，希望通过购物消遣时间获得生活乐趣，同时又对数码产品等包含高科技因素的消费品缺乏了解，此时企业可以通过其经常接触的信息渠道（如电视、广播、报纸等）提供知识普及服务，这样既能满足其心理需求，又能进一步具体接触他们并获得相关客户数据信息。

（三）分析地域客户流，改变营销服务策略

那些中小型零售企业，往往将主要精力放在社区、商业区，但大数据主导的个性化营销并不遥远。事实上，这些企业能够更快地分享到大数据带来的个性化市场蛋糕——便利店、小型超市在对周边居民的收入水平、生活习惯、社交圈等进行充分调查，随后再根据调查结果，决定如何对门店营销内容加以充实，为客户提供不同的商品和服务，这样的改变往往很快就能收到效果。

四、利用大数据分析提升客户体验

（一）利用大数据分析获得有价值信息

在刚进行大数据分析时，企业可以通过电子邮件、网站点击量等数据中收集客户意见，以此为数据支撑进行新决策，并为客户提供有针对性的个性化服务。但是，这样的决策通常都是采用向客户进行产品推荐的形式来完成。

数据类型不断更新，分析工具和技术能力也越来越先进，依靠这些，零售企业可以通过对客户的已有行为进行分析，了解和掌握客户的内在的、深入的见解。利用收集到的客户意见，零售企业可以对市场营销活动进行重新划分，实现营销行的转向，从原来的面向客户群体市场地营销转向面对单一产品的"最细分市场"营销，可以根据针对性的为小众群体客户提供相关消息和内容，尽可能满足不

同客户的消费需求。

（二）利用大数据加强与客户的沟通

数据是企业为客户提供服务的科学导向，因此数据分析不是指企业单纯地获取和了解客户的采购历史记录，更重要的是深入了解并分析客户一切与消费相关的行为、偏好等广泛数据记录，通过对这些数据进行分析，掌握某一类人的共同特点，以此为基础推动他们进行消费。原来企业只可以依靠自身的经验做出判断，但是大数据分析具有极强的逻辑性，并且这种分析是可控的，通过大数据分析，客户可以在不同渠道享受更加出色和个性化的购物体验。例如，通过大数据，零售企业可以全面掌控其在不同地区、不同渠道的库存数据，以此作为基础，零售企业可以在任何渠道、通过任何方式为客户提供更为便捷的购物服务，有效地提升了客户的购物体验。

通过大数据分析，可以帮助零售企业与客户之间进行充分的交流互动，零售企业可以显著提升客户在服务过程中的参与度，通过良好的交流与沟通，还可以有效提高客户满意度和品牌忠诚度。

（三）构建大数据分析系统

随着市场的发展，市场中的数据类型也日益多样化，面对海量市场数据，零售企业必须选择最适合自身需求和目标的平台进行数据的储存和分析。因此，零售企业应该构建自身的大数据分析系统，以此为支撑企业可以更完整和灵活地为客户提供服务。

通过构建这样的分析系统，零售企业可以随时连接数据对相关方面进行分析，也不需要在花费时间和精力寻找数据储存位置，以此为依托，可以更加灵活多样地为客户提供服务。同时，不仅需要构建分析系统，还需要保证零售企业的决策者有能力迅速了解数据，及时发现问题解决问题，推动企业利用服务来转化客户价值。最关键的是，依托分析系统可以实现对营销活动的单纯管理转向整个品牌的客户服务。

（四）利用大数据分析建立公司架构

零售企业进行大数据分析，既能为市场营销提供服务，还可以为公司运营的各个方面提供服务，如采购、财务、电子商务、供应链等。企业通过利用高级分析方法，各个部门都可以为推动建立以客户体验为中心的公司架构而服务，如更改产品定价、开展促销活动、跨渠道挑选等。通过这种方式，客户的宝贵个人体验可以得到企业多个部门提供的全面、及时的保护与提升。

第十章 "互联网＋"战略下的市场营销新趋势

第一节 "互联网＋"战略下的粉丝营销

一、获取粉丝信任，为粉丝营销做好基础

（一）调动消费者的主动性

很多消费者对铺天盖地的广告感到厌烦，但我们应正确地认识广告，通过广告营销并没有问题，广告原本也是为了让消费者了解新产品和新服务。但是，很多广告却被人给泛滥地应用了，所以大多数消费者都会对广告敬而远之。随着社交网络的发展，越来越多的广告营销者开始正视新媒体对广告营销的侵入，他们认为社交网络是对传统广告的颠覆。

实际来看，利用社交网络开展市场营销的本质也不是为了颠覆市场营销，关键在于让消费者更多地参与营销，让消费者掌握主动。更多的、更透明的、更理性的信息在互联网上公布，这会让消费者主动判断这些信息的真实性。社交网络更多的作用是补充传统营销渠道的局限，它不断扩大并发挥网络的优势，推动现代营销发展到新的水平。通过实践，企业会发现通过社交网络开展市场营销会与消费者构建更有趣的互动的关系：你的客户利用社交网络，可以跟每一个对你的产品、服务和品牌有兴趣的消费者交流。你不能直接控制这个过程，你的邮件或者信息只能成为其中的一些对话，供你的客户选择。这是一个群体，你可能得到邀请，也可能被拒绝。

在实际生活中，无论什么关系，你都很难轻易获得别人的认可和同意，但是只要你参与了，那么这就是开始。但问题是你没有参与，也没有关注对话，尤其是在你已经面临危机和问题的时候。不得不说，作为企业，你已经落后了。

企业需要知道的是，消费者会因为企业的产品或服务在社交网络上形成某种话题，这就要求企业主动参与社交关系，因为如果你不参与就不会知道这些话题，当然也不会成为其中的一员。试想如果你选择了不参与，就等于认可了消费者的行为，这也就等于放弃了企业的影响权利，而这时因为你的缺席，最终形成的社交网络信息和品牌形象就完全是消费者的声音，而那可能是好的，也可能是坏的，甚至是很坏的。

企业应有一个清晰的认识，企业必须主动参与社交网络，因为企业可以通过电视广告让客户看到自己，但是社交网络不可以，企业只有主动参与社交网络，才可以让消费者看到你。所以，如果想做一个百年企业或者成功品牌，参与其中显然是一个明智的选择。但如果要参与其中，你就不得不了解一些基本的知识，比如"社交媒体"和"社交网络"。

（二）经营粉丝

如今，社交网络盛行，企业开展市场营销并不仅仅要创造和经营内容，同时还必须关注社交网络中的人。对于企业而言，更关键的是这个"人"是不是你的"粉丝"。这个主体是社交网络中的人，也是你的粉丝。这个人，不仅指名义上的粉丝，还有那些与你有关的、暂时还没有关注你的，但在社交网络上与你的关键字匹配、与你的相应业务场景对应的人，他可能已经是你的粉丝，可能还不是你的粉丝。所以，在企业的社交网络运营中，关注你的粉丝不是一切或者主要的，而是你的社交联系"人"或者社交"消费者"，这才是大粉丝的概念。

企业在社交网络中采取的一切行动都应以获取人们的信任为目的，因此，建立和维护信任关系十分重要。如果在这里面的人们说的内容是有效的、真实的，即使你参与进来也只能是有限地影响而不是控制，这似乎看起来很可怕。其实，要学习如何在社交网络上有效地"影响"他们，这不仅是在事件发生的时候才去行动，而是从一开始就要有效地创建一个重要的、可以防御的社交网络阵地，这里面更多的是你的客户和粉丝的声音，那才是你真正的"核武器"。

基于此，如何影响人群成为企业开展市场营销的关键。既然企业无法告诉社交网络怎么说怎么想，那么，就不如来认真地倾听社交网络、利用社交网络，并从中吸取经验教训。所以，社交网络的特征之一就是企业可以倾听、参与、衡量、跟踪它，并且企业还可以与社交网络互动，随着时间的推移，企业可以对自己所学到的经验进行不断的修改和完善，然后企业就会明白应该在社交网络上提供什么，并逐渐学会如何影响一对一的社交对话。

（三）经营内容

信息技术的发展使得信息传播的方式发生了改变，随着移动互联网和社交媒体的不断发展，纸媒受到了严重冲击。在信息化时代，我们的交谈已经不再仅限于身边的人了，我们开始搜索和选择话题，甚至直接与这些话题的专家、作者、编辑等进行交流。当然，如果我们喜欢正在读的杂志或者报纸，就会一直购买它；如果不喜欢，我们就会停止购买或者切换到电视频道。可以想象的是，当后者情况出现时，广告业主会撤销他们在杂志上的广告，从而导致数百万的出版物取消出版，你会发现一个出版商因为失去消费者而逐渐退出市场。

社交网络的出现使得原有的信息传播和获取方式发生改变，在内容方面，利用社交网络可以花费很低的成本去创建一些让人们喜欢的、有价值的消息内容。它也使我们不再只是通过出版物与作家、编辑进行沟通，更关键的是可以和世界各地的人进行交流。现在每个人都可以申请一个博客网站或者微博账号，或者开通一个微信或易信的公众账号，然后可以添加文章或者视频。而且，每个人都可以评论其内容，影响它的风格和出版方向。

这就是社交媒体及其带来的内容革命。如在全球备受关注的Facebook，其本身并不是一家出版公司，也不创建任何内容，但是却成为网络时代内容传播的重要载体。Facebook不发表任何文章和帖子，也不上传任何影片或者图片，它只是让用户按照自己的想法去设计自己的主页。当然，每一个人撰写文章后，都希望他们的朋友或者读者能够在文章的底部留下他们的意见，从而围绕这些争论点撰写新的文章和添加新的信息。

微信和易信是移动社交的即时通信应用，用户除了可以即时沟通外，还可以通过在朋友圈发布内容进行信息的分享和传播。虽然移动社交更多的是一对一的私密互动，但通过朋友圈这个具有媒体属性的功能，可以在强关系网络中传递和传播内容，即使传播数量不及微博等社交媒体，但到达率和打开率都遥遥领先。

这是社交网络时代的虚拟社会形态，在这个虚拟社会中，参与的条件就是在社交平台上发布消息。成功使用社交网络不仅是添加内容、他和她之间的交谈，还需要创建社区来进行交谈，这才是社交网络的美妙之处。是否达到这个目标就在于人们在该社交网络的参与程度如何。当这些关系被运用到商业中时，就可以有效地促进品牌的忠诚度。

社交网络带来了巨大用户流量，并且在社交网络中有大批受过高等教育、享有高薪的用户，有很多不同领域的专家聚集在这个虚拟社会。企业需要很清楚，社交网络为企业提供了一个巨大的机会，一个去推广其产品、确定他们想要达到的市场范围，以及重构与消费者之间的信任关系的机会。

对于企业来说，必须充分认识到社会网络的核心是粉丝和内容。社交网络是以个体为中心，由用户创造内容的平台。首先是用户，其次是内容，二者缺一不可。企业的社交网络运营是经营粉丝和内容，内容包括定调性的资讯、基本面的商业、促销类的活

动以及阻击类的竞争对手等，而粉丝是互动、分类和持续跟踪的对象，基于信任程度和社交管道进行可持续管理。

当然企业通过社交网络开展粉丝营销的过程中，需要对各种网络资源进行合理整合，人是内容的源泉，要通过恰当的方式影响人群、聚合人群；人创造内容，分享内容并利用内容。现在我们看来，企业有效地利用新媒体，本质上是一个整合的问题。你的企业可能已经进行整合营销很多年了，社交网络只不过是与其他营销工具一样的新的渠道，渠道可能会有所不同，但是你仍然需要将它计划在你的业务策略和活动目标的背景下，将目标客户转化为品牌的粉丝并与多渠道进行有效的整合。

二、和粉丝互动的特点

粉丝经济的核心就是粉丝的互动和参与。缺少粉丝的互动，粉丝的信任关系就不会存在；而缺乏了信任，品牌社群也很难建立起来。与此同时，建立了品牌社群后，粉丝的互动也是品牌社群中的关键内容。因此，基于当前最流行的

移动社交工具，研究粉丝互动的特点就显得非常关键。

下面以微信为例，进行相关分析，由此总结出粉丝互动的四大特点：快速、碎片化、信任和平台。

（一）快速

1. 即时

即时与随时的区别就是"随时"强调的是任何时候，而"即时"指的当下，也就是指消费者在当下，可以即时即地地进行相关动作，需要即时做出反应。

"即时"，体现了粉丝主导的核心，突出了粉丝的个体主动性，整个动作是粉丝当下发起的拉式的动作，而且因为是当下，所以企业不知道什么时间什么地点，包括时间的长短，因为这是个碎片化的时空，碎片化的动作。

经过移动和社交变异的MSIM工具，如微信所提供的新商机与以往有所不同，消费者需要即时即地地接入，也改变了先前传统的企业与粉丝的接触方式。

在社交网络时代，粉丝更为关注的是主导权，更加突出以个体为主导，在消费关系中更加强调：即时交互、随时比价等。实际上，他们对于企业之间的信任度、隐私权、尊重感等更加个体的体验更为关注。

个性化和即时即地是移动社交时代的关键。在时间和空间方面，粉丝们的要求越来越高，而且越来越要求掌控权。即时的程序可能性是：接触—发信息—互动—交易—互动。

如微信的询问，带上一个位置信息，就能帮助消费者找到最近的咖啡店或必胜客；如果消费者感觉文字不利于感官的理解，那么就可以使用语音交互的方式进行查询。消费者只要有需求就可以即时的发起，就看企业能不能精准地抓住机会向客户提供相对应的服务来满足他们的需求。

2. 交互

社交的核心就是交互，所谓的交互，也就是进行交谈、交流。传统社交关系，是一种人际关系处理得很好的人的活动。而社交网络中，交互也是关键所在。但这个交互，处在可以产生信息的移动互联网平台上，因此比之前有更多的特殊性。

首先，粉丝成了交互的主导权；其次，交互有了方向，分别是入口和出口；再次，交互有索引，与方向相对应有入口索引和出口索引；最后，具有信息属性的交互会因为交互的内容而有标签。

从许可营销和客户驱动的角度而言，快速获取信息是根据消费者进行查询或者索引以快速获取信息。只是这个快速，需要对信息建立标签，包括内容方的信息和消费者的需求信息；同时，基于这个标签体系，建立对话的入口索引（消费者咨询或求助）和出口索引（内容方的输出和交互）。

当建立了标签体系、人口和出口索引后，强大的自助服务体系也就可以建立了。在过去企业总是大包大揽，提供相应的产品和服务；现在，自助服务更容易受到粉丝的关注，他们要求掌握控制权，他们的时间希望在碎片化时间内尽快自主地完成所需要的服务。

自助服务需要满足粉丝随时随地的需求，要让他们具有强烈的控制权，可以实现全天的客户服务，这才是消费者需要的。

3. 私密

对于大多数的粉丝而言，当前互动的渠道首选是微信，其次是微博，最后是论坛。然而，不同渠道在私密程度上也有所不同。微信和易信的本质是 IM，无论其经过了 Mobile 的变异还是 Social 的变异，IM 的核心是一对一的私密通讯，变异后核心功能还是一样；从私密角度而言，微信是以手机通讯簿和 QQ 好友为基础的拓展，这就保证了强关系的发展，这与通过媒体和意见领袖的模式，即基于弱关系的发展迥然不同。

当然，开放和私密的关系是相辅相成的。从技术上讲，开放和私密微博都兼备，只是由于新浪微博过于秉持媒体的本性，通过新媒体、意见领袖和大号等方式快速发展和膨胀，忽略了微博私信方面的私密性。这跟微博和微信的本质是有一定关系的。

从粉丝运营角度说，微博传播将无关系变成潜在关系，基于微博和微信的交互可以将潜在的关系变成弱关系，基于微信的强大交互功能提升与弱关系的一对一的信任关系和情感层次，达到强关系后，再以一对多的朋友圈和微博传播分享出去，效果最好。

同样的问题，微博如果能够对信任的重构做到重视，对于意见领袖和大 V、大号的媒体特征逐渐淡化，重点针对一对一的交互和点对点的传播进行强调，重视现实群体的协作，鼓励越来越多的企业和粉丝的共同参与，或许会有出乎意料的改变。

（二）碎片化

1. 碎片

多数情况下，品牌与粉丝之间的互动信息是一个碎片化状态，尤其在微博和微信上的互动。虽然微信的接口传递信息相对较少，但微信是信息的出入口，因此对企业来说，庞大的商机隐藏在微信带来的数据机会中。

根据微信与二维码的实践情况来看，社交图谱（人的链接和信息的流动）和实体图谱（物体的链接和信息的流动）是相互融合的状态。就微信的目前情况而言，尽快建立对内容的索引机制，是一个比较紧迫的任务。

从互惠互利的角度分析，当前的 O2O 还处在初级层次。从消费者生命周期管理的角度看，O2O 营销可以大致分为六个层次：客户接触、客户识别、单次促销、差异化营销、自营销和大数据营销。

2. 语音

从粉丝互动的相关效果来看，人与人之间的影响，视频的效果要超过声音，声音的效果超过图片，图片的效果又比文字有感染力。从信息量角度而言，人更容易对视频中的信息和内涵快速做到把握，能否识别声音中的情绪，通过图片把握核心信息，而文字则是最弱的信息传递方式。

因此，从客户体验的角度出发，企业运营的案例大多通过制作视频发布到视频网站，再进行推广、传播。而 Twitter，近期推出的 6 秒视频功能，达到了很好的视频社交效果。同样，微信的风靡有一部分原因也来自于其语音对讲功能，该功能也是充分利用了语音社交带来的客户体验。

一般来说，粉丝会被文字吸引，不过能给粉丝带来情感体验的更多是语音和视频。从传播角度而言，基于语音和视频的社交，其情感体验以及信任体验远远强于文字的体验。

微信的一个优势就是适用于任何智能手机，基于 App 形式，不论是苹果、安卓还是微软手机上都可以存在。唯一的问题就是，它不适用于非智能手机。但同样，即使有大多数的消费者用智能手机，他们也有拒绝使用微信或其他软件去和陌生人对话的权利。

由于语音文本识别的技术不是完全的成熟，类似语音助手的应用目前还在初步应用阶段，不能进行复杂的文字识别。不过，在语音情感识别方面却已经比较成熟，基于语音的音强、音长、音质、音高等可以进行语音方面的情感识别，通过情感识别，来对语音进行分类或打标签。

3. 移动

移动粉丝互动的碎片化，简单而言是指时间和空间上的碎片，而移动通讯智能客户端创造出了新技术：可以随时随地地对粉丝进行定位。但是必须清楚，这种接触一定是在客户许可的前提下进行，确保客户的隐私和信任不受到伤害。因此，微信不仅要设置隐身和不公开自己的位置，还有一种许可的触发机制，而不是简单的两种设置而已。

如果位置营销得到好的利用，对企业和消费者来说，具有双赢作用。它不仅为品牌提供了定位粉丝的功能，而且让粉丝随时随地找到他想去的地方。缺乏隐私和安全的保护，位置营销会让人反感，就像被跟踪一样。要知道，这样的消息都会具有侵犯性，有的人接受，有的人反对，所以这时企业需要把客户喜欢的人以及消息进行分类搜索。

因此，对于位置服务，企业要构建拉式索引服务或者许可触发服务。

移动智能手机让二维码也快速发展起来。微信结合二维码的"扫一扫"，实现了 O2O 的多种功能，使其受到众多企业的热捧。但我们前面提到，O2O 营销分为六个层次：客户接触、客户识别、单次促销、差异化营销、自营销和大数据营销，现在的微信二维码只实现了前面三个层次的营销功能。

微信 O2O 营销的关键在于：信任、许可、最佳时间和地点，适当的等待而不是主动出击。对于企业来说,信任、许可是很重要的。当然,也不能贸然地主动出击,过多的推送只会将消费者推开。

(三)信任

可以说,信任是品牌与粉丝互动的目的和基础,与粉丝互动可以建立信任,而互动的过程中,信任是源头。

1. 关系

从品牌角度来看,无论是QQ还是Facebook,粉丝好友都是一个静态的点,最多给自己的粉丝好友分组分类,但对一个粉丝进行关系强弱的标识却没有那么容易。

人之间的关系也是有强弱、分层次的,有时候在现实社会中有着很严谨的规则。这就涉及朋友圈和群组。由于关系是有分类和层次的,因此朋友圈也需要有分类和标签,不能混为一谈;群组需要有属性或主题,以便对人群或内容进行过滤和控制。

在微信上多强调的是一对一的交互,因为交互而带来关系转化和信任提升,从而在营销上实现转化率的提高;而在微博上,目的往往是传播到达,忽略了到达后的持续的一对一交互,但一对一交互的关键往往是建立信任、实现价值转化。如果微博补充这部分内容,也可以实现较高的转化率。这就是Social CRM的存在价值:

如果要对社交信任关系进行一个衡量,可以尝试一下这个公式:关系回报=(相关性+时效性+空间性)×信任系数,其中,相关性为内容和属性的相关程度,时效性为与好友的关系时间和互动频率,空间性为与好友的空间距离,而信任系数则为关系强度的权重系数转化。

2. 许可

早期鼓吹微信营销的人经常说"微信是真正的许可营销"。其实只是他们将客户识别和客户许可混为一谈了。消费者加入你的微信,只是加入和让你识别他,并未许可你任意推送消息,这与许可营销不是一回事。

客户许可的一般步骤：一是激励或者吸引，通过促销、送礼品等方式吸引客户进行许可；二是交换，通过订阅或参与营销活动获得某种权益，由客户设定许可的规划或主题；三是自发推荐，鼓励或者设定条件激励消费者自发地推荐。

许可，不等于接入，而且要给粉丝 opt-in（选择性加入）的许可选项，包括渠道、时间和内容范围，而这个内容范围即相关内容的标签。所以，出入的内容都应该有标签，没有标签就无从认知是否属于许可的范围。

企业应该时刻明白一个关键所在，就是有没有进一步了解他们的需求、许可的渠道和时间，然后再进一步发送个性化的、差异化的消息。

客户许可是微信营销的基础，但是加入仅仅是一个开始，这是最关键的原则：每一个消费者都不希望被打扰，包括你自己。

3. 协作

粉丝互动需要社群内共同参与、共同协作。作为一对一交互的社交工具，部分协作功能在微信的群组、朋友圈等功能有了实现。除了群组的文字沟通，现在还开通了群组的语音沟通，未来再结合富媒体或多格式文件的即时共享，可以形成一个基本满足企业协作的平台。

企业联盟之间的促销、数据和动作的联合也属于协作之内。比如通过统一的微信会员或微信支付，形成客户信息的分析和交叉利用、基于整合数据的联合促销、内容服务和物流等服务的协作等，从而分摊客户关系开发的成本，提供新的对话和接触的机会，提供分享收益的机会。

（四）平台

品牌与粉丝进行互动，需要有一个相应的平台和体系。仅有通道的互动是远远不够的，还需要对平台进行相应的整合，这就包括对多个互动渠道进行相关整合，以及延伸到服务层的互动、协作平台的互动。除了对话之外，还包括物联、服务和协作，它们都是互动的一个类型。

1. 整合

整合是粉丝互动的一个特点。从互动的社交通路角度来讲，微信会成为通路上内容和人的出入口,通路是搜索和索引;人,通路是关系和属性、群组。从移动智能终端的角度,微信成为人的一个影子,因此又成为协作和交易的出入口。

其实,作为一个最佳的促销票券整合点来说,微信再合适不过了。实现识别并储存和管理各个商家的票券和促销活动,进行提醒、使用和分享、推荐等动作,甚至通过 LBS 等预设条件进行触发和更新,都能通过微信进行。

现在有越来越多的类似 MSIM 的应用软件,从飞信、到易信,新的社交软件还会不断产生。但合并是未来的趋势所向,不是创造更多的 IM,而是创造出一个融合的大家庭。

在互动过程中,粉丝虽然依赖于不同的社交交互工具,但人与人之间的交流是一种自由交流,这就需要克服语言工具所携带的障碍,对于文本向语音以及视频的深化进行相关的处理,还要处理不同地方语言、国际之间的人与人的交流。

作为整合的基础来说,微信的插件生态有着很关键的作用。

插件可以在第三方系统平台的整合通路上进行定位,如此一来,就涉及关于数据的整合。针对第三方的外部相关数据,微信该如何进行整合,是通过 webservice 进行整合,还是通过外延数据库进行整合,或者通过云数据平台进行整合,这是一个需要深入思考的架构问题。

当然,对整合模型的相关设计,是数据整合的一个关键所在。外部的数据源可能是关系型数据,可能是非结构化数据,可能是文档文件,又可能是云数据服务,因此,能够有效地融合各种不同来源数据的一个关键点,就是针对主数据的模型和扩展模型进行相对应的设计。

2. 服务

微信最需要解决的一个问题,就是与手机 QQ 定位存在很大差异的问题,其实像微博等类似的应用也都需要解决关于定位的问题。眼下,大部分的设计和定位都是围绕个人消费者展开,而涉及企业的却少之又少,它们只是延续了互联网的那套广告服务。所以,无论对于个人还是企业来说,用新创意重新设计服务的角色迫在眉睫,刻不容缓。

企业应用市场由感知层、通讯层、平台层、应用层、服务层 5 个层次共同组成。

而对于微信和微博来说,它们都在应用层,关于它们的下一个计划,要向哪个层次继续延伸,这将是一个很宽泛的定位问题。

在通讯服务中,微信可以提供基础的语音对讲、语音群聊、视频对讲等功能,而语音对讲中的关键词过滤、同声传译、语音情绪判断等增值功能,则可以由第三方 ISP 来提供,而它们又是仅仅依托于语音通讯基础服务的。

三、粉丝营销的途径

(一)以粉丝为基础开展口碑营销

当前,粉丝在产品的成长过程中有着重要作用,他们不仅仅帮助企业一起完善产品,还推动企业的产品走向大众市场。如今粉丝所代表的是一种用户潮流,就是参与化、尊重化及圈子化的用户集群。对营销者而言,如果想要使自己的产品拥有广大"粉丝"市场,就必须理解它所面对的消费群体,并且需要与这个群体建立长久的供求关系。

企业开展粉丝营销,应该从口碑营销入手。口碑营销最早是通过朋友口耳相传的方式来进行的,后来随着媒体业的快速发展,口碑营销也开始发生变化,但其优势却没有改变,依旧是成本低廉、效果显著。

口碑营销的一个重要特征就是低成本,和媒体营销这种营销方式相比来看其成本低很多,企业甚至可以在不消耗成本的基础上开展口碑营销。优秀的口碑营销大部分都是利用比较完善的策略来以小博大,但所收获的效果却比其他广告方式高出很多。谈到口碑营销,很多企业在认识上都是错误的——这些企业认为制造优质的商品,让消费者满意,树立良好的口碑,令消费者口口相传就是口碑营销。实际上,制造优质的商品、让消费者满意只是优秀口碑营销的最低要求。口碑营销作为一种营销形式,其中自然包含一些市场营销的战术和技巧,对此,一些企业又产生了一种极端认识:口碑营销就是制造出一个噱头进行大肆炒作。其实,这些都是对口碑营销的错误认知和判断。企业不应只将口碑营销当作营销战术,而应将其上升到战略高度来认真对待。在当今信息有许多传播渠道,传播速度极快的时代中,一个影响恶劣的口碑营销事件很可能毁灭掉一个企业或者品牌，所以企业必须将口碑营销纳入企业发展的战略规划之中，利用战略的思维方式和谨慎的态度来操作口碑营销。

（二）利用微信开展粉丝营销

企业利用微信开展市场营销需要一步步来，首先需要做的就是申请账号，然后取得认证，接下来通过微信公众账号来吸引人群关注，从而与之建立关系。但是，单凭一个微信公众账号对做好微信营销来说还过于单薄。运营者可以基于微信公众平台进行开发。比如，定制接口开发、微网站等。这样做有利于让整个公众平台看起来别具一格，带给粉丝独一无二的感觉，从而使微信营销的公众账号受到更多人的青睐。

当前有很多学校为了更好地向学生提供学习帮助，逐渐将微信作为一个教育辅助手段，例如学生可以利用学校的微信进行在线翻译。很多企业的微信账号则具有股票查询功能，还有一些美容院可以通过账号查看星座运势及皮肤指数，这些都是一些小功能。招商银行的余额查询功能、星巴克的自然醒功能等就显得个性化多了，这些都是有针对性地对用户量身定制的功能。当然这些还只是在功能方面，内容方面更要以粉丝的需求为主。粉丝想看什么内容就给他们发送什么内容，其只需要输入命令便可以得到相应内容。比如粉丝输入"你好"，就可以看到相关的介绍；输入"联系方式"，就可以查看准确的联系方式和地址。这些功能与内容的关注重点就是目标人群的需要，运营者需要考虑的是如何可以让他们更加依赖企业。另外，企业开展微信营销必须抓住重点，要在营销中做到主次分明，这样才能使接下来的工作有条不紊地进行。

企业利用微信公众平台开展营销活动能够做到维护老客户的同时开发新客户，相较于其他营销方式而言，在客户维护和开发方面具有更好的效果。但企业在进行微信营销运营时，必须清楚首先是维护老客户还是开发新客户。

此外，企业在生产微信内容的时候一定要专注于引起客户的注意，并且要抓住客户的心，让客户看到内容时有一种身临其境、看不够的感觉，要让客户通过微信内容体验到其中无穷的韵味和精彩纷呈的情节。毕竟"文似看山不喜平"，只有好内容才能够让粉丝爱不释手。很多企业的微信号都会为新老客户推送新奇、有吸引力的内容，因此这里首先要考虑的就是这些内容是否能引人入胜，使客户按捺不住地去浏览你的微信内容。企业公众账号只有产生更鲜活和更接地气的内容，才会显得更真实、更具亲和力。在进行内容推送时，应该重视内容的主题性和策略性，不能今天是论坛营销，明天是微博营销，后天又变成微信营销，一定要系统性地推送。当然，特殊行业可以每周推送的次数稍微多一些。

此外，企业还应该重视活动的作用，活动是目前最具人气的一种售卖方式，因为无论是送奖品还是共同参与话题的探讨，都可以大大地提升粉丝的增长速度。通常营销领域都是以书籍赠送为主，这样即使分享到朋友圈，起到的推广意义也不会太明显，但可以增加粉丝活跃度。快销品和餐饮行业通过活动增加粉丝的速度明显比其他行业要快得多，免费试吃活动便可以推动粉丝将其分享到自己的朋友圈，假如朋友圈的粉丝一同到店照样免单，那就更疯狂了。活动营销最重要的是符合受众的需求，而人群效应则是口碑爆发的前提。这同企业的微信营销运营模式也是大同小异的。企业可以通过一些活动来提高自己在粉丝心目中的地位。

企业必须将重点放在客户身上，无论是为了跟风营销，还是为了造势，在利用微信平台开展营销活动时都应该将引起粉丝的关注作为重点。除此之外，企业还要利用位置签名和推销企业二维码等多种方式对企业的微信内容进行推广。企业可以加大相关活动的展示，在能够进行推荐的地方大力推荐，做到活动要丰富多彩，展示要不拘一格，这样才可以引起粉丝的关注。目前主要的操作手法是立体式推广，即线上线下同步进行。其意义就是可以与粉丝进行面对面的交流，这样做更容易加强粉丝的忠诚度。

微信营销当前已经成为各企业采用的营销方式之一，在微信营销运营过程中，企业要不停地找到问题、解决问题，以便找到行之有效的解决方案。企业目前拥有的最好机会就是微信营销，而合理发布营销信息才能够使服务与营销并行。企业微信营销要合理地建立客户数据库，进行数据分析，做好持续营销和口碑营销。另外，还可以通过互动沟通和精细化管理粉丝，使企业的客户数据库得到不断更新和丰富，使得目标客户群不断清晰和目标化，让推广和广告都能够科学地、有针对性地投放，最终实现良性循环，这样也可以使粉丝的分类更加完善。

微信还在不断发展中，当前来看，微信的功能性相较于刚上线时已经丰富了很多，而之后微信的多样价值会越来越多地展露出来，为了更好地使粉丝分类多样化，企业不能再只是针对性别和地域等分类，还要挖掘其他便于分类和营销的东西。

第二节 "互联网+"战略下的网红营销

一、网红经济的特征

（一）聚集变现特征

主要特点就是"热点+爆款+扎堆"。即以热点引爆话题，以话题引出一个爆款产品，形成扎微观、消费。就是流量的聚集与变现。说的通俗一点，就是共同分享一杯羹。一旦出现爆款或者热点的时候，网络人就会竞相模仿，甚至是照搬，但是这似乎也丝毫不印象引流。

（二）产业化特征

由于网红的经济效益提升，导致整个产业链越来越齐备，完整，已经形成了一个从培育、成熟、商业化、商品化发展的一个发达产业。此外，网红商业化中的产品供应链也已经形成，已出现专门为其服务的各类机构。MCN就是其中的代表产业，市面上大大小小的MCN机构成千上万，但是也不乏出类拔萃的优秀代表。

（三）脆弱性特征与差异化特征

应为用户的偏好及时间有限，为了形成个性化，建立竞争力，无论是内容网红、主播网红还是时尚网红都表现出内容或形式的垂直细分化特征。现如今内容尤为重要，持续性的内容产出是对网红的考验。各个平台上的内容大同小异，要想突出重围，必然要创新，只有真正的好内容可以拔得流量池的头筹。

（四）网红经济的商业模式

网红首先基于社交网络和自身内容的输出成为KOL（关键意见领袖），然后将UGC（用户生产内容）深化或向PGC（专业生产内容）转化，增强丝粘度及其认同感，从而影响粉丝行为或决策来实现变现。

根据网红所在的领域、输出模式及变现模式，可以把网红大致分为以下四类：

1.时尚网红

时尚网红诞生于综合社交平台，主要由小模特、设计师或淘宝卖家演变而来，常具有年轻貌美、懂时尚穿搭，善于社交、与粉丝互动性强等特点，变现形式为电商变现。

2.内容网红

内容网红诞生于短视频／音频平台，多数以自媒体为代表，以微博、微信公众号、视频音频平台为载体，输出原创内容文章、段子、评论、漫画、视频等内容，变现形式以内容变现内容付费、服务付费，收费线下活动等为主。

3.主播网红

主播网红由诞生于直播平台的草根名人／职业主播，通过展示才艺、输出知识内容、与粉丝的视频语音实时强互动，主要变相方式为粉丝打赏、冠名等。

网红本身就可以看作热门IP资产，可以实现商业变现，但是从变现渠道来说是十分有限的。目前除了服装行业，其他行业的网红变现平台还没有真正建立。虽然，优酷土豆等视频网站汇集了多家自媒体，但它们却是通过受众人群浏览微信公号、访问微店等一站式电商变现，视频网站本身获益并不多。所以网红经济未来的发展趋势如何，还要看各大网站在网红经济中找寻到的收益方式如何，毕竟商业有利益才能运作。

近些年，网红在这个社会引起了广泛关注，网红经济也受到资本方的重点关注，但是网红具有较强的不确定性强，粉丝对网红的热情能否持久难以预估，因此资本方对此一直比较担忧。但是，未来不管是文化还是娱乐行业必将迎来大爆发，网红经济到时也将发挥出巨大潜力。

二、网红营销

(一)网红营销的核心

本质来说,网红塑造的网络形象是以内容为主的,同时会强调品牌的人格化塑造,要注重加强影响力和信息传播能力。其价值创造过程始终是沿着内容创造、传播、交易的主线不断发展的。在这个泛中心化的时代,只要你能够创造出有价值的内容,就可以借助互联网成为外界关注的焦点。从内容创造到传播,再到变现交易,整个价值创造过程都可以在线上快速完成。可以说,一个网红就是一个自带用户流量、拥有较强影响力的人格化品牌。

网红经济的巨大价值创造能力,正反映了当下内容创业的崛起。按照细分来说,网红与明星、名人并不相同,网红具有其独特的特点。

1. 网红内容必须是能塑造出人格化品牌的网生内容

网红创造的内容要想被消费者关注并传播,一定要是在网络环境中定制、改造而来的,不能将线下的人或事物简单地线上化。只有这样,其内容才更具生命力,具体来说,网红创造的内容应该具有以下方面的特点。

一是内容传播还要迎合传播载体、渠道的发展趋势,在不同的环境下选择更加符合自身需求的平台、传播介质及相应的内容格式。

二是内容要能塑造出清晰而明确的人格化品牌,无法让用户产生情感共鸣,不能让用户喜爱或憎恨的内容,无法得到网民的广泛传播。

三是内容要迎合线上传播、变现、再加工等方面的需求,从而让更多的网民参与到价值创造中来,产生更多的增量价值。

2. 网红自带多元化、流量庞大的传播渠道

对于明星、名人来说,其品牌及形象有着较强影响力,其传播渠道也被广大新闻媒体所控制。而网红则是借助微博、微信、视频网站等具有庞大用户流量的多种传播渠道。在内容传播方式与人们需求心理发生巨大变革的背景下,网红经济将迎来爆发式增长。

3. 内容是决定网红传播效果的关键

虽然对网红创造的内容有一定要求，但是要求比较低，这也是名人、草根都可以成为网红的原因，而且随着科技发展，网红已经不再局限于人类，小度机器人、微软推出的"微软小冰"等都有可能成为网红。只要网红能形成人格化品牌，源源不断地创造出被网民认可并传播的网生内容，在现实中毫无影响力的普通人也可以成为深受网民喜爱的网红。

随着互联网技术的发展以及用户对新奇事物的不断渴求，粉丝们逐渐把注意力从真实存在的人转移到了虚拟创造的"人"和形象上，而这些新的形象，也在逐渐崛起为新一代的网红。和现实人物相比，虚拟人物以其特有的可塑性和趣味性大大增加了自身的传播速度和认知程度。而其自身形式和内容的多样性也赋予了其强大的营销能力，博得了广大广告主的青睐。

对于普通人而言，通过外貌、个性、才艺等吸引粉丝群体，是实现从无到有的过程。那些明星、名人被人们了解，最初可能是依靠其线下的影响力，但是他们在线上获得广大粉丝群体的持续关注，却是由于其不断地进行优质内容的创造及生产。

实际上虽然网红的形式不同，但是他们并不存在层级上的差异，决定网红真正价值的是其传播力和影响力，粉丝在其中发挥着重要作用。传播力与渠道有着密切的关联，而影响力则决定了其向用户传播的内容能否被认可、讨论、转发。在这种情况下，既拥有强大品牌影响力，又拥有千万级别忠实粉丝群体的网红，能拍出上千万元的广告费也就不难理解了。

和其他网生内容比较来看，网红群体的最大特征在于网红可以成为人格化品牌或人格魅力体。粉丝群体认可网红创造的内容及其价值观，其人格化的品牌形象也更容易获得粉丝的信任。归结起来就是：人更倾向于与人交流沟通，能了解自己情感的网红，要比那些代码堆砌成的网红内容更有吸引力。而且在后续的衍生增值服务开发上，人格化的品牌形象有着广阔的发展空间，"逻辑"思维的会员制就是一个典型案例。

从某种程度上讲，内容形式的电商产品其核心卖点其实是品牌信仰，产品只是用来强化品牌信仰的有效工具，通过内容打造的虚拟人格形象及价值观，才是让网红得以创造巨大价值的关键所在。

（二）网红营销的内容生产、传播与消费机制

网红之所以可以获得迅速发展，主要是由于网络时代带来的变革，随着网络信息技术的发展，内容的载体、平台、传播方式等都发生了颠覆性变革，打破了旧有的行业秩序，并创造了许多新的发展机遇。而在旧秩序中，目前依然拥有较强影响力的就是电视媒体。

随着电视在我国的普及，原有的信息传播格局发生了变化，我国逐渐进入大众传媒时代。但通过电视进行营销推广的缺陷在于，企业无法对海量的观众进行精准划分，电视台给出的统计数据过于模糊，广告主只能进行"狂轰滥炸"，无法进行有针对性的高效而精准的定制化营销。决定广告费用的核心指标就是收视率，这会使得广告内容的质量无法得到有效保证，以至于广告主认为，只要没有大规模的观众集体吐槽的就算是好广告。对于电视媒体而言，完成变现的主要方式是贴片硬广，只有那些收视率较高的频道推出的黄金栏目，才可以获得较高的收益。

此外，就我国电视频道的实际收视情况来看，不同频道的收视率不同，而收视率较高的频道并不是很多，能够对全国的消费者带来较强品牌影响力的频道更是屈指可数，观众们观看电视节目的黄金时段仅有 3～4 个小时。电视媒体的内容分发能力与内容形式的限制，在很大程度上降低了其在内容传播方面的影响力。

为了提升收视率，电视媒体必须面向观众创造一些具有较大受众面的内容。观众感觉电视节目越来越枯燥乏味，而电视节目制作方为了让更多的观众关注自己，用尽各种手段来留住观众，其结果却导致电视节目陷入越来越差的恶性循环。所以，一些强调个性、时尚的品牌在选择电视媒体进行营销推广时，不得不支付高额的费用，去争抢仅有的几个有较强影响力的电视栏目资源。

而将电视作为信息传播途径的广告制作公司来说，电视节目的收视情况会在一定程度上对广告的传播效果产生一定影响。广告从业者不但要尽量传递出客户的品牌形象，还要和电视节目的大众化属性进行斗争，因为坐在电视机前的观众们可能心思根本就不在电视节目上，因此必须通过有趣味性、彰显个性的广告来吸引观众的注意。

随着网络的发展和普及使用，信息传播结构发生颠覆，上述大众传媒时代的问题得到了有效解决。多元化的内容形式及互联网视频的点播属性，让营销推广发挥的空间大幅度提升，而且海量的影视剧节目及存储空间，极大地促进了垂直广告内容的生产。此外，在互联网时代，垄断性质的媒体资源也正在失去优势地位。

当前，网络营销已经成为重要营销渠道，并且除了已经开发的市场资源外，还存在海量潜在受众。借助大数据、云计算等新一代信息技术，可以对网民内容需求进行精准预测。在自由平等的互联网环境中，更加强调个性化及人性化的网红营销内容也相对容易被广大消费者认可。

更为多元的网红营销内容及大量涌现的互联网内容平台，使内容的创造、传播及消费等诸多环节的参与者大量增加，打破了传统固定传播形式对内容传播的限制。在无处不在的互联网的帮助下，多元化、个性化及定制化的信息在人们之间快速、高效地流通。在这种环境下，优质的内容可以迅速传递到世界上的每一个角落，从而在世界范围内吸引更多的粉丝群体。

互联网带来了全新的内容生态，这为网红营销创造了合适的平台。网红以某一特定的消费群体为目标市场，不断创造优质的人格化内容，吸引更多的消费者。网红可以借助微博、微信、视频网站等内容平台进行定制化营销，通过与粉丝的互动，增强粉丝的参与度及忠实度，从而让粉丝主动对自己创造的内容进行评论及分享，最终取得良好的网红营销效果。

网红和明星的不同在于，网红的本质是自带流量而且垂直延伸的品牌形象，这与之前的渠道方模式并不相同，网红在流量分发领域具有极高的话语权。此外，以前明星需要借助渠道方来增加自己的曝光度，从而取得品牌价值；而网红建立的人格化品牌自带传播渠道，凭借自身创造的优质内容即可对接广大粉丝群体，不需要第三方机构。

随着网络的发展，自媒体、视频网站、社交媒体平台等内容平台迅速得到发展，这些全新的内容平台对传统媒体平台造成了巨大的冲击，它们恪守着自由、平等、分享的时代准则，以大量的扶持政策或直接购买的形式吸引优质内容创作者的加入。以前，没有渠道，内容就无法得到传播；如今，内容的介质、形式及传播平台多元化发展，没有内容支持的渠道，终究逃不过被淘汰的命运。

（三）网红营销的注意问题

对于内容生产者而言，可以说当今是有史以来最好的时代，他们可以充分发挥自身的内容优势获得发展的绝佳时机。生产者无须在意除内容之外的其他方面，在持续推出优质内容并保持其风格一致的基础上，经过成熟运营，就能取得最终的成功。

但是并不是谁都可以简单地成为网红，尤其是在网红越来越多的实际情况下，网红的发展关键还是在于内容，内容生态领域的发展应该注意以下几个问题。

1.将内容作为核心地位

内容是一切的基础，而内容是由生产者创造出来的。团队的发展在很大程度上决定了其整体价值的高低，但很多人忽略了一点，那就是团队化运作仍然无法确保内容的品质。团队运作确实能够推动网红发展，但起决定性作用的，还是中心人物。

从实际生活可以看出，成为网红，开展网红营销并不是一件容易的事情，如果核心人物本身不具备发展潜力，要将其培养成万众瞩目的焦点，几乎是不可能的。对于内容生产来说，不存在规模效应，生产者本身的能力不足，再多的人加起来也不会出现质量方面的改观。想要提高自身的竞争优势，最关键的就是找到具备杰出生产能力与发展潜力的人，为其提供其他方面的支持，激发其创造力。

在创造内容时，应该将内容的整体风格与特征作为重点。而产品的风格取决于其核心生产者，他的价值理念、对整体局势的把握，能够在很大程度上决定产品的定位及发展方向。其他因素，比如团队运营、具体操作步骤以及其他资源，只是进一步突出产品的特征而已。

2. 将格式作为抓手

随着网红经济的发展，很多从业者和相关研究人员注意到研究网红营销的重要性，并且很多人会将一些成功实例作为研究对象开展研究，其中在短视频平台走红的网红就是一个研究重点。格式的变革能够影响内容的生产、营销及人们的消费行为。但需要注意的是，网红营销需要明确自己的整体风格，深入研究目标群体的共性特征，采用切合自身与用户需求的内容格式、推广渠道及营销方案，在自身内容风格与新颖格式之间找到契合点，根据自己的实际情况做出决定。

3. 以形势为支点，顺势而为

移动互联网的发展使内容传播的方式更加多样化，传统媒介对内容传播的限制被消除，同时，互联网可以更好地满足不同细分领域的用户对信息内容的不同需求，可以基本上实现信息内容的全面覆盖。这些因素使得越来越多的内容产品，由原本的横向发展转而侧重于在垂直细分领域的发展。而在当今社会，00后的年轻用户逐渐成为社会主体，他们对于亚文化的推崇使这种内容发展趋势越来越明显。在这一大方向的影响下，之前侧重于横向发展而产生的现象级人物会不断减少。可以说，在当今时代，网红的垂直发展已经成为主流，横向发展要取得成功简直是难上加难。"罗辑"思维被认为是粉丝经济实践的杰出代表，但随着粉丝规模趋于稳定，其热度也已逐渐呈下降趋势。

第十一章 新经济时代企业营销服务和形象策略

第一节 企业服务营销策划的内容与流程

一、服务营销策划的特点

和一般实体产品营销策划相比，服务营销策划具有以下几个特点。

（一）服务营销策划是以提供无形服务为目标

无形是服务最明显的特点。如果说有形产品是一个物体或一样东西的话，服务则表现为一种行为、绩效或努力。顾客在购买服务之前是看不见、尝不到、摸不着、听不见、闻不到的，因此，他们难以感知和判断其质量和效果，他们更多的是根据服务设施和环境来衡量。服务营销策划必须以提供无形服务为目标。

（二）服务营销策划以顾客为核心

服务的不可分离性决定了服务产品的消费与服务产品的提供是同时进行的，也就是服务的消费者要直接参与服务的生产过程，并与服务提供密切配合，也即顾客成为服务的一部分。在这一过程中，服务绩效的好坏不仅取决于服务者的素质，也与顾客个人的行为密切相关，这就使得服务营销工作复杂化。服务营销者在努力提高自己的素质，创建良好信誉的同时，还要时时注意揣摩消费者的心理喜好，用以区别不同类型消费者对同一服务的需求差异特性，有针对地开展服务营销工作，以增加消费者的满意度，消除和弱化其不满和抱怨情绪。

（三）服务营销策划注重的是服务质量的整体控制

"服务是人与人之间的游戏。"由于人是服务的一部分，服务的质量很难像有形产品那样用统一的质量标准来衡量，因而其缺点和不足也就不易被发现和改进，因此，全面意义上的服务质量需从以下两方面来描述。

①技术质量。以服务操作规程来描述和控制。

②功能质量。以顾客感受和获得的满意度来描述。

由于在服务过程中，顾客与服务者之间的广泛接触和互动影响，现代服务营销管理由此扩展到内部营销、外部营销及顾客管理的整体控制。

（四）服务营销策划具有时间局限性

由于服务的不可感知形态以及生产与消费的同时进行，从而使服务具有不可贮存性，虽然服务设备、劳动力等能够以实物的形态存在，但它们只代表一种服务供应能力而非服务本身。服务的供过于求造成服务供应力的浪费，供不应求则又使顾客失望。因此，如何使波动的市场需求与企业服务供应能力相匹配，并在时间上相一致，便成为企业服务营销管理的一项课题。另外，在服务市场上，既然服务生产和消费过程是由顾客同服务提供者面对面进行的，那么服务的推广就必须及时、快捷，以缩短顾客等候服务的时间，因为等待时间过长会引起顾客的厌烦，使其对企业的服务质量及形象产生怀疑。可见，服务营销中的时间因素对提高服务效率和顾客对服务的评价起着重要的杠杆作用。

二、企业服务销售策划的内容

（一）优质服务策划

1.服务质量的含义

服务质量可以被定义为顾客对实际所得到服务的感知与顾客对服务的期望之间的差距。因此，服务质量是一个主观范畴，它取决于顾客对服务的预期质量和实际体验质量（即顾客实际感知到的服务质量）之间的对比。在顾客体验质量达到或超过预期质量时，顾客就全满意，从而认为对顾客的服务质量较高；反之，则会认为企业的服务质量较低。

顾客感知的服务质量包括技术质量和功能质量两个方面。技术质量是指服务过程的产出，即顾客在服务中所得到的实质内容，如商品零售企业的环境服务为顾客提供的安全、舒适、愉快的购物体验，商品服务使顾客获得质优价廉的商品，维修服务使顾客重新获得商品的使用价值。它也包括服务过程中使用的技术性方法、设施、器械、电脑化系统等硬件要素。技术质量可以通过比较直观的方式加以评估，顾客也容易感知，从而成为顾客评价服务好坏的重要依据。功能质量则是指服务的技术性要素是如何传递的，即服务的生产过程，包括服务人员的态度与行为、企业的内部关系、服务人员外貌仪表、员工与顾客的接触等软件要素。有些服务，顾客无法感知其功能质量，如餐馆的采购、加工、烹饪过程，因顾客并不参与这些作业过程，所以就只能感知其结果，即技术质量。

2. 服务质量管理模式

服务质量管理主要有三种模式：服务生产模式、顾客满意模式和相互交往模式。服务生产模式的理论基础是美国管理学家莱维特在20世纪70年代提出的"服务工业化"的观点。他认为管理人员可通过生产体系客观地控制无形产品的质量，企业可使用现代化设备和精心设计的操作体系，取代劳动密集型的工作，进行大规模生产。顾客满意模式强调管理者和营销人员应从顾客的角度来看待服务和服务质量，认为顾客是否会选择并重复地某个企业购买服务，在服务过程中是否会与服务人员合作，是否会向他人介绍这种产品，是由顾客对服务过程及其结果的主观评价决定的。

3. 填补"服务差距"——改善服务质量

差距1：顾客对服务的期望与服务提供者认知之间的差距。服务企业的管理人员可能并不确切知道顾客对服务质量的期望，因此管理人员认为的顾客期望可能与顾客的实际期望之间存在差异。这种差异的大小是由三个因素造成的。

首先是市场调查。服务企业对市场调查及其他一些不能带来直接利润效果的营销工作往往重视不够，特别是一些出小服务企业，在确定了经营方向、目标市场、服务范围及价格水平等设计质量之后，几乎从来不做市场调查。在他们看来，由于顾客参与服务过程，因此，只要"操作"出色，顾客就会满意。这种操作导向的服务观念偏离了顾客服务这个中心，使管理者不可能真正理解顾客的期望和要求。

其次是内部纵向沟通，即从服务执行人员一直到企业最高管理当局之间的沟通。服务执行人员在与顾客的直接接触中，最了解顾客的需求和期望，他们掌握的信息要向上逐级传递，直至到达企业最高主管。在这一沟通过程中，只有保证信息渠道的健全畅通，才能使负责决策的管理人员及时、准确地掌握完备的信息，从而对顾客的服务期望做出准确的判断。

再次是管理层次。在服务执行人员与最高主管之间的中间管理层次及其管理人员，既是信息的接受者又是信息的发散源。中间层次与人员越多，沟通就越困难，沟通效率就越低，其间的信息丧失率和错误率就越高。

差距2：服务提供者对顾客期望的认知与服务质量规范之间的差距。服务企业在制定具体的服务质量规范时，会因为质量管理、目标设定、任务标准化和可行性这几个原因，使管理者对顾客服务期望的认知无法充分体现在所制定的服务质量规范上。

首先，服务企业会因为缺乏全面、系统的服务质量管理而使差距加大。许多服务企业容易把管理重点放在节约成本、短期利润等易于测量且效益明显的目标上，而对服务质量管理缺乏必要的重视，致使服务质量管理水平较低。

其次，目标设置。目标设置是一个组织存在的前提，它不仅有利于提高组织和个人的行为水平，而且有助于组织的全面控制。大量的事实表明，能提供优质服务的公司都有一套明确的目标。顾客服务目标需要完整地反映在企业的服务质量规范之中，并以这些目标作为服务质量控制的依据。

再次，任务的标准化。对顾客期望的认知向服务质量规范的转化程度还取决于任务的标准化过程。有效的任务标准化工作将有助于缩小这一差距，否则可能使差距进一步扩大。而且通过服务的标准化，使服务行为有统一的标准，将有助于企业进行有效的质量控制和管理。对服务的标准化主要依靠各种技术来实现，如用机器设备取代人员服务，改进服务操作方法，对员工进行标准化培训等。但服务任务的标准化是有限制的，任务的标准化决不能搞"一刀切"，而只能对那些常规性的服务项目和环节特别是顾客不参与的服务过程进行标准化。

最后，可行性问题，即满足顾客一定的服务期望在经济上和技术上是否合理可行。如果管理人员认为顾客的服务期望在本公司无条件满足，那么对顾客期望的认知与服务质量规范之间的差距就会加大。

差距3：服务质量规范和服务提供者实际行动之间的差距。当服务提供者不能够或不愿意严格按照服务质量规范提供服务时，这种差距就产生了。由于它是在服务表现过程中形成的，因此也被叫作"服务表现差距"。影响服务表现差距的因素包括服务意识、团队协作、员工胜任程度、技术胜任性（公司的技术和设备水平满足一定服务质量要求的程度）、现场控制、跟踪控制、角色冲突和角色模糊等。

（二）服务价格策划

1. 服务价格的含义

有形产品的价格是产品价值的货币表现，那么我们就可以认为服务的价格是服务价值的货币表现。有形产品是可见的，它的质量、外观是可感知的，其价值也是可衡量的，具有客观性。而服务是无形的，作为顾客的感知服务质量，它是人的主观能动感受，而这一感受又因人而异。所以，作为服务的定价，不仅要考虑成本、需求和竞争因素，更要注重顾客的感知服务质量，这就要求做好服务的有形化，使顾客的感知服务质量趋于一致。

2. 服务价格策划的内容

产品的价格策划主要包括产品价格的制定策划和产品价格的调整策划。

（三）服务促销策划

服务业的促销活动与产品的促销活动大致相同，用于产品促销的工具、策略和策划步骤也适用于服务促销，在这里，只把服务促销和产品促销的不同点做一个比较。

产品促销和服务促销由于受其本身特征的影响，具有许多不同的特点。这些差异大致可分为两类：一类是服务行业特征的影响；另一类是服务本身特征的影响。

1. 服务行业特征造成的差异

服务行业因类型不同而各有其特点。因此，找出所有类别的共同差异是一件不容易的事。

2. 服务本身特征造成的差异

服务的若干特征具有不同的营销含义，所以从顾客的观点来看，消费者对产品营销和服务营销两种营销的反应行为，有着很大的差异。

①消费者态度。消费者态度是影响购买决策的关键。服务业的非实体性是营销上一项最重要的要素。消费者在购买时，往往是凭着对服务与服务表现者或出售者的主观印象，而这种对主观印象的依赖性，在购买实体性产品时，则没有那么重要，对于服务销售者和服务业有两方面与制造业不同，即服务产品被视为比实体性产品更为个人化和消费者往往对于服务的购买不满意。

②采购的需要和动机。在采购的需要和动机上，制造业和服务业大致相同。不论是购买实体性产品或非实体性产品，同类型的需要都可以获得满足。不过，有一种"个人关注的欲求"，对产品或服务都是很重要的，凡能满足这种"个人关注的欲求"的服务销售者，必能使其服务产品与竞争者之间产生差异。

③购买过程。在购买过程上，制造业和服务业的差异则较为显著。有些服务的采购被视为有较大的风险，原因是买主不易评估服务的质量和价值。另外，消费者也往往容易受到其他人，如对采购和使用有经验的邻人或朋友的影响。而这种影响，对于服务营销而言有比较大的意义，尤其是在服务的供应者和其顾客之间，有必要发展形成一种专业关系，以及在促销努力方面建立一种"口传沟通"方式。这两项做法，势必可以促使各种服务促销的努力更有效率。

（四）服务人员策划

在提供服务产品的过程中，人（服务企业的员工）是一个必不可少的因素，尽管有些服务产品是由机器设备来提供的，如自动售货服务、自动提款服务等，但实际上零售企业和银行的员工在这些服务的提供过程中仍起着十分重要的作用。对于那些要依靠员工直接提供的服务，如餐饮服务、医疗服务等来说，员工因素就显得更为重要。一方面，高素质、符合有关要求的员工的参与是提供服务的一个不可或缺的条件；另一方面，员工服务的态度和水平也是决定顾客对服务满意程度的关键因素之一。

服务人员策划的内容主要包括对人员的招聘、培训、激励和管理。其实，服务人员策划的内容就是服务人员策划的流程。

1. 服务人员招聘

在选择前线员工时，不能像招聘普通员工那样只看重经验和技能，而更应考察态度、资质和个性等一些能为服务人员带来成功的因素。

2. 培训

员工招聘只是企业人力资源管理的开始，如何使新员工成为符合企业要求的服务提供者，这是企业内部培训要解决的问题。

三、服务营销策划的流程

不同于其他行业，许多服务行业在提供服务过程中，顾客一直身处其中的，我们把服务过程中顾客与服务组织的接触叫作"交锋时刻"，顾客是否对这项服务感到满意，很大程度上取决于"交锋时刻"，而服务策划帮助企业提高各个环节的效率，更好地应对服务行业的需求波动。

（一）细分市场

任何一个企业，无论其规模如何，它所能满足的也只是市场总体中十分有限的部分，而不可能予以全面满足，不可能为所有消费者都提供有效的服务。市场细分就是根据消费者明显不同的需求特征，将整体市场划分成若干个消费群的过程，每一个消费者群都是一个具有相同需求和欲望的细分子市场。

1. 服务市场细分的依据

服务市场的细分主要是依据一定的细分变量来进行的，服务市场细分的常用变量可以概括为地理因素、人口统计因素、心理因素和行为因素四个方面。每一个方面又包括一系列的细分变量。

（1）按地理因素细分

按消费者所在的地理位置、地理环境等变数来细分市场。

（2）按人口统计因素细分

按年龄、性别、职业、收入、家庭人口、家庭生命周期、民族、宗教、国籍等变数，将市场划分为不同的群体。

（3）按心理因素细分

将消费者按其生活方式、性格、购买动机、态度等变数细分成不同的群体。

（4）按行为因素细分

根据消费者对服务产品的了解程度、态度、使用情况或反映，将其划分为不同的群体。在这个过程中，时机、利益、顾客状态、使用频率、忠诚度、购买者阶段和态度等行为变量是细分市场的基本点。

2.服务市场有效细分的条件

①可衡量性，即细分市场的规模及其特征可以衡量出来。

②可营利性，即细分市场的容量能够保证企业获得足够的经济效益。

③可接近性，即企业有足够的资源接近该细分市场，并占有一定的市场份额。

④易反应性，如果一个细分市场对营销战略的反应同其他细分市场没有区别，则没有必要把它当成一个独立的市场。

（二）把握服务需求

服务需求是指在顾客心目中服务应达到的和可达到的水平。服务行业是由于顾客的期望才产生的。有句经典的话这么说，"企业拥有一个最简单的结构：最首要的事情让用户满意，其次才是利润。如果做不好第一件事情，第二件事情将永远不可能发生。"特别是对于服务行业，只有它的第二次消费率或者说多次消费率很高，及时地了解顾客的期望，调整产品的结构，才能保证在竞争日益激烈的市场中站稳脚跟。

一般来说，了解服务期望可以从以下两个方面入手。

1. 了解顾客最关心的期望

企业与顾客对某个具体服务的认识有时是不同的，弄清什么是顾客最关心的内容，企业才能有针对性地提供满意的服务。例如，在餐厅消费中，顾客的满意度受到食品价格、口味、附加价值等影响，但同时人们最关心的还是其卫生状况。

2. 了解重点客户的期望

一般来说，企业必须重点对待那些关键客户，因为他们是利润的主要来源。服务行业可以从自己行业的特点出发。例如，证券的经纪业务可以按照财务指标来划分，按保证金的数额就可以按照财务指标来划分，按保证金的数额就可以把客户划分进大户室、中户室和散户大厅的服务类别。

（三）判定服务流程

服务流程可以看作一个"投入—变换—产出"的过程，其最后的结果通常不是一件有形的产品，可以被描述为"一种行为或者是行为的结果"。根据顾客本身及资产在服务流程中的不同情况可以分为以下四种。

①作用于人体的可触行为。这种服务是指发生在人的身体上，使身体的形状、地理位置发生一定的变化，如外科手术、交通运输、美容服务等。这些服务要求顾客必须身处服务现场，与服务组织及员工有长时间的紧密接触。

②作用于人的精神的不可触行为。这是指服务结束时对人的精神产生影响，使顾客感到愉悦或头脑充实、增加知识、得到信息、改变想法等。在这些服务的提供过程中，并不一定需要顾客身处服务机构内，也可以通过传播媒介，如广播电视、移动通讯等，无形的信息是服务组织和顾客的主要接触。

③作用于有形资产的可触行为。此服务针对的是顾客的有形资产，所以客户本人并不要求在场，如包裹运输、服装洗涤、家电送修等。在许多情况下，顾客将物品送到服务机构或组织上门服务，顾客只要提供相应的要求和指示就行。

④这里的无形资产主要包括顾客的钱财、重要文件、数据等。随着现代技术的日益发达，顾客几乎不需要与服务机构进行接触，如电子银行、电话银行等。但有些情况下还是需要面对面的服务，如投资咨询、申请贷款等。

（四）调节服务能力

1. 服务能力的四大要素

服务能力是由人力资源、设施和设备、时间以及顾客参与四大要素构成的。

（1）人力资源

人的劳动是所有高接触型服务和许多低接触型服务的一个关键能力要素。一句名言非常形象地说明了这一点："律师的时间和专门知识即是他的资产"。专业服务以及基于知识的产出尤其依赖于高水平的专业人员。对于饭店服务员、护士、电话接线员等大量重复性的服务工作来说，各岗位员工的安排方式、其劳动生产率也是决定产出的关键因素。此外，人力资源还是具有高度灵活性的能力要素。在劳动力流动市场充分发达的条件下，人员可以全时工作、兼职工作或加班加点，还可以通过交叉培训而胜任多项工作，这些都是灵活调整服务能力的重要途径。

（2）设施和设备

制造业中的设施和设备必须考虑半成品、原材料和人员容纳等问题，而服务行业的设备还要考虑顾客的接待，因此在要求上更进了一层。往往设施和设备对服务能力的大小起到决定性的作用。如医院的床位、宾馆的包房数、货车的车厢容积等。

（3）时间

因为是服务性行业，所以必须考虑到顾客需求的随机性和可预测性，而这两者又都与时间要素相关联。通过预测高峰期和延长服务时间都是服务能力管理的方法。

（4）顾客参与

顾客参与主要是指服务客户的过程中服务人员同客户展开互动，提升客户体验的能力。顾客参与质量的好坏直接影响到顾客对产品质量的感受，因此服务人员要注意调动顾客，提升顾客对本部门产品的影响。

2. 服务能力管理

在考虑改善服务能力时需要遵守供需平衡的原则，通过针对不同情况的需求来计划服务能力策略。在需求波动明显加大时，通过改变设施布局、延长服务时间、利用非全时员工和使用预定系统及处理超额预订问题来提高供应能力。在需求波动不足时提供价格诱因、开发互补性服务等多种方式达到资源利用率的优化。成功的能力管理可以做到既降低服务的成本，同时又提高顾客满意度。

（五）服务质量管理

服务质量是消费者对于企业所提供服务感受的优劣程度。服务质量管理是一项系统工程，包括强化质量意识、制定基本流程、改善管理等内容。

1.强化质量意识

服务质量管理是服务营销工作的核心，而这一前提是企业必须树立强烈的质量观念。强化质量意识包括以下两个方面。

（1）树立质量文化观

企业之间的竞争，质量是重要内容，而质量竞争最终要落实到人才的竞争。如何调动员工的积极性、创造性，创造出追求高质量的企业氛围，其核心是通过培植质量文化来强化质量意识，增强企业的紧迫感和危机感。

（2）建立激励机制

市场的基本法则是竞争，竞争的结果必然是优胜劣汰，企业应通过建立激励机制来加强员工的质量意识。企业在建立激励机制时，要把营业额的长期目标和短期目标结合起来，确立公平的绩效考评方式，在激励过程中除了注重团队精神还要重视个人表现。

2.服务质量管理的基本流程

服务质量管理的基本流程可以用"PDCA循环"来表示，即Plan（计划）、Do（执行）、Check（检查）、Action（处理）。这四个阶段依次衔接、紧密结合形成一个循环。整个工作是一个大循环，各阶段分为小的循环，企业通过这样的循环系统，不断制定新的标准，提高服务质量。

（1）计划阶段

企业在这一阶段要通过现场管理和调查发现服务工作中存在的问题，应用统计方法和团队经验分析产生问题的原因，找出影响工作流程实施的最大因素，在此基础上制定解决问题的工作计划，拟定改进意见。

（2）执行阶段

在计划制定的基础上，执行工作计划。在执行阶段，特别要注意排除各种障碍，障碍可能来自领导、企业内部各部门之间的不协调等。

企业领导如果没有认识到提高服务质量是取得竞争的关键，他们往往会只是口头上支持，实际行动不支持，尤其是遇到人、财、物投入的问题，便随便干预执行，凭主观臆断改变计划内容，或随意削减经费，扰乱工作部署。而解决上述障碍，首先应使企业领导对服务质量工作有深刻的了解和认识，变障碍因素为促进因素；其次，应协调好人、财、物几个重要部门的关系，以创造实施计划的良好企业内部环境；最后，应在计划实施过程中不断对计划进行诊断，及时调整计划内容，优化方案。

（3）检查阶段

由于服务质量的感受者是顾客，所以具体的检查和评估方法是以问卷调查形式进行的。

常用的衡量消费态度的尺寸有：

①评价尺度。评价尺度是一种顺序尺度，各尺度水准间的距离相等，被访者从依次序排列的类别中画出与其态度相一致的位置。

②等级尺度。要求被访者按照他的态度和意见，把要研究的服务分成等级。

③固定数量尺度。这一评价方式要求被访者对各评估标准的相对重要性进行比较。

④行动阶段。通过检查和评估，巩固取得的成绩，并设法解决尚未完成的遗留问题。

3.改善服务质量管理

服务质量管理的目的是通过高效的质量管理，提供能够符合顾客需求且满足乃至超出顾客期望的服务，建立顾客忠诚。但是，服务营销过程是一个十分复杂的过程，涉及多个环节，都影响消费者的忠诚度。要抓好以下环节的工作。

（1）认知环节

对消费者服务需求的认知和把握，是开始服务营销工作的前提和基础。由于消费行为受到一系列因素的影响，他们的消费需求往往存在着很大差异。就是同一个顾客在不同时间对服务需求的层次和类型也不一样。

在认知环节，企业应切实通过各种方法收集消费需求的信息资料，对需求期望的现状与发展趋势一定要有清楚的认识。企业管理者要加强与顾客的直接联系，鼓励员工把所知所感传达给高层主管，服务组织结构要扁平化，减少向上沟通的障碍。

（2）设计环节

企业在了解消费者的需求后，还必须采用适当的方式去满足这些需求，正确认识消费者期望的可行性，根据企业特点制定服务质量标准，对重复性的、非技术性的服务实行标准化。

（3）沟通环节

企业在沟通环节容易出现的毛病有：一是沟通过度，夸大其词的宣传使消费者的期望大于企业实际能提供的服务水平，二是沟通不够，不能激发消费者的消费欲望。

（4）感受环节

消费者在实际消费过程中感受到的服务与期望有一定的差距，多数情况是实际满足小于期望满足，导致消费者对服务的失望。要使感受环节服务质量改善，企业应把提高服务质量视为系统工程。仔细分析企业造成顾客不满意的因素及原因，形成顾客满意的再生机制，努力使消费者的感受高于其期望。

（六）确定服务方式

服务方式的确定，主要是指服务渠道的选择。

传统的服务渠道一般包括直销、经销、联合营销等，在选用某种或某几种时，必须考虑到服务目标的特点，以此来决定服务方式。

1. **直销**

与传统营销方式相比，直销的优点在于减少流通环节、降低交易成本，并可使企业较快地接受市场信息，及时调整经营策略。直销方式普遍运用在保健品、化妆品、家居洗涤用品、小型厨具等市场。但随着市场的变化，直销的缺点逐渐显现，比如人员的规范性不一致，盈利不稳定、业绩压力大等。作为直销手段而言，更应该向高端客户靠拢。

2. 经销

经销是指由经销商负责销售和顾客服务，这种方式最大的优点在于扩大了消费群，降低了企业的运营成本。在企业战略中，一般将售后、流通部分转移出去，一来可以降低企业的运营成本，二来可以使企业更高效地聚焦于自己的核心产品，而且经销商有更多的机会了解顾客的需求。但需要注意的是，一般经销商的服务水平会低于企业的服务水平；企业或许不能及时收到信息反馈。

第二节　企业服务营销过程的管理策略

一、服务有形化策略

服务有形化是指服务机构有策略地提供服务的有形线索，以帮助顾客识别和了解服务，并由此促进服务营销。服务有形化策略包括服务承诺化策略与服务包装化策略两种类型。

（一）服务承诺化策略

服务承诺，是指公布服务质量或效果的标准，并对顾客加以利益上的保证或担保。服务承诺化，是指服务机构通过对服务过程的各个环节的质量予以承诺，以促进服务营销。

对服务做出承诺，可以降低服务消费者因服务的无形性而需承担的认知风险，因而可以降低顾客由此产生的心理压力，增强顾客对服务的信任，从而促进服务营销，进而激发和扩大顾客需求。

（二）服务的包装化策略

服务包装，是指服务环境。服务包装或环境，作为服务的有形线索，能够提示它所包装的服务信息。服务包装或环境是有价值的，它可以使服务增值。

服务包装化，在某种意义上，是指服务环境的"营销"，即有策略地设计和提供服务环境，让顾客通过接触环境来识别和了解服务的理念、质量和水平等信息，从而促进服务的购买或交易。简言之，服务包装化就是让顾客在接受服务前先接受服务的包装或环境。

二、服务技巧化策略

服务无形性的背后是服务的技巧。一切服务业归根结底都是靠自身的、其他行业难以替代的服务技巧生存和发展的。服务技巧化，是指培养和增强服务技巧，利用服务技巧来吸引和满足顾客，充分发挥技巧在服务营销中的作用。服务技巧化，主要体现为服务的技能化。

服务技能，是指服务人员服务的熟巧程度、技艺、能力等。服务技能化，旨在培养和增强服务人员的技能，利用服务技能来吸引和满足顾客，充分发挥技能在服务营销中的作用。对于重视服务技能化的服务机构来说，其营销在一定程度上就是服务技能的营销。服务技能是服务产品价值的核心来源。技能是技巧的主要组成部分，服务技能的增强可以从根本上增强服务营销的吸引力。

三、服务的可分化策略

服务的可分化是指在服务过程中让服务生产者与服务消费者之间实行部分的分离。服务的可分化主要体现为服务的自助化。

服务的自助化，是指服务生产者向顾客提供某些服务设施、工具或用品，让部分服务由顾客自行完成，以便服务生产者与消费者之间实现一定程度上的分离。服务的自助化有利于增强服务消费者在服务过程中的自主体验和责任。使顾客的自主体验经历增强，这样会加深对服务过程的兴趣和激情，从而有助于服务的再次购买。同时，顾客对服务的自我责任增强。对服务提供者的责任期望则会相对降低，这对服务营销而言是有利的。

四、服务的规范化策略

服务的规范化是指在服务过程中建立规范并用规范引导、约束服务人员的心态和行为，以保持服务的稳定性。服务规范化主要包括服务理念化和服务标准化两个环节。

（一）服务理念化

服务理念化是指服务机构建立自己的理念并用理念来规范服务人员的心态和行为。公司理念（Mind）是指公司用语言文字向社会公布和传达自身的经营思想、管理哲学和企业文化，主要包括企业宗旨、使命、目标、方针等内容。

服务机构的理念通常借助于文字的有形形式向消费者公布和传达服务的有形信息。如汉堡王公司的"任你称心享用"、联合航空公司的"你就是主人"等，都生动、形象地表达了各自的营销理念，提高了消费者对其服务产品的信任，同时也有利于体现服务特色和企业的内部营销。

（二）服务标准化

服务标准化是指服务机构系统地建立服务质量标准并用服务质量标准来规范服务人员的行为。

服务标准化是服务理念化的实现形式，二者之间有着内在的联系。有的实施性较强的服务理念与服务标准区别不大。在实行规范化营销时，应避免重标准而轻理念的现象。因为服务理念是服务标准的灵魂，缺乏理念的服务标准不管制定得如何全面细致，也是冰冷呆板的，而让服务人员执行缺乏灵魂的服务标准，自然难以取得理想的效果。所以，服务营销的开展，既要重视标准化，也要重视理念化以及二者间的内在关联。

服务标准，可以为顾客提供客观依据，便于服务质量管理收集有效的反馈信息，从而有利于改进服务质量的管理。而服务标准又与服务品牌化、服务承诺化密切相关，从而使服务更便于识别。

五、服务的关系化策略

服务的不可分性对服务营销存在有利的一面，服务生产与消费不可分，在客观上成为服务业的一种要求，使得服务业比制造业更需要关心顾客的需求，更需要改善与顾客的关系等。为了利用这有利的一面，服务营销采取关系化策略，即在服务营销中通过强调关系营销、内部营销、口碑沟通、公共关系、与顾客接触"真实瞬间"的服务质量等来实现对顾客的优质服务，而服务细微化的实现是关系化营销的重要策略。

服务细微化是指服务机构或人员从细微处来关心顾客和贴近顾客，从而使服务关系进入更深的层次。"见微知著"是古人对服务细节精辟的提炼，服务机构只有通过对细微处的观察，才能满足顾客的真实需要或偏好，从而使服务营销更加有效。

服务的细微化有利于顾客对服务质量的感知。服务质量较强的主观性会影响服务过程的每一个具体细节，因而会对整个服务过程的质量产生根本性影响。服务的细微化可使顾客提升对服务者的主观感受而产生优质服务的印象。

六、服务的差异化策略

服务的易变性为服务营销创造了有利的一面。服务（产品）作为人的活动具有易变性，这要求服务业应比制造业具备更强的"以变应变"能力，即适应市场环境和顾客需求变化的能力，只有这样才能适应市场营销的需要。为利用服务易变性的有利一面，服务营销应采取差异化策略，其具体表现为服务多样化和服务特色化。

（一）服务多样化

服务多样化是指服务机构或服务人员针对不同的顾客或同一顾客不同的需要提供不同的服务。不同的顾客或顾客群（细分市场）对服务的不同需求，是采取服务多样化策略的一个成因。

此外，市场需要的多层次化则是采取服务多样化策略的另一个原因，因为同一顾客对一家服务机构的服务也有多种不同层次的需要。

（二）服务特色化

服务特色化是指服务机构或人员向顾客提供独特的、体现自己个性的服务，主要包括以下几方面的内容。

1. 专业特色

如上海图书公司开设的上海图书城设计书店，就体现了广告、时装、室内装潢、建筑、工艺美术和装饰品等与设计密切相关的专业特色。该店汇集了1500余种设计类专业图书，形成了"专书专卖"的服务特色，深受专业读者的欢迎。

2. 传统特色

如有120多年历史的上海豫园"老饭店"，始终坚持上海本帮菜的服务特色招揽顾客。

3. 交叉特色

不同的行业交叉打造独特的服务特色。如上海宝山区的工业旅游，将旅游与参观"宝钢"相"交叉"，也颇具特色。

4. 顾客特色

顾客特色源自目标市场的细分与定位。如《希望》《青春》《少女》等众多时尚期刊都是以服务青少年读者为主，以确定其在该细分市场的特色定位，促使营销目标得以实现。

5. 环境特色

如智利首都圣地亚哥造型别致的双蜗牛商场，利用该商场"两只蜗牛"的特色建筑设计，使顾客在购物过程中不知不觉穿行于底层与顶层之间，顾客不必走回头路，便于流通，科学又实用，而且建筑形式新颖、独特，给人留下难以磨灭的愉悦感受。

6. 活动特色

活动特色的优点是有较高的促销价值，可以摆脱价格战的困扰。如广州晓港公园极富特色的"婚礼公园"主题，使其在广州的公园中鲜活而深入人心。公园里面设有举办中、西式婚礼活动所需的草坪、中式花园、欧式花园、教堂区、总统套房、婚纱影城等特色设施以招揽游客。

7.人员特色

利用服务员工的共有特点来树立服务的特色。如清一色的男性服务生即成为上海某食府鲜明的服务特色，以与其他同类竞争对手相区别。

8.地域特色

地域特色的优点在于特色鲜明，且具有一定的历史文化内涵，易于表现。常与传统特色联系紧密。

七、服务的可调化策略

服务的可调化，是指服务机构通过对服务时间、服务地点的调整和对服务供求的调节来克服不能用服务储存来平衡供求矛盾的困难。服务的可调化策略重点表现在服务时间可调化和服务地点可调化两个环节。

（一）服务时间可调化

服务时间可调化，是指服务机构通过对服务时间的调整来满足服务需求和平衡服务供求的矛盾。服务时间可调化策略常表现为延长和调整服务营业时间、提供预约服务等。

（二）服务地点可调化

服务地点可调化，是指服务机构通过对服务地点的调整来满足服务需求和平衡服务供求的矛盾。服务地点的调整，主要包括多地点服务、流动服务、跨区布点和服务品牌输出等方式。

八、服务的效率化策略

服务效率化，主要表现为服务时效化、服务多功能化。服务时效化，是提高服务的时间效率，而服务多功能化则是提高服务的空间效率。

（一）服务时效化

服务时效化，是指服务机构充分利用服务的时间资源提高服务的时间效率。

它有利于捕捉服务机会和实现服务增值，从而提高服务质量。

（二）服务多功能化

服务多功能化，是指同一家服务机构对同一个（同一群）顾客提供多种不同但相互关联的服务，以便提高机构的服务效率或顾客服务消费的效率。

九、顾客满意化策略

（一）塑造"以客为尊"的经管理念

"以客为尊"的服务经营理念，是服务顾客最基本的动力，同时它又可引导决策，联结公司所有的部门共同向着顾客满意的目标奋斗。

（二）开发令顾客满意的产品

顾客满意策略要求企业的全部经营活动都要以满足顾客的需要为出发点，把顾客需求作为企业开发产品的源头。所以企业必须熟悉顾客，了解用户，即要调查他们现实和潜在的需求，分析他们购买的动机和行为、能力、水平，研究他们的消费传统和习惯、兴趣和爱好。只有这样，企业才能科学地顺应顾客的需求走向，最终确定产品的开发方向。

（三）提供令顾客满意的服务

热情、真诚为顾客着想的服务能换来顾客的满意，所以企业要不断完善服务系统，以便以顾客为原则，用产品具有的魅力和一切为顾客着想的体贴去感动顾客。售后服务是生产者接近消费者的直接途径，它比通过发布市场调查问卷来倾听消费者呼声的方法要有效得多。由此不难看出，今后企业的行为必须要以"消费者满意"为焦点。

（四）科学地倾听顾客的意见

顾客是企业的生存之本，只有耐心倾听顾客的意见，才能最大限度地满足顾客的需求，让顾客满意。这是改善服务，提高顾客满意度的一条捷径。

第三节 企业营销形象识别系统策划

一、企业形象策划的基本特征

（一）战略性

CIS 是对企业理念、行为方式和视觉表现进行统一识别策划设计、统一传播，进而增强企业竞争力的现代经营战略，因而战略性是 CIS 的生命和灵魂。换言之，企业导入 CIS 应该将之作为一项企业的长远战略来实施。其战略性表现在：

导入 CIS 必须从企业全局和发展的长远目标上考虑；当企业的战略目标与近期利益、眼前利益发生矛盾冲突的时候，企业应注重长远利益，不为眼前利益所惑，最终获得长远战略性的市场利益；当企业价值与经济利益发生不可调和的矛盾冲突时，把企业形象价值摆在第一位，牺牲经济效益来换取具有长远意义的战略效益；企业导入 CIS 的系统作业，有一定的周期性，或五年十年一个周期不等，需视企业发展实际情况而定，一项 CIS 作业经过几年一个周期后，随着社会的发展、市场的变化会变得陈旧过时，这时便需要及时提升，要求企业把 CIS 置于战略性的高度去考虑如何作业。

（二）系统性

CIS 系统涵盖了企业的各个方面，是一项繁杂的系统工程。CIS 是"软件"系统（MI、BI）和"硬件"系统（VI）的集合，是基本系统和应用系统的集合，所以 CISI 程各个部分必须在企业统一的企业理念指导下规范化。标准化地表现出企业整齐划一的形象识别，这是 CIS 工程的基本表现。CIS 的成功开发和实施，实际上是与企业的内在结构、运行机制和精神文化紧密相关的。可见，由 CIS 识别系统工程策划出来的优秀企业形象，是由企业哲学、文化、管理、经营、美学理念综合构成的体系。

（三）差异性

差异性又叫个性，是CIS的最本质特征。企业导入CIS的根本目的，是全方位塑造个性鲜明的企业形象，因此CIS归根结底是一种差异化战略。

这种差异化主要表现在以下两个方面。

1.行业的差异化

不同的行业在社会大系统中担负着不同的使命，反过来社会对不同行业亦有不同的要求。所以，CIS所塑造的整体企业形象，也需因不同行业而确定其优先的形象要素，由此形成最基本的企业个性特征。

2.企业或品牌的差异化

同行业中不同的企业或品牌应有不同的个性、不同的形象。成功的CIS策划，尤其是标新立异的企业理念，是企业的生命力和激发力所在。在设计企业理念、品牌形象，创造与众不同的形象，尤其是企业行为、企业标志方面独树一帜，才能与同行企业拉开差距，形成竞争优势。这就是我们说的"既要与众不同，更要大众认同"的差异化策划理念。

（四）竞争性

CIS战略的竞争性，是指成功地导入CIS提高企业的形象力，将使企业在强手如林、复杂多变、竞争日趋激烈的市场经济环境中立于不败之地。

企业导入CIS增强竞争力主要表现在以下几个方面。

1.CIS能够帮助企业重新构建企业文化

企业文化是企业在长期经营中逐步形成的经营文化、群体意识和行为规范的总和。CIS中的理念、行为规划的设计正是企业文化建设的核心。只有独特的企业文化，才能塑造出具有鲜明个性的企业形象。企业文化的最大作用是强调企业目标和企业员工行为目标的一致性，强调群体成员的信念。价值观念的共同性，强调企业对员工的吸引力和员工对企业的向心力，由此形成企业竞争力的力量源泉。

2.CIS 能提高产品的附加值

随着商战的加剧，传统的降价、让利、广告、促销等手段已难以适应新的消费观念。所以，企业家逐渐转向以文化为主旋律的非品质、非技术的经销氛围。这些都在一定程度上增加了产品的文化附加值，从而令商品身价倍增，增强了市场竞争力。

3.CIS 具有文化整合功能和文化导进功能

包括提供知识、更新知识，为企业吸引最新的理论、科技、人才，协调企业的系统管理，提高企业的综合素质，进而增强企业的竞争力。

二、企业形象策划的功能

（一）识别功能

识别功能是 CIS 最基本的功能。CIS 的基本功用，就是将企业本身及其产品、品牌与竞争对手区别开来。CIS 识别的优势在于将整个企业作为行销对象，将企业的理念、文化、产品等形成统一的形象概念，借助视觉符号表现出来，并进行全方位传播，可以让社会公众多视角、多层面地对企业加以鉴别，决定取舍，而不管从哪个角度、哪个方面，都能感受到相同的、一致的信息，最终形成统一的形象评价结果。

CIS 的识别功能主要是通过语言、图像、色彩三个识别要素发挥作用。

语言识别是指用象征企业特征的精神口号、产品与品牌广告语等达到识别目的。其中，最具魅力、最具鼓动意义的是企业价值观，称之为"关键语"，即用言简意赅的语句表达企业形象、经营理念，代表企业的思想行为。

图像识别是指用象征本企业的图形，如标志、辅助图案、吉祥物等图案，形象地达到识别的目的；是建立企业知名度和塑造独特企业形象最有效的方法，这正是中外企业导入 CIS 普遍重视企业标志等的原因所在。

色彩识别是指企业用象征自己特征的色彩（企业标准色）达成识别。它利用了人们对色彩普遍具有的审美心理，并能引起愉悦、联想、美好的印象效果，设计出符合企业理念个性特征的标准色，起到强烈的区别性识别效果。

（二）管理功能

CIS 不仅在对外传达企业形象方面发挥强烈的识别功能，同时在规范企业内部管理方面也发挥着有利作用。CIS 的管理功能，还体现在给管理者确定了一个明确的企业形象塑造目标，提供了一本处理纷繁杂务的既定原则，使管理人员可以迅速准确地做出正确的决定。但是，CIS 的管理功能不是独立存在的，它是同企业原本的质量管理、成本管理、财务管理等结合，相辅相成，才能有效发挥作用。

（三）传播功能

导入 CIS 塑造企业形象的过程，主要是通过传播予以实现。正是因为 CIS 设计系统具有准确、有效、经济、便捷传播的功用，才能达到树立优良形象之目标。

（四）协调功能

企业导入 CIS 有助于信息传播的可信性、真实性和统一性，使企业的公共关系活动得到顺利发展，达成企业同社会各方面的协调与平衡。企业的公共关系包括员工关系、顾客关系、金融界关系、合作关系、竞争关系、政府关系、新闻界关系、社区关系等，各种关系形式不同，但 CIS 均能发挥独特作用。CIS 的贯彻能进一步改善与发展企业同政府的关系、社区的关系、新闻界的关系，创造企业同社会协调一致的外部经济环境。这便是 CIS 发挥的协调功能。

（五）竞争功能

在竞争激烈的市场中提高企业的竞争能力，是 CIS 的核心功能。以上四大功能在一定程度上说都是为提高企业竞争功能服务的。

三、企业形象策划与设计内容

（一）企业理念识别系统的策划

理念是企业的灵魂。理念的设计在企业形象策划中占有核心地位。策划企业理念要弄清决定和影响企业理念的主要因素。营销理念的设计既要准确地提炼企业的主导理念，也要全面规划由主导理念辐射到各个层面和各个侧面的分支理念。理念设计要有正确的理论依据和实践依据。理念设计要围绕经营方向、经营思想、经营道德、经营作风、经营风格等内容展开。理念要发挥作用必须向视觉识别系统和行为识别系统渗透，以促进抽象理念的具体化、行为化。

1. 理念识别是企业形象系统的核心

企业理念是指企业的经营宗旨、经营方针和价值观。它是企业的灵魂，是企业整体运行的依据。企业的理念识别系统不是凝固不变的，而是动态的，它随着诸多因素的变化而变化。

2. 企业理念设计的前提条件分析

企业形象策划时对理念的设计要从两个层面予以考虑：宏观层面和微观层面。不论哪个层面，理念都表现为多元化和主导性的并存。

所谓多元性是指不同发展阶段存在不同的理念，同一发展阶段也存在不同的理念。

所谓主导性是指一段时间内必有一种理念占主导地位。

从宏观层面看，最先进的超前发展的企业已确立社会营销理念，一般先进的企业也树立了适时型的市场营销理念，尚未实行经营机制转换的企业还停留在滞后型的生产理念阶段。代表中国当前理念水平状态的应该是市场营销理念。

从微观层面看，同一企业有不同的发展阶段，每一阶段应该拥有相应的理念，这从企业的纵向上构成了多元理念。同一企业当它实行多角化经营时，会针对发展程序有别的多角领域，以有差别的不同理念去适应各领域的发展，这在横向上构成了多元理念。但在企业成长过程中的某一时间点上，总有一种理念作为企业营销状态的主导理念。

所以，企业理念识别是个子系统，是企业形象策划的二级系统。企业发展的总理念与辐射到各个方面形成的分理念组成了企业理念识别系统。

3. 企业理念设计的原则

（1）个性化原则

个性化原则是指理念设计应有自己的独特风格，能鲜明地把本企业与其他企业的理念区别开来。缺乏个性是目前理念设计的通病。理念设计要创新。

（2）概括化原则

概括化原则是指企业理念设计应该简洁概括，既便于企业内部的掌握，也便于向企业外部传达。IBM的企业理念概括为：科学、进取、卓越。这个理念就显得非常简洁明了。

4. 理念识别系统设计的内容

企业理念识别系统包括企业的经营方向、经营思想、经营道德、经营作风、经营风格等具体内容。

经营方向是指企业的事业领域（业务范围）和企业的经营方针。

经营思想是企业生产经营活动的指导思想和基本原则，是企业领导者的世界观和方法论在企业经营活动中的运用和体现。经营思想一般有三个层次：第一层次是经济。企业全部活动以赢利为目的，任何一种经济行为，它的终结形式都是实现利益。第二层次是经济、社会。企业全部活动除了追求经济效益外，还要实现社会效益，绝不能因为经济效益的追求而忽视了企业的社会义务。第三层次是经济、社会、文化，这类企业，不仅追求利润，追求社会效益，更注重文化建设，而且把建立独特的企业文化、管理文化作为企业的第一任务。

企业经营道德是人们在经营活动中应该遵循的，靠社会舆论、传统习惯和内心信念来维系的行业规范的总和。企业经营道德以"自愿、公平、诚实、信用"为基本准则。

经营作风指企业的行为方式或存在方式。

企业的经营风格是企业精神和企业价值观的体现。

（二）企业行为识别系统的策划

企业行为识别系统由两部分构成：一是企业内部行为系统，包括企业管理制度、员工培训、生产活动、职工福利、组织结构、工作环境等；二是企业外部行为系统，包括市场调研、产品开发、公共关系、商务促销、广告活动、融资、销售服务等。

1. 企业管理制度策划

企业经营管理制度和管理方法不仅是企业的管理行为，也是企业行为识别系统的基本内容。包括的主要内容有：第一，企业公司层面的管理制度，包括企业管理体制、企业领导制度、企业规章制度、企业责任制度；第二，企业职能层面的管理制度，如计划管理制度、财务管理制度、人力资源管理制度、生产管理制度、技术管理制度、营销管理制度、行政管理制度。

2. 企业经营管理行为策划

企业的行为识别系统通过各种行为或活动将企业的理念外化，是企业在内部对员工或在外部对公众关于企业形象和理念的信息传播行为。对内传播的目的是求得员工对企业的经营思想、经营战略、未来前景的认同，使员工把自己当作企业的一部分，全心全意地为实现企业的目标而努力工作，使企业真正成为一个命运共同体。对外传播的目的是帮助社会公众了解企业的经营理念、价值观、经营方针、产品和服务信息，以便获得社会公众的认同，为企业的生产经营活动创造理想的外部环境。

企业经营管理行为策划的内容主要包括企业组织设计、企业组织目标设计、企业组织结构设计、企业内部管理活动设计和企业营销行为设计。

3. 企业员工行为规范策划

员工是企业的主体，人才是企业的未来。对于任何企业来说，拥有优秀的员工是赢得和保持顾客的关键－为了让员工更好地履行自己的职责，大多数企业都制定企业员工行为规范。企业员工行为规范一般包括以下内容。

第一，员工行为准则。企业员工必须具有进取心、责任感、敬业精神，熟练掌握业务技能，积极热忱地做好自己的本职工作。同时遵纪守法，诚恳待人，具有良好的个人品德。

第二，员工个体工作环境设计。企业可以从工作需要、目标、岗位、技能等方面入手，设计出能够发挥每一个员工最大潜能的激励机制，充分调动员工的积极性。同时还可以通过定期岗位培训和不同形式的继续教育，提高员工的思想觉悟和业务素质。

第三，群体工作环境设计。企业可以通过制定合理的规章制度和民主、和谐的工作环境来增强组织成员的归属感、认同感、荣誉感，提高群体的亲和力、凝聚力、战斗力，使组织群体既能够适应外部环境的变化，又能够及时地化解内部的冲突。

4.企业员工礼仪规范策划

企业员工的礼仪规范主要包括：员工的仪容仪表规范，如服饰规范、外表形象规范、姿态规范和神态规范；商业社交礼仪规范，如见面的礼节、迎送的礼节和宴请的礼节等。企业员工礼仪规范策划的内容主要包括员工礼仪培训和企业文化活动。

集中培训也是企业培养员工仪容仪表和进行商业社交礼仪指导的重要方式。优秀的企业都重视对员工的教育和培训，把对员工的教育和培训当作培养人才、选拔人才、统一思想、加强管理，形成企业凝聚力的重要手段。对服务企业来讲，更是如此。员工礼仪培训的策划内容包括：培训对象，培训内容、活动与时间安排，培训师资，负责人与预算等。

配合企业CIS战略，企业可以举办各种文化活动，如文艺演出、舞会、书画展览、企业展览、庆典活动等。企业文化活动的策划内容包括主要活动安排、基本预算、新闻采访活动、保安工作及其辅助性活动安排等。

（三）企业视觉识别系统的策划

视觉识别借助于静态的识别符号，通过视觉传递企业的形象信息。企业的视觉识别要素由基本要素和应用要素两个部分构成。视觉识别的基本要素包括企业名称、企业标志、品牌标志、企业标准字、企业标准色、企业象征图案、企业宣传标语等。企业视觉识别系统的应用要素则包括企业所有的信息传递应用项目，如办公事务用品、员工制服、交通工具、建筑外观等。

1.企业标志

企业标志是表达企业理念的图案或符号，可以分为文字标志、图形标志和组合标志。它是启动并整合企业视觉识别系统所有视觉要素的核心。

一般而言，企业标志要具有识别性、新颖性、同一性、造型性和延展性的特点。

①识别性。指企业标志应具有独特的风格和视觉冲击力，易识易记。

②新颖性。指企业标志应新颖脱俗、卓尔不群。

③同一性。指企业标志反映企业的经营理念、文化特色、业务领域和志向追求。

④造型性。指企业标志应以形写神，形神兼备，鲜明悦目，生动感人。

⑤延展性。指企业标志应针对各种印刷方式、制作工艺、应用项目等进行针对性的变体设计，以充分发挥标志造型的传达效力。

企业标志设计的基本要求是：构思新颖，构图简洁；形象生动，易于识别；富有个性，特色鲜明；雅俗共赏，不违禁忌。

2. 企业标准字

企业标准字是企业名称或品牌名称的规范字体。除了要具有企业标志的特点以外，企业标准字还要具有易读性的特点，即企业标准字要易读易记，有利于宣传和传播。设计企业标准字，有以下具体要求。

①独特性。即标准字的独特风格会给公众留下强烈的印象。

②易读性。即标准字必须易读易记，才有利于信息的有效传播。

③造型性。即标准字体造型好坏对标准字的设计是否成功起着决定性的作用。

④系统性。即标准字还应与视觉识别系统的其他要素和谐地组合运用。

企业标准字的设计程序包括：对与企业相关的标准字进行调查分析；确定标准字的基本造型；选择标准字的字体；配置标准字的笔画；统一字体形象；标准字的横向排列和纵向排列的编排设计；标准字的变形设计。

3. 企业标准色

企业标准色又叫公司色，象征着独特的企业形象。它通过一定的色彩或色彩组合形成对目标受众的视觉刺激，传递企业的理念和特色。

企业标准色可以分为单色标准色、复色标准色以及标准色＋辅助色等形式。

（1）单色标准色

单色容易记忆，视觉识别性强，可以收到强烈的心理刺激效果。比如，可口可乐的红色，洋溢着青春、热忱、活泼的含义；柯达的黄色，充满着快乐、光明和希望；IBM的蓝色，蕴涵着快捷、理智和高科技的品质特征。

（2）复色标准色

采用两种以上的色彩搭配，能够增强色彩的韵律感，透过色彩组合的对比效果来完整地表示企业的性质和特征。比如，法国航空公司的标准色红与蓝，与法国国旗的标准色红与蓝相统一，标志中斜线的安排与处理，不仅产生字母"F"形意同构的审美效果，而且通过斜线跳动的视觉冲击力暗喻与飞机起飞相似的行业特征。

（3）标准色＋辅助色

采用标准色＋辅助色可以方便企业各部门或产品的分类识别，也用于区分企业集团中子母公司的不同。

企业标准色选定之后，为了准确而有效地运用，就必须进行科学的管理，以保证同一化和规范化。标准色的标示方法有以下三种。

第一，色彩学表示体系。如曼塞尔表色体系和奥斯特瓦德表色体系。前者用色相、明度、彩度构成一个立体系统来表示色彩；后者依据色彩知觉原理，以含黑量为100%的理想黑、含白量为100%的理想白、含色量为100%的理想色为标准，表示色彩的变化。

第二，色彩编号表示法，即根据印刷油墨或油漆制造商所制定的色彩编号来标示企业标准色的使用型号。

第三，印刷颜色表示法，即根据印刷制版的色彩分色要求，表明企业标准色所占的百分比，以方便印刷制版的分色操作。

4. 企业吉祥物

选择符合企业特质的人物、动物和植物作为企业的吉祥物，能够准确而轻松地传达企业的理念和价值观，也更容易唤起目标受众的亲近感和想象力。比如，幽默滑稽的人物造型，带给人热情、周到的服务暗示；威武凶猛的动物形象，带给人强劲、霸气的品质保证；娇嫩、率真的卡通人物，带给人呵护备至的关爱情怀。

5. 办公事务用品

办公事务用品具有公务的实用功能和视觉识别功能。由于办公事务用品用量大、扩散面广、渗透力强、使用时间长，直接影响着员工的精神状态、服务态度、工作效率，也影响着广大客户对企业的整体影响。因此，企业的办公事务用品应该规范、合理、美观、适用，既能服务于企业的业务往来，又能不时地传递企业的信息、树立企业形象。

6. 员工制服

企业员工制服也具有传达企业经营理念、行业特点、工作风范、精神面貌的作用，并且能够使员工明确自己工作岗位的性质、特点，区分各自的职责和义务，成为员工思想观念、言行举止的行为规范。在统一的制服限定下，每个员工都将自觉地成为企业的一员，与企业的生产经营活动同呼吸、共命运。因此，对企业员工制服的设计实际上也是对企业员工形象设计的一个重要组成部分。

对企业员工制服的设计不仅要体现企业基本视觉要素，强化形象设计的基本规律和要求，还要符合服装设计的基本规律，在造型、质地、色彩、款式等方面创造出独特的个性风格。

第四节 企业营销形象识别系统的导入

一、企业识别系统的基本要素

企业识别系统有以下基本要素：①企业名称及其说明；②企业标识及其说明；③企业标准字体（中文字体、英文字体）及其说明；④企业吉祥物（图案）及其说明；⑤企业标识、标准字体与吉祥物的组合系统；⑥企业标准色系统及其说明。

这些要素可以使用在企业的办公用品、广告用品、交通工具、制服、办公室内布置和产品包装六个方面，用以显示企业的精神形象、视觉形象、行为规范等。

二、企业形象识别系统导入的原则

CIS 导入一般要遵循以下原则。

（一）个性化原则

CIS 导入与策划必须突出企业及其产品的个性，使其在消费者和社会公众的心目中形成对企业的强烈印象。"与众不同,独树一帜"是策划者要铭记于心、见之于行的指导思想。

(二)统一性原则

统一性就是企业的上下、内外、前后都要保持一致,以显示企业的整体性、一致性。统一既包括视觉统一,也包括理念和行为的统一,以形成规范化、标准化、整体化的良好形象。

(三)易认可原则

企业导入CIS,无论采取什么方式和手段,都是为了被社会公众所接受、认可。因此,企业CIS导入的创意要接近社会大众,要与社会时尚相协调,与社会公众的审美要求相适宜,与社会信息传播媒体相沟通。标新是为了立异,而不追求怪诞;独树一帜是为了让公众认可,而不是非骡非马的出格。

(四)易识别原则

CS的各个子系统的设计都要符合易识别原则,标志应易辨认,色调应具有冲击力,理念包括企业精神、广告导语等应易上口、易记忆:企业行为举措让人易接受,不费解。

三、企业形象识别系统导入的三大条件

企业CIS导入应创造的条件是:

(一)领导条件

CIS导入必须受到企业领导层及有关主管领导的高度重视。CIS导入是企业全局性的工作,CIS导入的主体部分不仅需要领导者介入,而且要充当主角,没有领导的高度重视,CIS导入完全不可能。

(二)认识条件

导入CIS是企业重大的创新活动,对于广大员工和领导者来说都需要从头学习,使认识统一到CIS所需求的境界,没有统一认识,导入CIS就会落入误区,

或走过场。要达到认识的统一，员工对 CIS 的认知度的提高，是不可忽视的条件。提高认识的办法就是组织学习，加强学习，在导入 CIS 前要进行 CIS 的积极分子培训和普及性的报告宣传，使全体员工知道 CIS 是什么，怎么实施。

（三）素质条件

导入 CIS 是现代管理行为，它既是领导决策层的事，也是广大员工全员参与的活动。因此，领导管理层和员工作业层都要提高素质，不仅认识上要统一，而且行动上要有自觉性，严格按照 CIS 的规范进行作业。

四、企业形象识别系统导入的模式

（一）预备型导入模式

这是新建企业使用的模式。在企业筹建的同时对企业的未来形象及企业文化进行有目的的设计和策划，包括对企业经营思想、口号、信条、标准色、标准字、标志、吉祥物、企业形象的社会定位、战略选择、计划实施方案、管理办法以及应用系统的设计与策划等。

企业形象策划形成的魅力主要来自两个方面：一方面通过一致的价值取向和行为规范的确立，实现规范化管理，增强职工的归属感和凝聚力，从而使全体员工心往一处想，力往一处使。另一方面，通过对企业的视觉要素标准化设计，有利于实现信息传播的高效率。企业视觉的规范化设计往往给公众以强烈的视觉冲击力。它使得消费者一眼便能认出企业商号和产品品牌，并留下深刻的印象。

（二）扩张型导入模式

扩张型 CIS 导入模式，是企业在成长过程中为了实现资本扩张，把企业带进新的高一级的发展阶段而导入 CIS 的模式。

扩张型 CIS 的导入是对企业革新换面、脱胎换骨的改造。这时的企业形象策划应该立足于企业的原有基础而着眼于新的发展层次和境界，对企业形象进行完全创新性的策划。扩张型 CIS 导入最重要的是谋划好企业的战略定位。战略定位的准确、适当与否，是决定企业扩张成败的关键。战略定位的准确一是来自对企业发展态势的正确评估，二是来自对企业的市场潜力的正确预测。依据企业成长寿命周期理论，企业的成长是企业发展的必然过程。企业进入成长期后必然要实行扩张，资本扩张是企业成长的具体表现。扩张后的企业形象应该给人以成熟、有实力、进取精神强、发展势头锐不可当的感觉。因此，企业形象策划应按这种指导思想给企业锦上添花，使企业成长如虎添翼。

（三）拯救型导入模式

拯救型 CIS 导入模式亦称医疗型导入模式。对于众多传统型企业来说，为了重塑形象，改变旧貌而重新调整经营理念、经营行为及经营者的面貌，通过 CIS 导入，拯救企业，以维护企业的生存形状和发展前景。对于我国国有企业而言，由于体制和机制的转换，其中许多企业都面临着生存危机、面貌陈旧的问题，它们既需要实现适宜市场经济需要的经营机制的转换，也需要对传统的企业现象进行医疗性的改换。拯救型的 CIS 导入，既不同于预备型 CIS 导入，也不同于扩张型的 CIS 导入，它比这两种模式在实施上更为困难。因为拯救型 CIS 导入既要创立新的形象，又得基于原有的基础，需要对传统形象进行甄别、分析、摄取和扬弃。而在对旧的东西的改造中常常会碰到巨大阻力，这种来自传统的阻力对新的形象的树立起的副作用是无法估计的。因此，拯救型的 CIS 导入将伴随着企业管理体制、组织机构调整等一系列的重大改革。

这三种模式 CIS 导入，无须企业而只是个对号入座的问题。无论采取哪种模式，其目标和操作大体是一致的。

五、企业形象识别系统导入时机

以下几种情况，是企业导入形象识别系统的主要时机。

第一，新公司成立或合并成企业集团时，一个企业的诞生之际，是导入 CIS 的最佳时机。企业合并后，由于多种因素的制约，不同的经营思想、不同的行为规范、不同的视觉识别会发生冲突。这时，不仅整个企业难于发挥综合优势，而且还会造成社会公众对新企业集团的认知障碍。这时导入 CIS，可以迅速有效地统一企业形象，消除公众的认知障碍。

第二，企业周年纪念。创立周年纪念是对企业成长的肯定。这时导入CIS，一方面，可以表明事业兴旺发达，增强员工的向心力和凝聚力；另一方面，也可以使与会贵宾增强信心，加强进一步友好合作。

第三，企业扩大经营范围，实行多元化经营时，随着时间的推移和市场环境的变化，企业需要调整产品结构，有时要实行多元化经营。此时，由于经营范围的改变，企业原有的公司名称、标识等变得不合时宜。这时，企业需要导入CIS，建立起与企业经营范围相符的企业形象。

第四，进军海外市场，迈向国际化经营。企业要参与国际竞争，就必须适应他国的文化。企业在实行市场扩张后，其形象应该给人以成熟、有实力、积极进取、发展势头良好的感觉。此时，也是导入CIS的良机。

第五，新产品开发与上市。新产品是企业生命的源泉，也是企业充满活力的见证。在新品开发成功，刚刚上市之际导入CIS，最容易塑造崭新的企业形象和品牌形象，同时也可以收到促销产品的积极效果。

第六，解决经营危机，消除负面影响。企业形象因营销活动中某种事故受损，产生负面影响时，为了消除公众心目中的阴影，就有必要进行企业形象策划，以消除负面影响，增强公众信心。

企业导入CIS的契机很多，除以上几种情况之外还有：企业名称老化，企业名称与产品形象不符时；企业知名度低，在同业竞争中处境极为不利时；产品与品牌形象不符等，都可考虑导入CIS。

六、企业识别系统的导入程序

企业识别系统设计的核心，是通过视觉符号向用户和公众传达企业的使命、目标、特征、经营理念，塑造企业形象。综合国内外企业导入CIS的经验，企业形象策划可以分为企业实态调查阶段、形象概念确立阶段、设计作业展开阶段、实施与导入阶段、监督与评估阶段。

（一）企业实态调查阶段

企业实态调查阶段，主要通过与经营者、高层主管、员工代表和外部公众沟通、访谈，或者用发问卷的方式调查，了解公司的经营状况、外界认知、形象认知等，确认企业的愿景和形象理念以及存在的形象问题。

（二）形象概念确立阶段

应用企业实态调查阶段所得到的资料与数据，分析企业的内外部认知、市场环境，拟定企业定位和企业形象概念，作为后续设计作业的基本原则和指导。这个阶段的工作内容主要有：明确 CIS 策划的目的；界定 CIS 策划的效益；明确 CIS 导入重点；规定 CIS 执行、评估的办法；成立 CIS 策划小组。

这一阶段的工作重点是：通过双向沟通来确立 CIS 策划的名称、目的和意义；确认今后的工作方向；制定今后工作的操作程序。

（三）设计作业展开阶段

根据企业形象概念确立阶段得出的基本结论，配合不断的模拟调查、测试，设计出能够表现原始的形象概念的视觉化信息符号。这个阶段的工作内容主要有：构思运作市场的概念、策略；确定经营理念，选定标语口号；确立企业定位；设定视觉规范、行为规范；设计模拟、测试、调查作业；完成 VI 设计，BI 教育培训的策划；制定相关设计的标准；筹划对外告知活动以及 CIS 执行系统和管理系统。

（四）实施与导入阶段

这一阶段主要在于排定导入实施项目的优先顺序，按照策划的行动步骤，进行策划方案的实施。要完成策划方案的实施，最重要的是方案的执行能力。再好的策划方案，如果不能有效地实施，也无法获得满意的结果。

（五）监督与评估阶段

企业识别系统的设计策划，属于事前计划，在落实过程中，需要进行监督评估，以便发现问题及时纠正，确保企业形象策划的顺利实施。除此之外，在这一阶段，如果发现原有的设计策划有缺陷，应及时修正。

参考文献

[1] 孙勇. 市场营销 [M]. 南京：东南大学出版社, 2017.

[2] 谭蓓. 市场营销 [M]. 重庆：重庆大学出版社, 2017.

[3] 张念萍, 田巧莉, 谢新, 等. 旅游市场营销 [M]. 北京：中国旅游出版社, 2017.

[4] 郭英之. 旅游市场营销：第4版 [M]. 沈阳：东北财经大学出版社, 2017.

[5] 郭英, 潘娅. 市场营销理论与实务 [M]. 北京：北京理工大学出版社, 2017.

[6] 王月辉, 杜向荣, 冯艳. 市场营销学 [M]. 北京：北京理工大学出版社, 2017.

[7] 徐伟, 刘忠君. 市场营销策划 [M]. 徐州：中国矿业大学出版社, 2017.

[8] 单霁翔. 博物馆的市场营销 [D]. 北京：故宫博物院院刊, 2013.

[9] 郝渊晓, 费明胜, 邹晓燕, 等. 市场营销学 [M]. 广州：中山大学出版社, 2017.

[10] 郑文坚, 黄辉, 连智华. 市场营销原理 [M]. 厦门：厦门大学出版社, 2017.

[11] 颜青, 叶飞, 蔡巧燕, 等. 市场营销 [M]. 北京：对外经济贸易大学出版社, 2018.

[12] 金涛, 陈可. 旅游市场营销 [M]. 北京：北京工业大学出版社, 2018.

[13] 何里文, 马小龙, 黄振育, 等. 房地产市场营销 [M]. 北京：北京理工大学出版社, 2020.

[14] 张辉, 刘志坚. 市场营销案例新编 [M]. 南昌：江西高校出版社, 2018.

[15] 董倩, 张荣娟. 旅游市场营销实务 [M]. 北京：北京理工大学出版社, 2018.

[16] 殷开明, 张毓威. 旅游市场营销学 [M]. 天津：天津大学出版社, 2018.

[17] 蒋卫华. 移动互联时代市场营销变革与创新 [M]. 北京：北京工业大学出版社, 2018.

[18] 赵晓燕, 孙梦阳. 十三五市场营销管理理论与应用 [M]. 3 版. 北京：北京航空航天大学出版社, 2018.

[19] 王月辉, 杜向荣, 冯艳. 市场营销习题案例经典推介 [M]. 北京：北京理工大学出版社, 2018.

[20] 伍应环, 刘秀. 市场营销理论与实务 [M]. 北京：北京理工大学出版社, 2019.

[21] 马峰, 席俊玲. 市场营销基础 [M]. 北京：光明日报出版社, 2019.

[22] 王若男, 张敏. 市场营销与财务管理 [M]. 天津：天津科学技术出版社, 2019.

[23] 贾涛. 市场营销流量揭秘 [M]. 北京：中国轻工业出版社, 2019.

[24] 叶伟. 通信市场营销 [M]. 西安：西安电子科技大学出版社, 2020.

[25] 张黎明, 陈雪阳. 市场营销学：第 7 版 [M]. 成都：四川大学出版社, 2020.

[26] 徐军委. 市场营销学 [M]. 北京：企业管理出版社, 2019.

[27] 郝正腾. 市场营销 [M]. 北京：经济日报出版社, 2020.

[28] 朱捷, 陈晓健, 邢增东. 市场营销 [M]. 成都：电子科技大学出版社, 2020.

[29] 黎开莉, 徐大佑, 贾岚. 市场营销学：第 4 版 [M]. 沈阳：东北财经大学出版社, 2020.

[30] 柳欣. 市场营销学：第 2 版 [M]. 北京：中国金融出版社, 2020.

[31] 何瑶, 邓宗胜, 符立, 等. 农产品市场营销 [M]. 成都：西南交通大学出版社, 2020.

[32] 韩英, 李晨溪. 市场营销学 [M]. 郑州：河南科学技术出版社, 2020.

[33] 万华, 卢晶, 王剑平, 等. 新编市场营销学 [M]. 沈阳：东北大学出版社有限公司, 2020.